愚齋反經録

〔清〕謝王寵 撰
刁俊 校注

湖方文庫

主編 胡玉冰

上海古籍出版社

圖書在版編目(CIP)數據

愚齋反經録/(清)謝王寵撰;刁俊校注. —上海：上海古籍出版社，2022.8
(朔方文庫)
ISBN 978-7-5732-0336-6

Ⅰ.①愚… Ⅱ.①謝… ②刁… Ⅲ.①古籍—彙編—中國—清代 Ⅳ.①Z424.9

中國版本圖書館CIP數據核字(2022)第103930號

朔方文庫

愚齋反經録

〔清〕謝王寵 撰　　刁　俊　校注
上海古籍出版社出版發行
(上海市閔行區號景路159弄1-5號A座5F　郵政編碼201101)
(1)網址：www.guji.com.cn
(2)E-mail：guji1@guji.com.cn
(3)易文網網址：www.ewen.co
上海展强印刷有限公司印刷
開本710×1000　1/16　印張18.75　插頁6　字數244,000
2022年8月第1版　2022年8月第1次印刷
ISBN 978-7-5732-0336-6
K·3195　定價：108.00元
如有質量問題，請與承印公司聯繫
電話：021-66366565

國家社會科學基金重大項目
"《朔方文庫》編纂"（批准號：17ZDA268）經費資助出版

寧夏回族自治區"十三五"重點學科
"中國語言文學"學科建設經費資助出版

寧夏大學"民族學"一流學科群之"中國語言文學"學科
（NXYLXK2017A02）建設經費資助出版

《朔方文庫》委員會名單

學術委員會

主　任：陳育寧

委　員：（按姓氏筆畫排序）

　　　　于　亭　　吕　健　　伏俊璉　　杜澤遜　　周少川　　胡大雷

　　　　陳正宏　　陳尚君　　殷夢霞　　郭英德　　徐希平　　程章燦

　　　　賈三强　　趙生群　　廖可斌　　漆永祥　　劉天明　　羅　豐

編纂委員會

主　編：胡玉冰

委　員：（按姓氏筆畫排序）

　　　　丁峰山　　田富軍　　安正發　　李建設　　李進增　　李學斌

　　　　李新貴　　邵　敏　　胡文波　　胡迅雷　　徐遠超　　馬建民

　　　　湯曉芳　　劉鴻雁　　趙彦龍　　薛正昌　　韓　超　　謝應忠

總　　序

陳育寧

　　寧夏古稱"朔方",地處祖國西部地區,依傍黄河,沃野千里,有"塞上江南"之美譽。她歷史悠久,民族衆多,文化積澱豐厚。在這片土地上産生並留存至今的古代文獻檔案數量衆多、種類豐富,有傳統的經史子集文獻、地方史志文獻、西夏文等古代民族文字文獻、岩畫碑刻等圖像文獻,以及明清、民國時期的公文檔案等,這些文獻檔案記述了寧夏歷朝歷代人們在思想、文化、史學、文學、藝術等各方面的成就,藴含着豐富而寶貴的、具有地域和民族特色的歷史文化内涵,是中華各民族人民共同的精神和文化財富,保護好、傳承好這批珍貴的文化遺産,守護好各民族共有的精神家園,扎實推進新時期文化的繁榮發展,是寧夏學者義不容辭的擔當。

　　黨和國家歷來高度重視和關心文化傳承與創新事業,積極鼓勵和支持古籍文獻的收集、保護和整理研究工作,改革開放以來,批准實施了一批文化典籍檔案整理與研究重大項目,取得了一大批重要成果。2017 年 1 月,中共中央辦公廳、國務院辦公廳印發《關於實施中華優秀傳統文化傳承發展工程的意見》,把中華優秀傳統文化的傳承和發展推上了新的歷史高度。《意見》指出,要"實施國家古籍保護工程","加强中華文化典籍整理編纂出版工作"。這給地方文獻檔案的整理研究,帶來了新的機遇。

　　寧夏作爲西部地區經濟欠發達省份,一直在積極努力地推進優秀傳統文化傳承發展事業。2018 年 5 月,《寧夏回族自治區實施中華優秀傳統文化傳承發展工程方案》和《寧夏回族自治區"十三五"時期文化發展改革規劃綱要》正式印發,爲寧夏文化事業的發展繪就了藍圖。寧夏提出了"小省區也能辦大文化"的理念,決心在地方文化的傳承發展上有所作爲,有大作爲。在地方文獻檔案整理研究方面,寧夏雖資源豐富,但起步較晚,力量不足,國家級項目少。

這種狀況與寧夏對文化事業的發展要求差距不小，亟須迎頭趕上。在充分論證寧夏地方文獻檔案學術價值及整理研究現狀的基礎上，以寧夏大學胡玉冰教授爲首席專家的科研團隊，依托自治區"古文獻整理與地域文化研究"人文社科重點研究基地以及自治區重點學科"中國語言文學"、重點專業"漢語言文學"的人才優勢，全面設計了寧夏地方歷史文獻檔案整理研究與編纂出版的重大項目——《〈朔方文庫〉編纂》，並於 2017 年 11 月申請獲批立項爲國家社科基金重大項目，這一項目的啓動，得到了國家的支持，也有了更高的學術目標要求。

編纂這樣一部大型叢書，涉及文獻數量大、種類多，時間跨度長，且對學科、對專業的要求高，既是整理，更是研究，必須要有長期的學術積累、學術基礎和人才支持。作爲項目主持人，胡玉冰教授 1991 年北京大學畢業後，一直在寧夏從事漢文西夏文獻、西北地方（陝甘寧）文獻、回族文獻等爲主的古文獻整理研究工作，他是寧夏第一位古典文獻專業博士，已主持完成了 4 項國家社科基金項目，包括兩項重點項目，出版學術專著 10 餘部。從 2004 年主持第一項國家社科基金項目開始，到 2017 年"《朔方文庫》編纂"作爲國家社科基金重大項目立項，十多年來，胡玉冰將研究目標一直鎖定在地方文獻與民族文獻領域。其間，他完成的國家社科基金項目結項成果《寧夏古文獻考述》，是第一部對寧夏古文獻進行分類普查、研究，具有較高學術價值的成果，爲全面整理寧夏古文獻提供了可靠的依據；他完成的《傳統典籍中漢文西夏文獻研究》入選《國家社科基金成果文庫》，爲《朔方文庫·漢文西夏史籍編》奠定了研究基礎；他完成出版的《寧夏舊志研究》，基本摸清了寧夏舊志的家底，梳理清楚了寧夏舊志的版本情況，爲《朔方文庫·寧夏舊志編》奠定了研究基礎。在項目實施過程中，胡玉冰注重與教學結合，重視青年人才培養，重視團隊建設。在寧夏大學人文學院，胡玉冰參與創建的西北民族地區語言文學與文獻博士學位點、中國古典文獻學碩士學位點，成爲寧夏培養古典文獻專業高級專門人才的重要陣地。他個人至今已培養研究生 40 多人，這些青年專業人員也成爲《朔方文庫》項目較爲穩定的團隊成員。關注相關學術動態，加強與兄弟省區和高校地方文獻編纂同行的學術交流，汲取學術營養，也是《朔方文庫》在實施過程中很重要的一則經驗。

《朔方文庫》是目前寧夏規模最大的地方文獻整理編纂出版項目，其學術意義與社會意義重大。第一，有助於發掘和整合寧夏地區的文化資源，理清寧夏文脉，拓展對寧夏區情的認識，有利於增强寧夏文化軟實力，提升寧夏的影響力，促進寧夏經濟社會全面發展；第二，有助於深入研究寧夏歷史文化的思想精髓和時代價值，具有歷史學、文學、文獻學、民族學等多學科學術意義，推動寧夏人文學科的建設與發展；第三，有助於推進寧夏高校"雙一流"建設，帶動自治區人文社科重點研究基地、重點學科、重點專業以及學位點建設，對於培養有較高學術素質的地方傳統文化傳承與創新的人才隊伍有積極意義；第四，在實施"一帶一路"倡議大背景下，深入探討民族地區文獻檔案傳承文明、傳播文化的價值，可以更好地爲西部地區擴大對外文化交流提供決策支持。

編纂《朔方文庫》，既是堅定文化自信、鑒古開新、傳承和弘揚中華優秀傳統文化的需要，也是服務當下經濟社會文化發展的需要，是一項功在當代、澤溉千秋的文化大業。截至2019年7月，本重大項目已出版大型叢書兩套、研究著作，依托重大項目完成碩士研究生學位論文9篇。叢書《朔方文庫》爲影印類古籍整理成果，按專題分爲《寧夏舊志編》《歷代人物著述編》《漢文西夏史籍編》《寧夏典藏珍稀文獻編》《寧夏專題文獻和文書檔案編》共五編。首批成果共112册，收書146種。其中《寧夏舊志編》32册36種，《歷代人物著述編》54册73種，《漢文西夏史籍編》15册26種，《寧夏典藏珍稀文獻編》10册7種，《寧夏專題文獻和文書檔案編》1册4種。《寧夏珍稀方志叢刊》共16册，爲點校類古籍整理成果，由中國社會科學出版社、上海古籍出版社分别於2015年、2018年出版。《朔方文庫》出版時，恰逢寧夏回族自治區成立60周年，這也説明，在寧夏這樣的小省區是可以辦成、而且已經辦成了不少文化大事，對於促進寧夏文化事業的發展、提升寧夏知名度起到了重要作用。同時也要看到，由於基礎薄弱，條件和力量有限，我們還有許多在學術研究和文化建設上想辦、要辦而還未辦的大事在等待着我們。

國内出版過多種大型地方文獻的影印類成果，但尚未見相應配套的點校類整理成果。即將由上海古籍出版社推出的《朔方文庫》點校類整理成果，是胡玉冰及其學術團隊在影印類成果的基礎上的再拓展、再創新。從這一點來説，國家社科基金重大項目"《朔方文庫》編纂"開創了一個很好的先例，即在基本完成影印任務的情況下，依托高質量的研究成果，及時推出高質量的點校類整理成果，將極大地便於學界的研究與利用。我相信，《朔方文庫》多類型學術成果的編纂與出版,再一次爲我們提供了經驗,增强了信心,展現了實力。衹要我們放開眼界,集聚力量,發揮優勢,精心設計,培養和選擇好學科帶頭人,一個項目一個項目堅持下去,一個個單項成績的積累,就會給學術文化的整體面貌帶來大的改觀,就會做成"大文化",我們就會做出無愧於寧夏這片熱土、無愧於當今時代的貢獻!

2020年7月於銀川

(陳育寧,教授,博士生導師,寧夏自治區政協原副主席,寧夏大學原黨委書記、校長)

目 録

總序 …………………………………………………… 陳育寧 1
整理説明 ……………………………………………………………… 1

愚齋反經録總序 ……………………………………………………… 1
卷之一　論語尊注解意 ……………………………………………… 3
卷之二　論語尊注解意 ……………………………………………… 43
卷之三　論語尊注解意 ……………………………………………… 79
卷之四　論語尊注解意 ……………………………………………… 119
卷之五　小學大學中庸兩孟指要 …………………………………… 160
卷之六　孝經述朱録 ………………………………………………… 172
卷之七　忠經擇要集注廣義 ………………………………………… 189
卷之八　明倫録 ……………………………………………………… 196
卷之九　理學入門録 ………………………………………………… 222
卷之十　知性録附道統并先儒贊、箴、銘 ………………………… 236
卷之十一　尋孔顔樂處 ……………………………………………… 255
卷之十二　易學指要 ………………………………………………… 258
卷之十三　善利圖説補 ……………………………………………… 265
卷之十四　學要録 …………………………………………………… 272
卷之十五　治要録 …………………………………………………… 274
卷之十六　荒政録 …………………………………………………… 278

附録：《愚齋反經録》提要 ………………………………………… 287

參考文獻 ……………………………………………………………… 288

整理説明

《愚齋反經録》十六卷,清朝謝王寵撰。"反經"之名,據謝氏在該書自序中所言,係因"經學之失其真傳,而爲異學所亂"的社會現實而取。輯録内容"皆祖述孟子、朱子之言","明簡易曉",其目的是"窮經讀書,路徑不差,則大經漸明,是非一定。雖有異説,不足以惑之矣"。其在書中用"要深玩",或添加按語的方式,取其"精要之語,分疏一二,以便幼學",并謙之爲"即先聖先賢之意,非予之私言也",體現了其以家國爲己任和孜孜不倦的知識分子情懷。同時,對後學如何治學提出了精要之處,爲其指明了一個較爲清晰的方向。本書成書於康熙五十一年至雍正十一年間,刊行於乾隆登基之前。中國科學院、美國哈佛大學哈佛燕京圖書館等館藏有刻本。中國科學院藏刻本每半頁六行至八行不等,行十四字至二十字不等,間有雙行小字。四周雙欄,白口,單魚尾,版心有"反經録"字樣。

謝王寵(1671—1733),號觀齋、愚齋,寧夏靈州(今寧夏吳忠市)人,康熙四十五年(1706)丙戌科進士,選翰林院庶吉士。康熙五十一年(1712)授爲檢討。雍正元年(1723)補山西雁平道。六年(1728)二月,補光禄寺少卿。四月,升翰林院侍讀學士。五月,署國子監祭酒及日講起居注官。六月,授順天府府尹,仍署國子監祭酒。九月,升爲都察院左副都御史,兼管順天府府尹事。八年(1730)六月爲宗人府府丞。十年(1732)四月,因自陳有疾,准其休致。十一年(1733)十月卒,年六十三。據《皇清通議大夫宗人府府丞致仕觀齋謝公暨元配淑人王氏合葬墓誌銘》,謝氏於雁平道任上,還著有《雁平從政録》一書。

《愚齋反經録》十六卷,其著述體例爲:先列所述典籍原文或條目,其後引一家或諸家注解,并時加按語。卷一至卷四爲《論語尊注解意》,主要依據朱子《四書章句集注》解意《論語》,篇幅約占全書半壁。卷五《小學大學中庸兩孟指要》。卷六《孝經述朱録》,爲後學精進《孝經衍義》打基礎。卷七《忠經擇要集注廣義》，謝氏"仿《孝經刊誤》經文之例，爲《忠經則要》"。卷八《明倫錄》，謝氏《明倫錄序》中感嘆"讀者知之而不由，行之而不力"，故其"擇其明白曉易者，錄成一編，以便省閱，兼於倫常有小補焉"。本卷分爲"總論""父子""君臣""兄弟""夫婦""朋友"等六小目。卷九《理學入門》，"尊朱子著述"，"折衷於大賢君子"，分爲"仁説""心説""朱子學譜"三小目。卷十《知性錄》，分"理氣""太極""性命""性""人物之性""氣質之性""心""意志氣""道理德""仁義禮智""誠""忠信""忠恕""恭敬""道統""理學贊箴銘"等十六小目。卷十一《尋孔顔樂處》，引朱子、周敦頤、真德秀之性理之説。卷十二《易學指要》，"明《易》之爲教，并讀《易》之法"。卷十三《善利圖説補》，對馮從吾《善利圖説》加以補充闡釋，體現其醍醐灌頂之功用。卷十四《學要》，分爲"主敬""思誠""明善""復性"四小目。卷十五《治要》，分爲"治心""治身""治家""治鄉""治國""治天下"六小目，旨在啓迪後學，治學要抓住學問的本質内涵和要點。卷十六《荒政錄》，分爲"備荒""救荒"兩小目。

謝氏喜讀書樂道，以訓子弟、化鄉人爲己任。康熙五十一年（1712）回鄉后，旋著《孝經述朱》《忠經則要》《明倫錄》《善利圖説補》《理學入門》《荒政錄》《學要》《治要》及《四書尊注指要》。雍正十年（1732）致仕返鄉后，家居年餘，又著《知性錄》《尋孔顔樂處》《易學指要》，皆藏於家，未公開刊刻印行。全書由郇陽年侄陳佃儀、秀水後學錢受圯同校，謝氏之子旌、豐、升、旂手受，侄實正字。

本書的文獻價值體現在：一是可以通過該書梳理、評析古代寧夏學人的儒學學術思想及學術水準，爲進一步整理寧夏古代學術著述，及深入研究古代寧夏學人學術著述整理成果與學術思想提供基礎成果。二是可爲全面建構寧夏古代學術史奠定堅實的文獻基礎。三是其《善利圖説補》實爲《善利圖説》，可與馮從吾的《善利圖説》，《叢書集成三編》《明儒學案》所收錄的版本等作對比研究。四是其《荒政錄》及謝氏爲官經歷，對我們加深對古代荒政及當時社會救助水平和能力的研究提供了素材。

胡玉冰等撰文研究過謝王寵及其《愚齋反經錄》，《四庫全書存目叢書》《朔方文庫》均據中國科學院藏清刻本影印過《愚齋反經錄》。目前未見專書整理之作。本次整理，以中國科學院圖書館藏清刻本爲底本，以美國哈佛大學哈佛燕京圖書館藏本爲對校本。《愚齋反經錄》卷一至卷四注解《論語》時，僅選取每章前四五字加"章"字，如"子曰學而章"，整理者補注出各章全文，以供讀者參考。

愚齋反經録總序

予何爲而有是《反經録》也？蓋因經學之失其真傳，而爲異學所亂也。孟子曰："君子反經而已矣。經正，則庶民興；庶民興，斯無邪慝矣。"①經者，萬世不易之常道。所謂三綱五常，天理民彝是也。《易》以道陰陽，順性命，教人觀象玩辭、觀變玩占，趨避必由於正，以期寡過。後之學《易》者，專爲卜筮，全從禍福利害起見，不知恐懼修省、遷善改過、窮理盡性，以至于命，是失《易》之真也。《書》以道政事，修身、齊家、治國、平天下之大法，精一執中，傳心之要典悉載焉。後之學《書》者，皆知誦習其文，及其在家居官，修齊治平之實，制心制事之理，未嘗一一見之施行，是失《書》之真也。《詩》以理性情。凡言善者，可以感發人之善心；惡者，可以懲創人之逸志。長於諷諭，兼談物理。修齊治平之事，亦不待他求而得之矣。後之爲《詩》者，不過諷誦文詞、博覽名物，至於興觀群怨，事父事君之道，曾無聞焉，是失《詩》之真也。《春秋》以定邪正、正人心、遏人欲、存天理、尊君父、討亂賊，扶持綱常名教，爲百王不易之大法。後世但以史視《春秋》，不知其爲傳心之要典、萬世之準繩，是失《春秋》之真也。《禮》以謹節文。高下散殊，原於天命；恭敬辭讓，發於性情。聖人循此，制爲冠、昏、喪、祭、朝、聘、鄉、射之禮，以行於君臣、父子、兄弟、夫婦、朋友之間，實治亂安危之所繫。世之人，高者流於放蕩而不由其道，卑者習於儀文而不知其本。至於三禮全書，概置弗講，是失《禮》之真也。若夫四子之書，得六經之精意而爲言者也。②近在孝弟忠信、人倫日用之常，而天德王道之全、修己治人之要，盡在此書，實六經之階梯也。《小學》一書，朱子採古之《嘉言》《善行》，發明《立

---

① 參見《孟子·盡心下》。
② 四子之書：即《論語》《孟子》《中庸》《大學》。六經：即《詩》《書》《禮》《樂》《易》《春秋》，《樂》亡佚。文中謝氏言及《易》《書》《詩》《春秋》《禮》，無《樂》。《日講四書解義序》："四子之書得五經之精意而爲言者也。"

教》《明倫》《敬身》之事,蓋作聖之基,又四書之階梯也。今之讀四書者,不過借爲應試本頭,以取富貴利達。至於《小學》,則棄而弗顧矣,豈止失其真而已哉!由是,大經不正,故人人得爲異説以濟其私,而邪慝并進不可勝正,君子有憂焉。此孔子所以言"攻乎異端"之爲害,①曾子、子思所以著《大學》《中庸》,以正大經。《孟子》所以道性善、距楊墨,②皆爲萬世明經學、立人紀,不得已而有言也。予賦質愚魯,於六經精義未能研窮藴奥,惟於四書、《小學》及先儒《性理》《大學衍義》諸書尋繹數十年,③仿佛略見大意,録成十六卷。《兩論尊注解意》《大學中庸孟子小學指要》《孝經述朱》《忠經擇要》《明倫録》《理學入門》《知性録》《尋孔顔樂處》《易學指要》《善利圖説補》《學要録》《治要録》《荒政録》,名曰《反經録》。自知擇之不精、語之未詳,然明簡易曉,庶幾後之學者開卷瞭然,得其大指,窮經讀書,路徑不差,則大經漸明,是非一定,雖有異説,不足以惑之矣。此皆祖述孟子、朱子之言,即先聖先賢之意,非予之私言也。故序之篇端,以俟後之君子。

---

① 出《論語·爲政》。

② 楊墨:一指楊朱和墨翟,二指其學説。《孟子·盡心下》抨擊二者:"楊氏爲我,是無君也;墨氏兼愛,是無父也。無父無君,是禽獸也。"

③ 先儒《性理》《大學衍義》:指明儒胡廣等編纂《性理大全書》,宋儒真德秀《大學衍義》。

卷之一　論語尊注解意

論語尊注解意序①

聖人之道,備於六經;六經之精,盡在四書。《大學》《中庸》,朱子《章句》《或問》,發揮無餘,學者熟讀精思,自然有得。"兩孟"本文已自痛切言之,②又得朱子《章句》《或問》,更明白曉暢。獨"兩論",③聖言渾淪,《注》意精微廣大,從來講説紛紛,總不如朱子之的確。予是以不揣固陋,取《注》中精要之語,分疏一二句,以便幼學,敢謂有當於《注》意之萬一哉!

學而第一

子曰學而章

子曰:"學而時習之,不亦説乎? 有朋自遠方來,不亦樂乎? 人不知,而不愠,不亦君子乎?"④

首節"學"字須認得的確。《注》中"明善復初"句當玩。⑤ 善者,人生之初,仁義禮智之性粹然至善者也。明者,窮究到十分透徹處。復

---

① 注:指宋儒朱熹撰《四書章句集注》。下同。又,此序原在"卷之一"前,今依整理體例移至"卷之一"下。
② 兩孟:指《孟子》分爲上下兩部分。
③ 兩論:指《論語》分爲上下兩部分。
④ 原書只標章名,無《論語》原文,此係整理者據朱熹《四書章句集注》文本添加,以方便閲讀。下同。
⑤ 玩:研習。參見《四書章句集注·論語集注》卷一《學而第一》。

者，完全此理，不使有一毫欠缺處，工夫全在時習上。時習後自然義理悅心，欲罷不能矣。總《注》："學之正、習之熟、悅之深，而不已"數句宜玩。①

次節"朋來"，《注》云："以善及人，而信從者衆，故可樂。"善即仁義禮智之善，人性同然者也。今我之善有以及人，而人之信我、從我者衆。是以天下公共之理與天下共知共由，豈不可樂？

三節"不知不愠"，《注》云："學在己，知不知在人，何愠之有？"在己者，謂吾性分之固有，職分之當爲也。到此則自全自盡，略無一毫爲人之意，非成德之君子，其孰能之？

"性"之一字，可貫一部《論語》。細玩聖賢言語，總不出仁義禮智信之外。

性有五常，曰仁、義、禮、智、信，然仁者，五常之首也。程子論四德而曰："四德之元，猶五常之仁，偏言則一事，專言則包四者。"②故仁之爲義，偏言之，則曰愛之理，次章所言之類是也；專言之，則曰心之德，三章所言之類是也。

"仁"之一字，朱子"心之德、愛之理"六字解極完備。《論語》有主愛之理言者，有主心之德言者。

有子曰其爲人也章

有子曰："其爲人也孝弟，而好犯上者，鮮矣；不好犯上，而好作亂者，未之有也。君子務本，本立而道生。孝弟也者，其爲仁之本與！"

此章重在"孝弟"。有子欲人務孝弟，以全仁也。蓋仁道至大，親親、仁民、愛物，皆仁也。然必自孝弟始，而後可推以及民，因以及物。世固未有不愛其親而愛他人者也，故孝弟爲行仁之本。此章"仁"字

---

① 參見《四書章句集注·論語集注》卷一《學而第一》："愚謂及人而樂者順而易，不知而不愠者逆而難，故惟成德者能之。然德之所以成，亦曰學之正、習之熟、説之深，而不已焉耳。"

② 參見《伊川易傳》卷一《周易上經》。程子指程頤。其下先賢言論，首次補出，餘不補。易混淆者除外。

主愛之理言,爲仁猶曰行仁,《注》解最確。

子曰巧言章

子曰:"巧言令色,鮮矣仁!"

仁者,心之德。心無私欲,乃能實有其德。巧、令者,致飾於外,務以悦人,則人欲肆,而本心之德亡矣。此"仁"字主心之德言。

曾子曰吾日章

曾子曰:"吾日三省吾身——爲人謀而不忠乎?與朋友交而不信乎?傳不習乎?"

此曾子省身緊要工夫,當下便是省處。《注》云:"自治誠切如此,可謂得爲學之本矣。"誠者,誠心不欺也。切者,切於爲己也。"誠""切"二字,極精確。又云:"三者之中,以忠信爲傳習之本。"① 蓋學以忠信爲主。忠,必證之人謀而始真;信,必證之交友而始見。以此忠信之心,從事於傳習,隨事精察力行,此所以得聞一貫也。

子曰道千章

子曰:"道千乘之國,敬事而信,節用而愛人,使民以時。"

玩《注》"治國之要"三句,②及《或問》"道者,治之理,以爲政者之心而言也",③可見此五者是要緊。必有是五者而後上之意接於下,下之情方始得親於上,上下相關,方可以爲治。④故《注》云:"亦務本之意也。"程子、張子皆云:"不及禮樂刑政。"[1] 蓋此五者,治之本也。禮樂政刑,治之法也。能如是,則法行;不能如是,則法不徒行。古聖王

---

① 參見《四書章句集注·論語集注》卷一《學而第一》:"而三者之序,則又以忠信爲傳習之本也。"
② 參見《四書章句集注·論語集注》卷一《學而第一》:"言治國之要,在此五者,亦務本之意也。"
③ 參見《四書或問》卷六《論語·學而第一》。
④ 參見《四書大全·論語集注大全》卷一《學而第一》,朱子所言。

治天下之要,實不外此。

子曰弟子章

子曰:"弟子,入則孝,出則弟,謹而信,汎愛衆,而親仁。行有餘力,則以學文。"

此章夫子教弟子當如此。入孝出弟,弟子之大本也;謹行信言,弟子持身之事;愛衆親仁,弟子接物之事。[2]餘力學文,則有以考聖賢之成法、識事理之當然。皆所以養其德性、開其聰明,異日爲聖爲賢,根基在此。

子夏曰賢賢章

子夏曰:"賢賢易色;事父母,能竭其力;事君,能致其身;與朋友交,言而有信。雖曰未學,吾必謂之學矣。"

此是子夏疾時人之不務本實,而徒事空言,故以實行論學也。《注》:"四者皆人倫之大者,而行之必盡其誠,學求如是而已。""誠"字解易色、竭力、致身、言信最確。賢賢,在尊師上説,方與下文交友有別。《注》云"好善有誠",即《書》云"主善爲師"①之意。

子曰君子不重章

子曰:"君子不重,則不威;學則不固。主忠信。無友不如己者。過,則勿憚改。"

此言君子自修之道。合外内人己,而交致其功也。首節反説,重在"不重"二字,不威及學不固益見輕之害事,而君子不可以不重也。二節"主"字最重,凡事以忠信爲主。三節慎於擇友。四節勇於改過,自修之道備矣。

玩本文,"主"字及朱《注》"人不忠信,則事皆無實"語,通章以此

---

① 出自《尚書·咸有一德》。

句爲重,自是正理。舊說以固學作主,大非!

曾子曰慎終章

曾子曰:"慎終,追遠,民德歸厚矣。"

此章爲當時民俗澆薄,忽於喪祭,由在上者倡之也,故曰"慎終追遠"云云。玩《注》"喪盡其理",謂既盡哀痛之情,又盡喪葬之禮;"祭盡其誠",謂既盡祭祀之禮,又盡追慕之情。如此則己德厚。下民誰非人子? 誰非人後? 自然觀感而化,皆知慎終追遠,而各念所生,其德亦歸於厚矣。

《大全》許東陽曰:"常人之情,於親之終,悲痛之情切,而戒慎之心或不及;親遠而祭,恭敬之心勝,而思慕之情或疏。君子存心,則加於此。送終既盡擗踴哭泣之情,又慎喪死之禮,如《禮記》'殯而附於身者,必誠必信,葬而附於棺者,必誠必信,勿之有悔'之類。祭遠者,既盡孝敬之意,又致追慕之情,如《禮記》所謂'祭死者如不欲生,霜露既降,有悽愴之心,雨露既濡,有怵惕之心'之類。如此則過於常人,其德爲厚。上之人既如此,下民化之,其德亦歸於厚。"① 此說深合《注》意。

子禽問於子貢章

子禽問於子貢曰:"夫子至於是邦也,必聞其政,求之與? 抑與之與?"子貢曰:"夫子溫、良、恭、儉、讓以得之。夫子之求之也,其諸異乎人之求之與?"

此章見聖德感人處。子禽疑以"求""與"俱非,子貢"溫、良、恭、儉、讓以得之"句最確。五者乃夫子仁義禮智信之德,充諸內而見於外,到處接人皆是如此,非因遇時君而始然也。時君一見夫子,自以其政就而問之,與且不足言,況於求乎? 末句只因"求"之一字反言,

---

① 參見《四書大全·論語集注大全》卷一《學而第一》。許東陽指元儒許謙,其先祖遷居浙江東陽。《大全》所引《禮記》兩條。首條出自《禮記·檀弓上》,次條出自《禮記·祭義》。

以見其未嘗求。《注》意甚明。時解夫子自有不求之求,溫良五者,便是夫子之求之也,俱不可從。

子曰父在章

子曰:"父在,觀其志;父没,觀其行;三年無改於父之道,可謂孝矣。"

此章觀人子之心相承説下,重在"三年無改"上。"道"字須認得的確。道,猶事也,指日用常行之事,可以改,可以未改者。三年,即居喪之三年也。三年無改者,三年之中常如父在,不以得行己志而遽改,孝子之心有所不忍故也。玩《注》自明。

有子曰禮之章

有子曰:"禮之用,和爲貴。先王之道,斯爲美,小大由之。有所不行,知和而和,不以禮節之,亦不可行也。"

首節宜玩《注》"禮之爲體雖嚴,然皆出於自然之理"二句。如尊卑、上下,截然不亂,何等嚴敬,却是人人情願做的。必如此做了,心裏方安,所謂自然之理也。是至嚴之中,便是至和處,所以爲貴、爲美,而無不可由也。

次節要看"非禮之本然"句。本然,即上節《注》中"天理之節文"二句。天理上本有此節文,人事上本有此儀則,若一於和而不復以禮節之,所以失之流蕩而亦不可行也。

朱子總注"嚴而泰"[1]一段甚精。《大全》胡雲峰曰:"禮之全體,嚴者未嘗不泰,人則有嚴而失其中者矣,未免倚於嚴之一偏,不可行矣;禮之全體,和者未嘗不節,人則有和而失其正者矣,未免倚於和之一偏,亦不可行矣。"[2]此説深得《注》意。

---

[1] 參見《四書章句集注·論語集注》卷一《學而第一》朱子言:"愚謂嚴而泰,和而節,此理之自然,禮之全體也。毫釐有差,則失其中正,而各倚於一偏,其不可行均矣。"

[2] 參見《四書大全·論語集注大全》卷一《學而第一》。胡雲峰指元儒胡炳文。

有子曰信近章

有子曰："信近於義，言可復也。恭近於禮，遠恥辱也。因不失其親，亦可宗也。"

此章就人所易忽處言，欲其謹始而慮終也。上兩段《注》解甚明，惟"因，猶依也"，"依"字，人多混作"交"字，則"亦"字神理不出。"因""依"或邂逅之間，或共事之際，或急難之時，不及審擇，一失可親，受累不淺。如孔子在衛主蘧伯玉家，便是可宗的樣子；如樂正子從子敖，便是不可宗的樣子。

子曰君子食無章

子曰："君子食無求飽，居無求安，敏於事而慎於言，就有道而正焉，可謂好學也已。"

此章當相承説下，要知所好何學？玩《注》"道者，事物當然之理"二句，可見君子之爲學，務欲得乎道也。不求安飽者，志在於道也。敏事慎言者，用功於道之實事也。就正有道者，欲使吾之道都恰好而無差也。須合三層意，方説得"好學"二字出。[①]

子貢曰貧而章

子貢曰："貧而無諂，富而無驕，如何？"**子曰：**"可也；未若貧而樂，富而好禮者也。"**子貢曰：**"《詩》云：'如切如磋，如琢如磨'，其斯之謂與？"**子曰：**"賜也，始可與言《詩》已矣，告諸往而知來者。"

此章《注》解甚明。《注》"自守"二字是無諂、無驕確解，"心廣體胖"數句是樂與好禮確解。無諂、無驕是就貧富裏用功，樂與好禮是出於性情，而并不知有貧富也。次節"斯"字指夫子"可也。未若貧而樂，富而好禮"之言説之，"謂"字方有着落。

[①] 參見《四書蒙引 附別録》卷五《學而第一》。

《大全》東陽許氏曰："樂與好禮，皆是就心上言，故上面説心廣，下面説樂循理。心既廣大寬平，則體自然舒泰，此由内以達外；行事安於處善，蓋其心樂於循理也，此由外以原内也。"樂"之一字，全是心，故先言内。禮有節文，於事上見，其好之則在心也，故先言外。然體既安舒，烏得有卑屈？心既樂循理，烏得有矜肆？却暗關上兩句，見得'未若'兩字意。"①此解心廣體胖數語極分明。

子曰不患章

子曰："不患人之不己知，患不知人也。"

不知人，朱子云："自家不知人，這箇便是不知道。"[3] 見得道，理明，自然知人；自家不識得道，理破，如何知得他人賢否？此切己病根，烏得不患？此意在前一層。《注》"是非邪正或不能辨"，②是正面一層。《大全》"宰相不知人，則不能用人，學者不知人，則不能取友"，③是後一層意。若要見得道理明，須做居敬窮理工夫始得。

爲政第二

子曰爲政章

子曰："爲政以德，譬如北辰居其所而衆星共之。"

此章"德"字最重。《注》云："行道而有得於心。"道即三綱五常之道，件件從躬行心得做出，自能感動得人。《注》："無爲而天下歸之。"無爲非清净無爲也，謂不待法令督責，而人自向化，譬如北辰，居其所而衆星共的一樣。觀堯之"克明峻德"，而"九族既睦，百姓昭明，萬邦協和，黎民於變時雍"；舜之"玄德升聞，慎徽五典"，而"五典克從，賓

---

① 參見《四書大全·論語集注大全》卷一《學而第一》。
② 參見《四書章句集注·論語集注》卷一《學而第一》，尹焞所言。
③ 參見《四書大全·論語集注大全》卷一《學而第一》，朱子所言。

於四門",而"四門穆穆",①可見德化神速處。

此"政"字,以政之理言;"道之章""政"字以政之事言,玩《注》最明。

子曰詩三百章

子曰:"《詩》三百,一言以蔽之,曰'思無邪'。"

此章玩《注》"直指全體"數語,②見《詩》之立教,總是使人"思無邪"也。故此一言足以盡其義。《注》:"凡《詩》之言,善者可以感發人之善心,惡者可以懲創人之逸志。其用歸於使人得其性情之正而已。"極精、極當,透徹無容更置一詞。

子曰道之章

子曰:"道之以政,齊之以刑,民免而無恥;道之以德,齊之以禮,有恥且格。"

朱子總《注》說盡此章大旨。③ "道之以政"二句與"道之以德"二句串說。玩《注》"道之而不從者"與"其淺深厚薄之不一者"句可見。

子曰吾十有五章

子曰:"吾十有五而志於學,三十而立,四十而不惑,五十而知天命,六十而耳順,七十而從心所欲,不踰矩。"

首節"學"字貫全章。《注》云"大學之道",《或問》云:"格物致知,誠意正心,修身、齊家、治國、平天下之道,方是聖學。"④"志"字,重看

---

① "克明俊德"等句均出《尚書·堯典》。
② 參見《四書章句集注·論語集注》卷一《爲政第二》:"然其言微婉,且或各因一事而發,求其直指全體,則未有若此之明且盡者。"
③ 參見《四書章句集注·論語集注》卷一《爲政第二》:"愚謂政者,爲治之具。刑者,輔治之法。德禮則所以出治之本,而德又禮之本也。此其相爲始終,雖不可以偏廢,然政刑能使民遠罪而已,德禮之效,則有以使民日遷善而不自知。故治民者不可徒恃其末,又當深探其本也。"
④ 參見《四書或問》卷七《論語·爲政第二》。

《注》"念念在此而爲之不厭",便是知行并進。"立"字,玩《注》"守之固"的"固"字,謂確然堅固,到此則得而守之,故"無所用志"。[4] "不惑",玩《注》"事物之所當然,皆無所疑","皆"字幾微之際,毫釐之辨,件件無疑,所謂"知之明"也,到此更不用守了。"知天命",玩《注》"天道之流行而賦於物者",在天爲命,即元亨利貞,賦於物爲性,即仁義禮智,乃事物所從出之源也。到此,則知極其精,是於那箇原頭來處,見得透徹,而不惑又不足言矣。"耳順",《注》"聲入心通"二語,謂纔入於耳,即通於心,無有扞格,無少停滯。到此,則不待思索而自無不得也。"從心所欲,不逾矩",玩《注》"從其心之所欲,[5] 而自不過於法度",謂心於理一,隨處發見,莫非天理。到此,則不待勉強而自無不中矣。再玩總注"獨覺其進"句,① 可見"三十""四十"等字,不得輕放過,"而"字方有味。② 故《或問》有曰"積十五年進修持守之功",又曰"加以十年玩索涵養之功",又曰"充積十年",又曰"又加十年,若用力,若不用力",又曰"自耳順及此十年之間,無所用力,而從容自到",③ 可見聖人雖生知安行,却無時不學。過十年,覺得進一步,再過十年,又覺更進一步,直到從心所欲,不踰矩地位,方纔信得。及而歷歷舉以示學者於此,可見聖人純亦不已處。

孟懿子章

孟懿子問孝。子曰:"無違。"樊遲御,子告之曰:"孟孫問孝於我,我對曰'無違'"樊遲曰:"何謂也?"子曰:"生,事之以禮;死,葬之以禮,祭之以禮。"

此章重一"禮"字。蓋爲三家僭禮而言也。《注》甚明白。

孟武伯章

孟武伯問孝。子曰:"父母唯其疾之憂。"

---

① 參見《四書章句集注・論語集注》卷一《爲政第二》:"必有獨覺其進而人不及知者。"
② 以上朱注,參見《四書章句集注・論語集注》卷一。
③ 以上《或問》四句,參見《四書或問》卷七《論語・爲政第二》。

此因其人多可憂之事而言也。玩《注》"惟恐其有疾""惟"字,"常以爲憂""常"字,可見父母不特人子有疾時憂,雖無疾時,亦憂也。人子可不守身以事親乎?

子游問孝章

子游問孝。子曰:"今之孝者,是謂能養。至於犬馬,皆能有養;不敬,何以别乎?"

此章重"敬"字。子游能養,而或失於敬,故告之以此。玩《注》"甚言""深警"四字,①則得之矣。《注》:"與養犬馬者何異?""者"字,不以人言,指養犬馬之事言也。

子夏問孝章

子夏問孝。子曰:"色難。有事,弟子服其勞;有酒食,先生饌,曾是以爲孝乎?"

此章重"色"字。子夏直義人也,而或少温潤之色,故告之以此。②玩《注》"孝子之有深愛者"數語,可見色根於深愛之心,非可勉强僞爲也,故惟此爲難。服勞奉養,豈足以盡孝哉?若但服勞奉養而無色,則子雖代親之勞、親雖受子之養,未免心中有不快活處。父母即不忍明言,人子其可忽諸?

子曰吾與回章

子曰:"吾與回言終日,不違如愚。退而省其私,亦足以發。回也不愚。"

此是抑揚其詞,以深喜之。謂終日與言,都無可否,恰似愚人;及退省其私,一一做得出來,不差,可見不是愚人。《注》"非進見請問之時"句當玩。凡不在夫子面前便是私,不單在獨處時。"足發"句,《注》

---

① 參見《四書章句集注·論語集注》卷一《爲政第二》:"甚言不敬之罪,所以深警之也。"
② 參見《論語精義》卷一下《爲政第二》,此程頤所言。

"日用動静語默之間"三句最確當。① 本文"亦"字從"愚"字生,愚則宜其不足以發矣。及退省,其私亦足以發,然後知其不愚也。

子曰視其章

子曰:"視其所以,觀其所由,察其所安。人焉廋哉? 人焉廋哉?"

此言觀人之法。人之以由安,一層深一層,我之視觀察,一步詳一步,所以不得而廋也。《注》"知言窮理",是觀人本領。若自己不能窮理知言,如何會觀人,亦須補出。《注》中"善惡"二字,須看得分明。凡仁、義、禮、智、信,皆善也;不仁、不義、無禮、無智、不信,皆惡也。

子曰溫故章

子曰:"溫故而知新,可以爲師矣。"

此章玩《注》"所學在我"二句,②還重在知新上。故者不溫,未免有廢忘之患,而無所據以知新。然溫故而不知新,則是尋繹之功未深,而不能得其義理之所以然。所學終非在我,而其出易窮,亦何以爲人授業解惑哉! 惟知新,則義理在我,四面八方,十分透徹,且如一理。幾箇人來問一人,與他説一箇理,都是自家此理上推究出來,所以説其應不窮,必如此方可以爲人師。

子曰君子不器章

子曰:"君子不器。"

此論成德之士不説壞。"器"字愈見君子身分。《注》"體無不具,故用無不周",蓋以人之一心本具衆理,應萬事,而又加學力以充之。凡"格致誠正之道,所以修諸己者,既無不盡,修齊治平之術,所以推

---

① 參見《四書章句集注·論語集注》卷一《爲政第二》:"則見其日用動静語默之間,皆足以發明夫子之道,坦然由之而無疑。"

② 見《四書章句集注·論語集注》卷一《爲政第二》:"而每有新得,則所學在我。"

於人者,亦無不明。所謂體無不具也,故隨所用而皆通。大用之,則大效;小用之,則小效",①所謂用無不周也。

子貢問君子章

子貢問君子。子曰:"先行其言而後從之。"

此論君子,非泛論言行也。《注》:"子貢之患,非言之艱而行之艱。"②對針子貢,須先點"其言"二字,再轉出先行後從意,方合語氣。

子曰君子周章

子曰:"君子周而不比,小人比而不周。"

"周、比"須玩《注》"公、私"二字。周,則無物不愛,只是一箇公心,惟其公,即有時懲奸去惡,亦不害其爲周;比,則偏有所愛,只是一箇私心,惟其私,即或朋類至千百,亦適成其爲黨。

子曰學而不章

子曰:"學而不思則罔,思而不學則殆。"

此見思、學不可偏廢,《注》解甚分明。

子曰攻乎章

子曰:"攻乎異端,斯害也已。"

此章玩《注》,重在"攻"字、"害"字。從"攻"字,看出凡事不精,不足以惑人。惟精,則其言近理,而愈足以惑人。害不止害一己,且足以害天下。

子曰由誨章

子曰:"由!誨女知之乎!知之爲知之,不知爲不知,是知也。"

---

① 參見《四書蒙引 附別録》卷五《爲政第二》。
② 參見《四書章句集注·論語集注》卷一《爲政第二》,范祖禹所言。

此對針子路好勇有強，所不知以爲知者，故云。然《注》"無自欺之弊"是"是知"句的解。人苟自欺，便把本心之明遮蔽了；惟不自欺，這便是心之真知。以此真實之心去求知，又豈有難知之理？"知之"二句，須側重"不知"句。

子張學干章

子張學干禄。子曰："多聞闕疑，慎言其餘，則寡尤；多見闕殆，慎行其餘，則寡悔。言寡尤，行寡悔，禄在其中矣。"

此因子張有干禄之意，而教以爲己之學也。儒者處己接物，莫要於言行。而言易招尤、行易致悔，必如《注》"學之博""擇之精""守之約"，而後尤、悔庶幾可寡也，此亦不過修其在我者而已。至於禄之得不得，非所計也，而禄自在其中，何以干爲？

"多聞""多見"兩段，只是説寡尤、寡悔的道理。二"則"字謂必如此，方可寡尤、悔。正見尤、悔之不易寡也。言"寡尤"二句，方是尤、悔已寡，勿作過文輕看，故曰"禄在其中"。"在中"句正破他干禄意，言無用干也。

哀公問曰何爲章

哀公問曰："何爲則民服？"孔子對曰："舉直錯諸枉，則民服；舉枉錯諸直，則民不服。"

此爲哀公不能舉直錯枉而發也。程《注》"舉錯得義，則人心服"，最爲確解。謝氏"居敬""窮理"，[①]又極本原而言。

季康子問使民章

季康子問："使民敬、忠以勸，如之何？"子曰："臨之以莊，則敬；孝慈，則忠；舉善而教不能，則勸。"

[①] 參見《四書章句集注·論語集注》卷一《爲政第二》。程子指宋儒程頤。謝氏指宋儒謝良佐。

此章康子意在使民如此,夫子但告之以己所當爲,而民自應者。

或謂孔子章

或謂孔子曰:"子奚不爲政?"子曰:"《書》云:'孝乎惟孝,友于兄弟,施於有政。'是亦爲政,奚其爲爲政?"

此章或人疑夫子不仕。然夫子不仕之意,有難以語或人者,故托《書》①言以告之,要之至理亦不外是。玩《注》"至理"二字,蓋謂"政者,正也"。正天下、正一國、正一家,其理一也。能正天下、正一國,固是爲政;能正一家,亦是爲政。朱子《或問》云:"夫子之意蓋曰:[6]'彼以爲是,[7]可推以爲政,則我之爲是,亦未嘗不爲政耳。'"[8]此體會"是"字最好,"亦"字方有着落。

子曰人而無信章

子曰:"人而無信,不知其可也。大車無輗,小車無軏,其何以行之哉?"

許東陽曰:"輗軏是車與牛馬接處,信是己與人接處,此喻最切。"②"人若無信,語言無實。處家則不可行於家,處鄉則不可行於鄉。"③

子張問十世章

子張問:"十世可知也?"子曰:"殷因於夏禮,所損益,可知也;周因於殷禮,所損益,可知也。其或繼周者,雖百世,可知也。"

此章《集注》甚詳,當以所因爲主。蓋三綱五常,萬世不易之道。所損益的文章制度,亦只是扶持得三綱五常而已。此是知來實理。

此章"禮"字與他處不同,指三綱五常說。

---

① 孔子所引出《尚書·周書·君陳》。
② 參見《讀論語叢說》卷上《爲政第二》,元儒許謙所言。
③ 參見《四書大全·論語集注大全》卷二《爲政第二》。

子曰非其鬼章

子曰:"非其鬼而祭之,諂也。見義不爲,無勇也。"

此章欲人不惑於鬼神之不可知,而盡力於人道之所當爲也。"諂"字,從"非其鬼"斷他;"無勇",從見義斷他。

八佾第三

孔子謂季氏章

孔子謂季氏:"八佾舞於庭,是可忍也,孰不可忍也?"

此章直誅季氏之心,重一"忍"字。忍是不仁也。"孰不可忍"句,玩《注》謝氏一段并朱子《或問》,①俱就大處說。

三家者章

三家者以《雍》徹。子曰:"'相維辟公,天子穆穆',奚取於三家之堂?"

此章婉刺三家之僭,重"奚取"二字,譏其無知妄作。無知妄作,是不智也。中二句重"辟公""天子"字。

子曰人而章

子曰:"人而不仁,如禮何?人而不仁,如樂何?"

此章重"仁"字。仁者,人心之天理。禮即天理之節文,樂即人心之和樂。人心存得這天理,便與禮樂湊合得着。不然人心已亡,則無序而不和,空有玉帛鐘鼓,當不得禮樂。《注》游氏、程子、李氏之言,②

---

① 參見《四書章句集注·論語集注》卷二《八佾第三》謝良佐言:"君子於其所不當爲不敢須臾處,不忍故也。而季氏忍此矣,則雖弑父與君,亦何所憚而不爲乎?"《四書或問》卷八《八佾第三》:"聖人方欲極言其僭叛不臣之心,不應反却而譏其僭諸侯之小罪也。'是'與'孰'不知禮。"

② 參見《四書章句集注·論語集注》卷二《八佾第三》。游氏,指宋儒游酢,其言"人而不仁,則人心亡矣,其如禮何哉?言雖欲用之,而禮樂不爲之用也";程子,指程頤,其言"仁者,天下之正理,失正理,則無序而不和";李氏,指宋儒李郁,其言"禮樂待人而後行,苟非其人,則雖玉帛交錯、鐘鼓鏗鏘,亦將如之何?"

宜合看。

林放問禮章

林放問禮之本。子曰："大哉問！禮，與其奢也，寧儉；喪，與其易也，寧戚。"

勉齋黃氏曰："本之説有二。其一曰仁義禮智根於心，則性者，禮之本也。其一曰禮之本，禮之初也。"①此章"本"字以禮之初言，故《集注》取後説。體貼白文最精，所謂文敝而救之以質也。玩《注》"禮之全體"與"禮貴得中"句，所謂全體者，兼文質本末言也；所謂中者，文質得宜也。然凡物之理，必先有質，然後可加以文，故朱子以質為禮之本。舊説近本，欠妥。

子曰夷狄章

子曰："夷狄之有君，不如諸夏之亡也。"

此章《注》最明白。"不如"底"如"字，作似字看。

季氏旅於泰山章

季氏旅於泰山。子謂冉有曰："女弗能救與？"對曰："不能。"子曰："嗚呼！曾謂泰山不如林放乎？"

《注》"神不享非禮，欲季氏知其無益而自止"二句，②是此章正旨。

子曰君子無所爭章

子曰："君子無所爭。必也射乎！揖讓而升，下而飲。其爭也君子。"

此章重首句，下即易爭之地。以觀君子，益見其無爭也。《注》"恭遜"二字，恭主容、遜主事，皆禮之發也，恭遜自無所爭。《注》"惟

---

① 參見《四書大全·論語集注大全》卷三《八佾第三》。勉齋黃氏，指宋儒黃榦，其號勉齋。
② 見《四書章句集注·論語集注》卷二。

於射","惟"字解"必也"句最好。言獨於射而後有爭,離却射,再無處見君子之爭也。然其爭也,"雍容揖遜乃如此"。"揖讓"二字,貫下三層,是則所謂禮樂斯須不去身者,這等爭也,是君子,而非若小人尚氣角力之爭矣。

子夏問曰巧笑章

子夏問曰:"'巧笑倩兮,美目盼兮,素以爲絢兮。'何謂也?"子曰:"繪事後素。"曰:"禮後乎?"子曰:"起予者商也!始可與言《詩》已矣。"

此章玩《注》"因論《詩》而知學",子夏疑素絢之句,在輕讀"以爲"二字。夫子"繪事後素",一"後"字正解,"以爲"二字以釋子夏之疑,并不曾思量到禮"後"上,而子夏以此爲言,故夫子稱其"起予",而許其可與言《詩》,所謂"因論《詩》而知學"也。此"禮"字,以儀文之禮言。

子曰夏禮章

子曰:"夏禮,吾能言之,杞不足徵也;殷禮,吾能言之,宋不足徵也。文獻不足故也。足,則吾能徵之矣。"

此章夫子志在述二代之禮與周禮并傳,以示來世,而文獻不足徵,此志不遂,故發此嘆也。① 此"禮"字,以制度文爲言。

子曰禘自章

子曰:"禘自既灌而往者,吾不欲觀之矣。"

此章"禘"字指魯之行禘說。《注》:"王者之大祭也。"[9]禘之由來,夫子口中露不出。《注》"魯之君臣"至"無足觀矣",是此章正解。自"魯禘非禮",以下不可入夫子口中。

---

① 參見《連理堂重訂四書存疑》卷四上《論上》。

或問禘之說章

或問禘之說。子曰："不知也；知其說者之於天下也，其如示諸斯乎！"指其掌。

此章見禘意深遠，非可易知。《注》"先王報本追遠之意"至"非或人之所及也"正解。"不知"句最爲精當。下"知其說者"二句，益見禘道精微廣大，知此則理無不明，誠無不格。然則禘之說，豈易言知哉？《注》"不王不禘"語，夫子口中說不出。

祭如在章

祭如在，祭神如神在。子曰："吾不與祭，如不祭。"

此章見夫子祭祀之誠意。"誠"字包"孝""敬"字，故《注》中諄切言之。

王孫賈問曰章

王孫賈問曰："與其媚於奧，寧媚於竈，何謂也？"子曰："不然；獲罪於天，無所禱也。"

此章要看《注》中"天，即理也……逆理，則獲罪於天"句。王孫賈說一"媚"字，便是違道，干進，便已逆理。逆理，便獲罪於天，更何所禱也？

子曰周監於二代章

子曰："周監於二代，郁郁乎文哉！吾從周。"

此章看《注》中"禮"字，主周禮說。周禮實監二代而損益之。至此，文爲大備，故夫子美其文而從之。此"禮"字，指制度文爲說。《注》中"損益"字當玩。時至於周，忠質遞傳，氣數至此極盛，君相相承，人工至此集成。"監"訓"視"，如云，看他式樣而損益之，有斟酌，以成盡善意。"郁郁"句，一部《周禮》，弘綱細目，盡在其中。"文"字是贊美虛活字,指秩然有等、燦然有章説。夫子憲章王制,平日持躬涉世,删定纂修,俱是從周實際。

子入太廟章

子入太廟,每事問。或曰:"孰謂鄹人之子知禮乎？入太廟,每事問。"子聞之,曰:"是禮也。"

此是夫子明禮意之所存也,是禮也,謂即此便是禮也。《注》"敬謹之至,乃所以爲禮"及尹氏"禮者,敬而已矣"①數語最明。

子曰射不主皮章

子曰:"射不主皮,爲力不同科,古之道也。"

此禮射也。看《注》中"古者射以觀德,故但主於中,而不主於貫革",則强弱皆可射也。先王制禮之初,其道原是如是,及周衰禮廢,復尚貫革,全失先王制禮之道,夫子所以嘆也。

子貢欲去章

子貢欲去告朔之餼羊。子曰:"賜也！爾愛其羊,我愛其禮。"

此章要看《注》:"告朔,諸侯所以禀命於君親,[10]禮之大者。"魯不視朔,而有司猶供此羊。子貢欲去羊,傷禮之廢也。夫子欲存羊,望禮之復也。同一維禮之心,而聖人用意則深遠矣。

子曰事君章

子曰:"事君盡禮,人以爲諂也。"

此夫子明臣禮之當然也。《注》"非有所加也,如是而後盡爾"②二句最好。蓋盡者,在禮之内;加者,在禮之外。加則爲諂矣。加者固非,而不盡者亦非也,故夫子明之。

---

① 參見《四書章句集注·論語集注》卷二《八佾第三》。尹氏,指宋儒尹焞。
② 參見《四書章句集注·論語集注》卷二《八佾第三》,此宋儒黄祖舜所言。

定公問君使臣章

定公問:"君使臣,臣事君,如之何?"孔子對曰:"君使臣以禮,臣事君以忠。"

此章要看《注》"皆理之當然"句。理即天理,有天地則有君臣,有君臣則有事使之理。君非禮,無以使臣;臣非忠,無以事君。此皆天理之當然。盛世君臣識得天理,故能各盡其道,後世君臣不識天理,故不能各盡其道。

子曰關雎章

子曰:"《關雎》,樂而不淫,哀而不傷。"

此章要看《注》"后妃之德,宜配君子"二句。爲德而樂故不淫,爲德而憂故不傷,此是本章正解,推本文德是前一層意。

哀公問社章

哀公問社於宰我。宰我對曰:"夏后氏以松,殷人以柏,周人以栗,曰,使民戰栗。"子聞之,曰:"成事不説,遂事不諫,既往不咎。"

魯有二社,一曰亳社,一曰周社。哀公因亳社有火灾,故問立社之意於宰我。嘗考古者,建國必立社。蓋以人非土穀不生,社兼稷在其中,社稷與國存亡。人君修德用賢而養民,則國存而能保其社稷矣;不然,則國亡而不能保其社稷矣。宰我不此之對,而乃附會其説,既非立社本意,又啓時君殺伐之心,故夫子深責之。[①]

子曰管仲章

子曰:"管仲之器小哉!"或曰:"管仲儉乎?"曰:"管氏有三歸,官事不攝,焉得儉?""然則管仲知禮乎?"曰:"邦君樹塞門,管氏亦樹塞門。

[①] 參見《白菊齋訂四書本義集説·上論》卷三。

邦君爲兩君之好,有反坫,管氏亦有反坫。管氏而知禮,孰不知禮?"

此章"器小"二字,夫子斷盡管仲一生。① 自本至末,是箇褊淺、卑狹的人,須將大器來比,方見得《注》中"聖賢大學之道",正身修德以致主於王道。蘇氏:"自修身正家,以及於國則其本深,其及者遠。揚氏'大器猶規矩準繩',[11]先自治而後治人。"②玩此可知大器是全體大用。伊、周足以當之,管仲不知聖賢大學之道,本之不立也,不能正身修德以致主於王道,效之不至也。無是本則無是效,所以爲器小也。此意夫子未嘗明言,故或人疑其儉,夫子斥其奢,以明其非儉。或又疑其知禮,夫子斥其僭,以明其不知禮。雖不復明言小器之所以然,而其所以小者,亦可見矣。故程子曰"奢而犯禮,其器之小可知",學者只反覆體會。《集注》則小器、大器分重自見,寧爲大器,無爲小器。

子語魯太師章

子語魯太師樂,曰:"樂其可知也:始作,翕如也;從之,純如也,皦如也,繹如也,以成。"

此夫子將正樂而語之之辭也。③ 就樂之音節說樂,其可知謂樂當廢缺之時,尚有可知之理也。下備舉始終條理以示之,正是可知處。《注》中謝氏語最精,④但以成句單連繹如,爲未安耳。數"如"字,是必要到這樣盡善之處方好底意思,蓋教之之意也。

儀封人章

儀封人請見,曰:"君子之至於斯也,吾未嘗不得見也。"從者見之。出曰:"二三子何患於喪乎? 天下之無道也久矣,天將以夫子爲木鐸。"

---

① 參見《續困勉錄》卷三《八佾第三》。
② 見《四書大全·論語集注大全》卷三《八佾第三》。蘇氏,指宋儒蘇軾。
③ 參見《白菊齋訂四書本義集説·上論》卷二。
④ 參見《四書章句集注·論語集注》卷二《八佾第三》,謝良佐曰:"五音六律,不具不足以爲樂……故曰繹如也以成。"

封人一見夫子而知聖道之不終窮，世道之不終亂，天意之不終忘。斯世蓋見得亂極當治，而夫子之德如是意者，其天意之所屬乎！故曰："天將以夫子爲木鐸。"是就夫子身上決天心，可謂知聖矣。此只據理而言。《集注》前説，從本文"將"字看出。

子謂韶章

子謂《韶》，"盡美矣，又盡善也"。謂《武》，"盡美矣，未盡善矣"。

此章朱子正《注》意極完備。帝王治定功成，作樂以象功德。舜、武之功同，故樂皆盡美。舜、武之德，生來有性反，而所遇之時，又有揖遜征伐之不同，此其所以有盡善未盡善之分也。此朱子解書最確處。論者謂德與遇宜，含蓄不露，未免俗儒之見。

子曰居上章

子曰："居上不寬，爲禮不敬，臨喪不哀，吾何以觀之哉？"

此章《注》"既無其本"二語最明。朱子解"寬"字，謂"有政教法度而行之以寬，非廢弛之謂也"，[1]更進一層，好！

里仁第四

子曰里仁章

子曰："里仁爲美。擇不處仁，焉得知？"
此章以擇居言。此"仁"字要照《注》"仁厚之俗"講。

子曰不仁者章

子曰："不仁者不可以久處約，不可以長處樂。仁者安仁，知者利仁。"
此章言不仁之人失其本心，故久約必濫，久樂必淫，重在"仁者"

---

[1]　參見《四書大全·論語集注大全》卷三《八佾第三》。

二句。《注》"安其仁而無適不然""利於仁而不易所守",須知安其仁、利於仁,是仁者、知者;全身無適不然、不易所守,是包上面久約、久樂説。蓋安其仁是渾然天理,無所勉強,自然心與仁一,故曰其仁;利於仁是深知仁之爲美好之極,其篤而必欲得之,故曰於仁。無適不然謂忘乎約、忘乎樂,無往不安於仁也。不易所守謂不以約、樂而易己之所守也。

子曰惟仁者章

子曰:"唯仁者能好人,能惡人。"

此章《注》中"公正"二字,公屬體,正屬用。公謂心之平也,正謂理之得也。朱子又以無私心解公字,當於理解正字。然惟公而後能正,是多少明白須從"仁"字看出"好惡"二字,則"惟"字、"能"字之意方透。

子曰苟志章

子曰:"苟志于仁矣,無惡也。"

此亦望人之志於仁也。"苟"字與誠能、果能一例,乃期望之詞。"志"字重看言天理人欲,不容并立。"其心誠在於仁,則必無爲惡之事矣。"玩白文"惡"字,《注》中"未必無過舉"二句,①可知時解看"苟"字太重者,非。

子曰富與貴章

子曰:"富與貴,是人之所欲也;不以其道得之,不處也。貧與賤,是人之所惡也;不以其道得之,不去也。君子去仁,惡乎成名?君子無終食之間違仁,造次必於是,顛沛必於是。"

此章總注最明。見君子之學以求仁爲要。求仁以明取舍爲先。

---

① 參見《四書章句集注・論語集注》卷二《里仁第四》:"未必無過舉也,然而爲惡則無矣。"

取舍之分,義利之辨,善惡之關也。此處一失脚,便已自絕於君子之路,①故先從審富貴、安貧賤做起。次節結上生下,要看《注》中"無君子之實"句。末節一句密一句,看朱子"終食,猶是無事之時;造次,則異於閒暇;顛沛,則又異造次矣",②可見時解重首句者,非。兩"是"字便是仁,兩"必"字便是工夫。

子曰我未見章

子曰:"我未見好仁者,惡不仁者。好仁者,無以尚之;惡不仁者,其爲仁矣,不使不仁者加乎其身。有能一日用其力于仁矣乎? 我未見力不足者。蓋有之矣,我未之見也。"

此章玩總注,是夫子望人用力於仁的意思。好仁者,惡不仁者,作兩箇人看。"無以尚""不使加"是成德之事,却由用力到此。有能一日用力於仁,便是用力於好惡。"未見力不足",言用力於好惡,便可至"無以尚""不使加"地位。末節要玩《注》"容或有"三字。"偶未見","偶"字言容或有之,我并不曾見一箇人,正"嘆人之莫肯用力於仁也"。

"其爲仁矣","其"字指惡不仁之人言。此句須照《注》補出"無以尚""不使加",要細玩《注》中"真知"字。天下之物,"無以加",及"絕去"字,"不使少有"字便明。

子曰人之過章

子曰:"人之過也,各於其黨。觀過,斯知仁矣。"

此章玩《集注》程子、③尹氏④及朱子"猶可即此而知其厚薄"數

---

① 參見《四書蒙引 附別録》卷五《里仁第四》。
② 見《四書或問》卷九《論語·里仁第四》。
③ 參見《四書章句集注·論語集注》卷二《里仁第四》。程子指程頤,其言:"人之過也,各於其類。君子常失於厚,小人常失於薄;君子過於愛,小人過於忍。"
④ 參見《四書章句集注·論語集注》卷二《里仁第四》。尹氏即尹焞,其言:"於此觀之,則人之仁不仁可知矣。"

語,皆兼仁不仁説,却都從白文"各於其黨"句體會出來。專重君子説,似偏此"仁"字,淺就慈愛説。

子曰朝聞道章

子曰:"朝聞道,夕死可矣。"

此章《注》解極透。"道者,事物當然之理",即君臣、父子、夫婦、昆弟、朋友當然之實。理命於天,而率於性,人之所以爲人者也。此"聞"字,深謂平日格物致知,至此一旦豁然貫通也。"苟得聞之,則生順死安,無復遺恨",謂生而爲聖爲賢,克盡人道;萬一即死,不是枉過一生,亦可安於心,而無愧矣。"朝夕,所以甚言其時之近",正見人不可以不聞道也。

子曰士志於道章

子曰:"士志於道,而恥惡衣惡食者,未足與議也。"

此章玩《注》"心欲求道","志"字當淺看。玩"以口體之奉不若人爲恥,其識趣卑陋甚矣"二句,識是識見,趣是趣向。他只曉得這一邊,必不曉得那一邊,只向在這一邊,必不向在那一邊。雖與之講論道理,亦徒説而已,故曰"未足與議也。"[12]

子曰君子之於章

子曰:"君子之於天下也,無適也,無莫也,義之與比。"

此章要看得"義"字透徹。義者,心之制、事之宜,如權衡,然隨物取中,因時制宜。"適""莫"是人之意見。"適""莫"則害義矣;義則非"適""莫"矣。"於天下"言於天下之事。"無不然"三句,語勢要相應,又要緊接説,猶云不如彼而如此耳。

子曰君子懷章

子曰:"君子懷德,小人懷土;君子懷刑,小人懷惠。"

此章要看"懷"字。《注》"思念"二字解"懷"字，在心上説。"懷德者安於善；懷刑者畏法，而不敢爲不善；善懷土者，自戀其所有；懷惠者，貪得人之所有。"①《集注》尹氏一段最善。②

德即《大學》所謂"明德"，仁義禮智之性是也。

子曰放於利章

子曰："放於利而行，多怨。"

此章要看"放"字，"多"字從"放"字生。放，則無一言一動，不在於利也；多，則怨之者，不止一二人而已。惟其放利，是以多怨。《集注》程子語最善。③

此"利"字，凡占便宜處皆是。

子曰能以禮章

子曰："能以禮讓爲國乎？何有？不能以禮讓爲國，如禮何？"

此章爲當時君、大夫有徒事威儀文物之間以爲禮，而無遜讓之實心者發。④ 重一"讓"字，玩《注》："讓者，禮之實也。"蓋以儀章度數，不過禮之文耳。至於辭讓之心，則禮意之實也。能有是實，自然感動得人心。所謂一家讓，一國興。讓，禮遜之俗既成，争競之風自息，國其有不治者乎？

子曰不患無位章

子曰："不患無位，患所以立。不患莫己知，求爲可知也。"

此章須看《注》求"在己者"三字。在己者何？大學之道，明德、新民、止至善是也。格致誠正，修齊治平之理即是。所以立乎其位者，

---

① 參見《四書大全·論語集注大全》卷四《里仁第四》，此新安陳氏，宋儒陳櫟所言。
② 參見《四書章句集注·論語集注》卷二《里仁第四》，尹焞："樂善惡不善，所以爲君子；苟安務得，所以爲小人。"
③ 《四書章句集注·論語集注》卷二。程子語："欲利於己，必害於人，故多怨。"
④ 參見《四書蒙引 附別録》卷五《里仁第四》。

即是可以見知之實。"患"者,患不得乎此;"求"者,求盡乎此而已。至於位之得不得,人之知不知,何足患哉?

子曰參乎吾道章

子曰:"參乎! 吾道一以貫之。"曾子曰:"唯。"子出,門人問曰:"何謂也?"曾子曰:"夫子之道,忠恕而已矣。"

此章須認《注》中"聖人之心,一理渾然,[13]而泛應曲當,用各不同"者,是箇甚明。薛文清公曰:"一理,即性也。聖人盡性。性之仁,貫乎父子之親、仁民愛物之類;性之義,貫乎君臣之義、尊賢之等、事物之宜;性之禮,貫乎長幼之序、天秩之節文儀則;性之智,貫乎夫婦之別、是非善惡賢否之分;性之信,貫乎朋友之交。五常,萬事之實,只一性貫乎萬事萬物。"①所謂"一理渾然,而泛應曲當"也,此解洞見本原。曾子於其用處,隨事精察力行。蓋其平日事親,則真箇行此孝;爲人謀,則真箇忠;與朋友交,則真箇信。以至聖人之一言一動,無不詳視而力行之。特未知聖人實,以一性而貫萬事耳。是以夫子呼而告之,曾子即應之曰"唯"。至若曾子以"忠恕"告門人,"是借學者盡己、推己之目",移上一步,以明聖人之一貫耳。玩《注》"夫子之一理渾然而泛應曲當,譬則天地之至誠無息,而萬物各得其所也"至"無待於推矣",可見天地是無心之忠恕,聖人之道一貫是無爲之忠恕,學者盡己、推己是着力之忠恕。學者於人倫日用之間,盡己之心而無餘,推己之心以及人,久則成熟,便是一貫。此曾子之善於指示也。《注》"至誠無息者,道之體也",至"一以貫之之實可見矣"尤爲透徹。

玩白文"吾道""夫子之道",俱在聖人身上說。《注》中天地借來形出聖人耳。薛氏曰:"天以一理而貫萬物,聖人以一性而貫萬事。"②

---

① 參見《讀書錄 讀書續錄·讀書續錄》卷一〇。薛文清公,即明儒薛瑄。
② 參見《讀書錄 讀書續錄·讀書續錄》卷三。

多少分明。

朱氏文炳曰："一貫忠恕，體用而已矣。看曾子《大學》一書，修身以上所以體此忠也，一之所以爲體也；齊家以下所以行此恕也，貫之所以爲用也。此一貫忠恕爲聖賢相傳之心法也。"①此解更透。

子曰君子諭於章

子曰："君子喻於義，小人喻於利。"

此章"喻"字當深一步看。《或問》云："心解通達，則其幾微曲折，無不盡矣。"②解"喻"字之義最確。《注》中"天理"二字當體認。天理者，天然自有之條理也。具於心，爲仁義禮智之性，惻隱辭讓羞惡是非之情；著於身，爲貌言視聽思之則，曰恭從明聰睿；行於世，爲君臣夫子夫婦昆弟朋友之常，曰親義序別信。《書》曰"降衷"、《詩》曰"秉彝"，皆是天理，皆是我職分所宜，然非有所爲而爲之也。若夫人情之所欲，自聲色貨利以及一切占便宜處，凡有所爲而爲者，皆人欲之私，而非天理之公也。朱子深取張南軒"學者莫先於義利之辨"③一段，謂其擴前聖所未發，學者宜精察焉。

子曰見賢思章

子曰："見賢思齊焉，見不賢而內自省也。"

此章重"思齊""內省"上。《注》"冀己亦有是善""恐己亦有是惡"，最爲精當。善者何？即人性仁義禮智信之善，賢者己先得之，我見人之善，便勇猛精進，必思與之齊等而後已。惡者何？即不仁不義無禮無智無信之惡，不賢者己先蹈之，我見人之惡，便惕然深省，恐己亦有是惡潛伏於內，不自知覺也。此反求諸身之學也。

---

① 參見《四書通旨》卷二《忠恕》。朱氏文炳，即元儒朱文炳，《四書通旨》作者朱公遷之從兄。
② 參見《四書或問》卷九《論語·里仁第四》。
③ 參見《四書大全·論語集注大全》卷四《里仁第四》。張南軒，即宋儒張栻。張氏言："學者莫先於義利之辨。蓋義者，無所爲而然也。凡有所爲而然，皆人欲之私而非天理之存。此義利之分也。"

子曰事父母章

子曰："事父母幾諫，見志不從，又敬不違，勞而不怨。"

此章曲盡人子諫親之道。① "幾諫"二字最重，貫下二句，"幾"字內便有"敬"字在。玩白文"又"字，《集注》"幾，微也"及"下氣怡色，柔聲以諫"，[14] 兩言"起敬起孝"處可見。

子曰父母在章

子曰："父母在，不遠遊，遊必有方。"

此章見人子當以父母之心爲心。不遠遊是常法。遊必有方，處變之道也。《集注》最詳明。

子曰父母之年章

子曰："父母之年，不可不知也。一則以喜，一則以懼。"

此章欲人子及時盡力以事親也。"知"字當深一步看。《注》"記憶"字、"常知"字宜玩。惟常常記憶在心，則"喜""懼"自不容已矣。《注》"既"字、"又"字，見喜之中便有懼。"愛日之誠"四字於"懼"字，旨意深切。

子曰古者章

子曰："古者言之不出，恥躬之不逮也。"

此章緊要在"恥"字上，是發明古人所以不輕出言之心。

子曰以約章

子曰："以約失之者鮮矣。"

此示人以寡過之方也。玩《注》"不侈然自放"句，[15] 可見"約"字與"放"字相反。約是凡事收斂檢束，令入規矩準繩，便有所據守，方

---

① 參見《連理堂重訂四書存疑》卷四上《論上》。

少過失；或是俀然自放，便逸乎規矩之外，①蕩閑逾檢，未有不差錯者。

子曰君子欲訥章

子曰："君子欲訥於言而敏於行。"

此章"欲"字最緊要。玩《注》兩下"欲"字及《或問》"君子之志"句，②可見"欲"字在君子存心上說。他人亦知言之當謹行之，當敏究竟。言易放而行不力者，以心之不存故也。

子曰德不孤章

子曰："德不孤，必有鄰。"

此章勉人修德意。上句以理言，見德無孤立之理，蓋秉彝好德，人心所同也。下句主事言，以實上句也。見有德者便有鄰，蓋同德相應，天理自然之合也。③ 德者何？即仁義禮智信是也。

子游曰事君章

子游曰："事君數，斯辱矣；朋友數，斯疏矣。"

此章重兩"數"字。言諫君友者，當見幾而作也。若一味言語煩瀆，便致疏辱，是乃自取也。

公冶長第五

子謂公冶長章

子謂公冶長，"可妻也。雖在縲絏之中，非其罪也。"以其子妻之。子謂南容，"邦有道，不廢；邦無道，免於刑戮。"以其兄之子妻之。

此章玩白文"可妻也"及兩節末句，主擇壻說，自是天理人情。時

---

① 參見《四書大全·論語集注大全》卷四《里仁第四》。
② 參見《四書或問》卷九《論語·里仁第四》。
③ 參見《四書大全·論語集注大全》卷四《里仁第四》。此新安陳櫟所言。

解説開者,非。

可妻,主素行説。"邦有道,不廢"二句,要看《注》"謹於言行",是其所以然處。蓋"言行,君子之樞機。樞機之發,榮辱之主也。"①能謹言行。當邦有道時,言可揚、行可舉,故不廢;當無道時,言不至於招尤,行不至於取禍,故免於刑戮也。

子謂子賤章

子謂子賤,"君子哉若人！魯無君子者,斯焉取斯？"

此言子賤之成德,而因本其德之所由成也。

子貢問曰賜也章

子貢問曰:"賜也何如？"子曰:"女,器也。"曰:"何器也？"曰:"瑚璉也。"

此章《注》中"子貢見孔子以君子許子賤,故以己爲問",此是子貢發問來歷,若無因,亦問不起,人多將此略過者,非。"女,器也",是取其材之可用,"瑚璉"是取其材之不凡。

或曰雍也仁而章

或曰:"雍也仁而不佞。"子曰:"焉用佞？禦人以口給,屢憎於人。不知其仁,焉用佞？"

此章或人許仁意輕而重惜其不佞。夫子不許仁意輕而重喜其不佞。"禦人"二句,正見佞之不足取也。

總注:"仁道至大,非全體而不息者,不足以當之。"朱子解"仁"字最爲精詳,非專爲此章言也。全體是天理渾然,無一毫之雜;不息是天理流行,無一時之間。若有一毫之雜、一時之間,便不可謂仁,所以夫子於武伯之問三子,②俱不輕許以仁,正是此意。後"清忠章"《注》

---

① 出自《易·繫辭上》。
② 武伯之問三子:即本篇其後,孟武伯問子路、冉求、公西赤三人仁否於孔子。

"當理而無私心",①是據所聞於師者而言。《或問》曰:"仁者,心之德而天之理,自非至誠盡性,通貫全體,無少間息,不足以名之。"②亦是此意。學者於朱子"心之德、愛之理"六字,"全體不息"四字,細心詳玩,庶可以識仁矣。

子使漆雕開仕章

子使漆彫開仕。對曰:"吾斯之未能信。"子説。

此章要看"斯"字。《注》:"斯,此理而言。"此理謂何？即《大學》"明德、新民"是也。"信謂真知其如此,而無毫髮之疑"是直到物格知至,於這箇道理見得十分透徹。修己者以此,治人者即以此。開見及此,非苟且隨世,以就功名者,宜。夫子説之。

子曰道不行章

子曰:"道不行,乘桴浮於海。從我者,其由與?"子路聞之喜。子曰:"由也好勇過我,無所取材。"

此章要看"道不行"三字。道,即《大學》"明、新"是也。聖人抱道在躬,"得時行道,[16]使天下無一夫不被其澤,此聖人之本心。世衰道否,至於無所容其身,豈聖人之得已?"浮海之嘆,傷天下之無賢君也,特假設之詞耳！薛文清公曰:"天地不以窮冬大寒而已其生物之心,聖人豈以時衰世亂而已其行道之心乎?"③可謂深知聖心矣。

孟武伯問子路章

孟武伯問子路仁乎? 子曰:"不知也。"又問。子曰:"由也,千乘之國,可使治其賦也,不知其仁也。""求也何如?"子曰:"求也,千室之

---

① 清忠章:即本篇"子張問曰令尹"章。
② 參見《四書或問》卷十《論語·公冶長第五》。《四書或問》:"仁者,心之德而天地之理也。自非至誠盡性、通貫全體,如天地一元之氣,化育流行,無少間息,不足以名之。"
③ 參見《讀書録 讀書續録·讀書續録》卷三。

邑,百乘之家,可使爲之宰也,不知其仁也。""赤也何如?"子曰:"赤也,束帶立於朝,可使與賓客言也,不知其仁也。"

此章總是夫子不輕許人以仁也。大意云,其才則吾所知,其仁則吾所不知也。① 玩前章《集注》"全體不息"及後章《集注》"當理而無私心"②,方識得仁字;的識得仁字,則夫子不輕許之意可見矣。

子謂子貢曰章

子謂子貢曰:"女與回也孰愈?"對曰:"賜也何敢望回?回也聞一以知十,賜也聞一以知二。"子曰:"弗如也;吾與女弗如也。"

入道工夫只是知行兩件,必先曉得,方擔荷得去。大段見識敏悟的人,方能曉得。聖門見識敏悟者,顏子而下,莫如子貢,故夫子以之相比較。子貢自知己之知不如顏子,而又能自屈。故夫子既然之,又重許之,舊解輕看"知"字者,非。

宰予晝寢章

宰予晝寢。子曰:"朽木不可雕也,糞土之墻不可杇也;於予與何誅?"子曰:"始吾於人也,聽其言而信其行;今吾於人也,聽其言而觀其行。於予與改是。"

此章首節《集注》:"言其志氣昏惰,教無所施。"志謂心志,氣謂血氣。志先昏,氣隨而惰。③ 人之爲學,必須以志帥氣,方能自強不息,然後受教有地。苟其不然,教何所施哉?故夫子深責之。次節因宰予能言,而行不逮,故又言此,以重警之。《注》解甚明。

子曰吾未見章

子曰:"吾未見剛者。"或對曰:"申棖。"子曰:"棖也慾,焉得剛?"

---

① 見《四書蒙引 附別錄·四書蒙引》卷五《公冶長第五》。
② 前章,指本篇"雍也或而不仁章";後章,指本篇"子張問曰令尹章"。
③ 參見《四書大全·論語集注大全》卷五《公冶長第五》。新安陳櫟所言。

夫子所謂剛者,是稟天地正大之氣,而又有義理以養,成之便能卓然堅强,不爲事物所屈。凡一切榮辱得喪,禍福生死,皆不足以動之,即孟子所謂"浩然之氣"。富貴不能淫、貧賤不能移、威武不能屈者,故夫子嘆其未見。然此意未曾説明,或人不知所謂剛,故以申棖對。子曰:"棖也慾,焉得剛?"言慾則不得爲剛矣。《集注》程、謝之言最爲精到,①存疑駁之未是。

謝注:"爲物揜之謂慾"二句,言陷溺於物欲之中,不能自克,如爲物遮覆掩遏而不能出也。② 如今人纔要貪這一件物事,便被這物事壓得頭低了。

子貢曰我不章

子貢曰:"我不欲人之加諸我也,吾亦欲無加諸人。"子曰:"賜也,非爾所及也。"

此章要看《注》中"仁""恕"二字。"不欲""無加"是仁者之事。子貢當下直任了,便不去做工夫,夫子謂"非爾所及",且要他退一步做工夫,從"恕"字入手,方可到仁者地位。

子貢曰夫子之章

子貢曰:"夫子之文章,可得而聞也;夫子之言性與天道,不可得而聞也。"

此子貢得聞性與天道而嘆聖門教不躐等也。"文章"要看《注》中"德"字,方是夫子之文章。"性與天道"二句,白文"言"字,《注》中"罕言"字,猶云夫子所言底性與天道,不是不言,亦不是常言,故學者不可得而聞。

---

① 參見《四書章句集注·論語集注》卷三《公冶長第五》。程、謝,指宋儒程頤、謝良佐。程子曰:"人有慾則無剛,剛則不屈於慾。"謝氏曰:"剛與慾正相反。能勝物之謂剛,故常伸於萬物之上;爲物揜之謂慾,故常屈於萬物之下。自古有志者少,無志者多,宜夫子之未見也。棖之慾不可知,其爲人得非悻悻自好者乎?故或者疑以爲剛,然不知此其所以爲慾爾。"

② 參見《四書大全·論語集注大全》卷五《公冶長第五》。

子路有聞章

子路有聞，未之能行，唯恐有聞。

此是形容子路勇行之心，須一氣讀。在子路，方有聞而未及行時節，惟恐復有聞而行之不給，正欲急行其所已聞，而預待其所未聞也。

子貢問曰孔文子章

子貢問曰："孔文子何以謂之'文'也？"子曰："敏而好學，不耻下問，是以謂之'文'也。"

此章因論謚而發。謚，公論。文，美謚。聖人在一節上取他，不没人善之意也。勤學好問，須切孔文子，亦是淺淺在合於謚法處説。

子謂子産章

子謂子産，"有君子之道四焉：其行己也恭，其事上也敬，其養民也惠，其使民也義。"

行己、事上、養民、使民，相臣之大端具矣。恭、敬、惠、義，乃君子之道。子産有焉，故夫子稱之。玩白文，四"其"字，須切子産説。惠主愛利義，主整嚴，《注》中"都鄙有章"句要看明白。

子曰晏平仲章

子曰："晏平仲善與人交，久而敬之。"

此章重在"久"字。朋友，五倫之一，交友以敬爲主。人情初交，或能敬，至於久，則衰矣。久而能敬，所以爲善交也。《集注》最明，須要切平仲説。

子曰臧文仲章

子曰："臧文仲居蔡，山節藻梲，何如其知也？"

所貴乎知者，爲其明見理之是非也。觀文仲居蔡一事，是他惑於鬼神，心裏一向倒在卜筮上了，便是見理不明，如何得爲知？

朱子云："臧文仲、令尹子文、陳文子、季文子數段，[17]是聖人微顯闡幽處，惟其似是而非，故聖人便分明説出來，要人理會得。"玩此，可見聖人維持名教之意，此等處大有關係，非是説他短處。

子張問曰令尹章

子張問曰："令尹子文三仕爲令尹，無喜色；三已之，無愠色。舊令尹之政，必以告新令尹。何如？"子曰："忠矣。"曰："仁矣乎？"曰："未知；——焉得仁？""崔子弑齊君，陳文子有馬十乘，棄而違之。至於他邦，則曰，'猶吾大夫崔子也。'違之。之一邦，則又曰：'猶吾大夫崔子也。'違之。何如？"子曰："清矣。"曰："仁矣乎？"曰："未知；——焉得仁？"

此章要理會《集注》："當理而無私心，則仁矣。"識得仁字，則夫子不輕許二子之意可見矣。二子之清、忠，只就行事上説，仁以心德言。

朱子云："有人事當於理，而未必無私心；有人無私心，而處事又未必當理。惟仁者内無私心，而外之處事又當於理，須表裏心事一，皆純乎天理而無一毫之私，乃可。"①謂仁此説最分明。

季文子三思章

季文子三思而後行。子聞之，曰："再，斯可矣。"

此"思"字主臨事説。朱子《或問》云："程子……謂思，至於再則已審，三則私意起者至矣。蓋天下之事，以義理斷之，則是非當否，再思而已審；以私意揣之，則利害得喪，萬變而無窮。思止於再者，欲人之以義制事，而不汩於利害之私也。"②此解最確。

朱子又云："思之有未得者，須着仔細思到。思而得之，方是一

---

① 參見《四書大全·論語集注大全》卷五《公冶長第五》。
② 見《四書或問》卷十《論語·公冶長第五》。

思。雖見得已是，又須平心更思一遍。如此，則無不當矣。"[18]得謂得其理也。

子曰甯武子章

子曰："甯武子，邦有道，則知；邦無道，則愚。其知可及也，其愚不可及也。"

此章重在"愚"字。朱子注最確。武子當文公有道，安常處順，行所無事，此其知之可及也。及成公無道失國，在智巧之士深避不爲，而武子竭力其間，至誠懇惻，不避艱險，卒能保身以濟君，此其愚之不可及也。"有道""無道"，只在有事變無事變上說，"愚"在冒險濟變上說。

子在陳曰歸與章

子在陳，曰："歸與！歸與！吾黨之小子狂簡，斐然成章，不知所以裁之。"

此夫子因道不行於天下，欲成就後學，以傳道於來世意思大有關係，末句最重。夫子思歸，意全在於此，所以裁之者，便是夫子大中至正之道，小子自不知裁，夫子欲歸而裁之也。

子曰伯夷章

子曰："伯夷、叔齊不念舊惡，怨是用希。"

此因夷、齊是清介底人，惡惡最嚴，宜若無所容矣。然不念舊惡，却是他清之好處。"念"字與"惡"字不同，乃執而不化之意。

子曰孰謂章

子曰："孰謂微生高直？或乞醯焉，乞諸其鄰而與之。"

此章《集注》"微生所枉雖小，[19]害直爲大"二語好。夫子所以以一事之微而斷其不直也。所謂直者，平心順理以應物而已矣。

子曰巧言章

子曰:"巧言、令色、足恭,左丘明恥之,丘亦恥之。匿怨而友其人,左丘明恥之,丘亦恥之。"

此章《注》云:"深戒學者,使察乎此而立心以直也。"可見此兩項,人俱是立心不直底。上是工於悦媚者,下是陽爲厚人者。《注》云:"二者之可恥,有甚於穿窬也。"可見"恥"字最重。在此兩項,人方自以爲得計,已自無所用恥,却不知着實可恥,看得此人,亦再無不恥他底人。左丘明,聞人固嘗恥之。即丘以忠厚待人,然亦恥之,兩言"恥之",正是深戒之意。

顏淵季路章

顏淵季路侍。子曰:"盍各言爾志?"子路曰:"願車馬衣輕裘與朋友共敝之而無憾。"顏淵曰:"願無伐善,無施勞。"子路曰:"願聞子之志。"子曰:"老者安之,朋友信之,少者懷之。"

此章注解甚明。"老者"三句,程子"羈靮以御馬"數語喻,言老、友、少者,他本來便帶得安、信、懷之理。朱子前說是我去安他、信他、懷他,後說是他安於我、信於我、懷於我,看來意,實一貫三層,說透道理方足。老者,原自帶一安之理,我則養之以安,而彼安於我,是老者之理得,而我之志亦遂。下二句亦然,是聖人之志也。

子曰已矣乎章

子曰:"已矣乎!吾未見能見其過而内自訟者。"

注解明確,深體玩之可見。

子曰十室之邑章

子曰:"十室之邑,必有忠信如丘者焉,不如丘之好學也。"

玩《注》:"美質易得,至道難聞"二句,若曰人見丘之與聞乎道也?

遂謂丘有異人之質,若以美質論,即十室之邑中,亦必有忠信如丘者焉,但不如丘之好學,此其所以徒有美質而卒不得聞道也。

學者須要知孔子所好之學是何?學而好之方可聞道,夫子所好之學即十五志學之學,朱子所謂大學之道是也。

【校勘記】

[1] 不及禮樂刑政:原作"不及禮樂政刑",據《二程外書》卷六《羅氏本拾遺》、《張子全書》卷三《正蒙・有司篇第十三》改。程子爲程頤。張子爲張載。

[2] 弟子接物之事:《四書蒙引 附別錄》卷五《學而第一》作"弟子接物之際"。

[3] 這箇:此二字原脱,據《朱子語類》卷二二《論語四・學而篇下》、《御纂朱子全書》卷一〇《論語一》等補。

[4] 無所用志:《四書章句集注・論語集注》卷一《爲政第二》作"無所事志"。

[5] 從其心所欲:《四書章句集注・論語集注》卷一《爲政第二》作"隨其心所欲"。

[6] 夫子之意蓋曰:《四書或問》卷七《論語・爲政第二》作"夫子蓋曰"。

[7] 彼以爲是:《四書或問》卷七《論語・爲政第二》作"彼以是爲"。

[8] 亦未嘗不爲政耳:《四書或問》卷七《論語・爲政第二》作"是亦未嘗不爲政耳"。

[9] 王者之大祭也:原作"王者之大祭説",據《四書章句集注・論語集注》卷二《八佾第三》、《禮記注疏 附考證》卷三二考證改。趙伯循,指唐儒趙匡。

[10] 諸侯:此二字原脱,據《四書章句集注・論語集注》卷二《八佾第三》、《四書大全・論語集注大全》卷三《八佾第三》補。楊時所言。

[11] 揚氏:原作"楊氏",據《四書大全・論語集注大全》卷三《八佾第三》改。揚氏,指漢儒揚雄。

[12] 未足與議也:《四書章句集注・論語集注》卷二《里仁第四》作"何足與議也"。

[13] 一理渾然:《四書章句集注・論語集注》卷二《里仁第四》作"渾然一理"。

[14] 柔聲以諫:原作"柔聲",據《四書大全・論語集注大全》卷四《里仁第四》補。

[15] 不佻然自放:《四書章句集注・論語集注》卷二《里仁第四》作"不佻然以自放"。

[16] 得時行道:原作"得時而行",據《四書大全・論語集注大全》卷五《公冶長第五》、《四書纂疏・論語纂疏》卷三《朱子集注・公冶長第五》改。此胡氏所言。

[17] 臧文仲、令尹子文、陳文子、季文子:《朱子語類》卷二九《論語十一》作"臧文仲、季文子、令尹子文、陳文子"。

[18] 思之未得者:原作"事之未得者",據《朱子語類》卷二九《論語十一・公冶長下》、《御纂朱子全書》卷一三《論語四・公冶長第五》改。

[19] 微生:《四書章句集注・論語集注》卷三《公冶長第五》作"微生高"。此程子所言。

卷之二　論語尊注解意

雍也第六

子曰雍也可使章

子曰："雍也可使南面。"仲弓問子桑伯子。子曰："可也簡。"仲弓曰："居敬而行簡，以臨其民，不亦可乎？居簡而行簡，無乃大簡乎？"子曰："雍之言也。"

《書》曰："臨下以簡。"①簡，自是臨民之道。夫子許仲弓可使南面者，以此子桑伯子之簡，原與仲弓不同，因仲弓問及，夫子第就其人許之。至仲弓辨簡一段，提出"居敬"二字，深得出治本原，故夫子然之。朱子《集注》最爲精確。"居敬"二字讀住，故云："自處以敬，則中有主而自治嚴。""而行簡以臨其民"連讀，故云："是而行簡以臨民，則事不煩而民不擾。"時解將"居敬而行簡"作一句讀，背《注》，不可從。②

集說行簡自居敬中來，然居敬矣，又須行簡善體，白文"而"字，且程、朱二義俱到可從。

哀公問弟子章

哀公問："弟子孰爲好學？"孔子對曰："有顏回者好學，不遷怒，不貳過。不幸短命死矣，今也則亡，未聞好學者也。"

此章《集注》最爲詳盡。朱子、程子之言當句句熟讀精思。玩"真

---

① 出自《尚書·虞書·大禹謨》。
② 謝氏此句句讀與通行句讀不同。原文從通行本標點。

好學","真"字,程子"學以至聖人之道"一段,仁義禮智信,性也;喜怒哀懼愛惡欲,情也。可見聖賢之學只在性情上做工夫。顏子之所學在此,可謂真好學矣。故夫子以"不遷怒、不貳過"驗其好學。

子華使於齊章

子華使於齊,冉子爲其母請粟。子曰:"與之釜。"請益。曰:"與之庾。"冉子與之粟五秉。子曰:"赤之適齊也,乘肥馬,衣輕裘。吾聞之也:'君子周急不繼富。'"原思爲之宰,與之粟九百,辭。子曰:"毋!以與爾鄰里鄉黨乎!"

此章兩事非必同一時,記者并誌之,以其可互相發明,故張子曰:"於斯二者,可見聖人之用財矣。"《集注》程子一"義"字可斷盡。此章末節"毋"字最重,下句帶說。《集注》"常禄不當辭",言義不當辭也。

子謂仲弓曰章

子謂仲弓,曰:"犁牛之子騂且角,雖欲勿用,山川其舍諸?"

此章見世類不足以拘人,言父之惡不能廢其子之善也。《注》云:"此論仲弓云爾,非與仲弓言也。"最善。

子曰回也其心章

子曰:"回也,其心三月不違仁,其餘則日月至焉而已矣。"

此章要看"其心"二字。仁者,心之德。人有是心,則有是德。然心有不存,私欲亂之,則不能有是德矣。顏子明健,克己復禮,故能三月之久,心不違仁,真能無私欲而有其德。其餘心有出入,故其於仁或存或亡,日月至焉,雖能造其域,却不能如顏子之久也。張子"內外賓主",從本文"不違"與"至"字看出。不違,是心常存,仁便常存,便是在內底,是爲主。日月至,是心一向馳於外,有時而存。心存時,仁始存,恰似從外來,便是賓。蓋"不違"與"至"之久暫,全在心之疏密上分。

季康子問仲由章

季康子問：“仲由可使從政也與？”子曰：“由也果，於從政乎何有？”曰：“賜也可使從政也與？”曰：“賜也達，於從政乎何有？”曰：“求也可使從政也與？”曰：“求也藝，於從政乎何有？”

此章見三子皆從政之才。

季氏使閔子章

季氏使閔子騫爲費宰。閔子騫曰：“善爲我辭焉！如有復我者，則吾必在汶上矣。”

此章閔子不欲仕季氏，是他高處。

伯牛有疾章

伯牛有疾，子問之，自牖執其手，曰：“亡之，命矣夫！斯人也而有斯疾也！斯人也而有斯疾也！”

此章見伯牛之死是命。言天之命，非人之所能爲也。夫子於顏淵、伯牛之死皆言命，以盡其道而死，故也。若他人之死，便不得爲正命。

子曰賢哉回也章

子曰：“賢哉，回也！一簞食，一瓢飲，在陋巷，人不堪其憂，回也不改其樂。賢哉，回也！”

此章《集注》最爲精詳。謂"顏子之樂，非樂簞瓢陋巷也，不以貧窶累其心而改其所樂也。"又曰："其字當玩味。"蓋以顏子之心，無少私欲，天理渾然，是以仰焉不愧，俯焉不怍，日用動靜之間，從容自得，而無適不樂。故非樂簞瓢陋巷，亦不待以道爲可樂，然後樂也。又謂："學者但當從事於博文約禮之誨，[1]以至於欲罷不能而竭其才，則庶乎有以得之矣。"此是教尋孔顏樂處底實在工夫，不如此，終不得孔顏樂處。天理者何？天然自有之條理，即天命之性，率性之道也。

冉求曰非不章

冉求曰："非不説子之道，力不足也。"子曰："力不足者，中道而廢。今女畫。"

此章"力不足"，不過設言力不足樣子，非真力不足也。重在"今女畫"，畫是自畫。

子謂子夏曰女爲章

子謂子夏曰："女爲君子儒，無爲小人儒。"

此是子夏始見夫子時事。《注》"爲己""爲人"最精。同是儒者之學，致知力行，以爲自己分内事，只求有得於己，非有所爲而爲之者，君子儒也；致知力行，不以爲自己分内事，只欲求知於人，有所爲而爲之者，小人儒也。此爲己、爲人之分，不於其迹，而於其心也。

子游爲武城宰章

子游爲武城宰。子曰："女得人焉耳乎？"曰："有澹臺滅明者，行不由徑，非公事，未嘗至於偃之室也。"

此章《集注》詳矣。人如滅明，始可爲人得。人如子游，始可云得人。

子曰孟之反章

子曰："孟之反不伐，奔而殿，將入門，策其馬，曰：'非敢後也，馬不進也。'"

之反自揜其功，真不伐者，可以風矣。

子曰不有章

子曰："不有祝鮀之佞，而有宋朝之美，難乎免於今之世矣。"

《集注》"衰世"二語盡之矣。曰今之世有無限感慨意思。

子曰誰能章

子曰："誰能出不由户？何莫由斯道也？"

此章要看"道"字明白。道者何？人倫日用之間所當行者也。如父子之親、君臣之義、夫婦之別、長幼之序、朋友之信之類。不由道，如父子不親，則父不父，子不子；君臣無義，則君不君，臣不臣；夫婦無別，則夫不夫，婦不婦；長幼無序，則兄不兄，弟不弟；朋友無信，則相欺相詐，不成人理，便行不得。如出門，然若不由户，便出不去，人所共曉，而不知行必由道，故夫子怪而嘆之也。

子曰質勝章

子曰："質勝文則野，文勝質則史。文質彬彬，然後君子。"

此"文""質"主立身行事說。文是威儀文辭，質是忠信誠慤，二者不可相勝，纔勝便不好：或失之野，或失之史，皆非君子也。必也文質彬彬，然後君子。彬彬，即得中之謂，須是以質爲主，文以輔之，停當恰好，不偏了些子。威儀文辭之中，自有忠信誠慤者存。忠信誠慤之表，自有威儀文辭者在此之謂。君子本文，主威德言，損有餘，補不足，是朱子補出前一層工夫，教人所以用力處。質字時解謂不屬忠信說，總由不識《集注》字眼。玩"本"《注》"誠或不足"，"誠"字及楊注"其本亡矣"，本字可見，離却忠信，便將質字落空，顯悖《集注》，斷不可從。況"素絢"章，① 朱子明明說"禮以忠信爲質"，[2] 又引《禮經》："忠信之人可以學禮"，② 正與此章楊注相合。③ 時解錯謬，不惟不識"質"字，并"忠信"二字，亦識不得。

文質所談者，廣如事親。誠心愛親是質，問寢視膳、昏定晨省、冬

---

① "素絢"章，出《論語·八佾》。
② 出《禮記·禮器》篇。
③ 楊注：指此章引用宋儒楊時所言。

温夏清,以及拜跪坐立,這便是文。若只在外面儀文上,都無誠心,這便是文勝質;如有誠心,外面問安定省之文都沒有了,這便是質勝文。如喪事、如與人,凡一切事都是如是。

子曰人之生章

子曰:"人之生也直,罔之生也幸而免。"

此章要看"生理本直"是如何?朱子云"如父子本有親、君臣本有義"之類。① 如見孺子將入井,便有箇惻隱之心。見一件可羞惡底事,便有箇羞惡之心。這都是本心自然憑他發出來,都遏不住。而今若順這理行,便是直。愚謂:"人必直,乃爲全其生理,方可住天踏地"。朱子又云:"若見入井,而不惻隱,見可羞惡,而不羞惡,便是拘了這箇道理,[3]便是罔了。罔是脱空作僞,做人不誠實,以非爲是,以黑爲白,如不孝於父却與人説我孝,不弟於兄却與人説我弟之類。此等人已失生理,合當用死却生,於世是幸而免耳。"②

子曰知之者章

子曰:"知之者不如好之者,好之者不如樂之者。"

此章當求所知、所好、所樂爲何?《注》中"道"字要認,即人倫日用之道,命於天而率性者是也。

子曰中人以上章

子曰:"中人以上,可以語上也;中人以下,不可以語上也。"

"語上","上"字是甚?即所謂性與天道,所謂一貫是也。

樊遲問知章

樊遲問知。子曰:"務民之義,敬鬼神而遠之,可謂知矣。"問仁。

---

① 參見《朱子語類》卷三二《論語十四·雍也篇三》。
② 參見《朱子語類》卷三二《論語十四·雍也篇三》。

曰:"仁者先難而後獲,可謂仁矣。"

《集注》"人道"謂何?即父子之親、君臣之義、夫婦之別、長幼之序、朋友之信,人倫日用之所當行者是也。專用力於此,而不惑於鬼神之難知,分明是於是非上見得透,故曰:"知者之事也。"[1] "先難"謂何?程子曰:"先難,克己也。"克己,最爲難事,以所難爲先而不計其所獲,分明是心一於理而無私欲之雜,故曰"仁者之心也。"

子曰知者樂水章

子曰:"知者樂水,仁者樂山;知者動,仁者静。知者樂,仁者壽。"

此章先要理會得如何是仁?如何是知?若理會"仁""知"二字通透,如"動""静"等語自分明,主意還重在中二句。惟其動静,所以樂水樂山;惟其動静,是以得樂得壽。自上二句言,則此二句是推由;自下二句言,則此二句是本原。《注》:"動而不括",出《易·繫辭下》。括,結也,動而無結閡之意也。閡與礙同。

子曰齊一變章

子曰:"齊一變,至於魯;魯一變,至於道。"

此章《集注》詳矣。程子之説宜深玩。"道"即文、武、周公之道,盡善盡美者是也。"齊俗急功利,喜夸詐,乃霸政之餘習",必革去功利、夸詐之習,然後可歸於禮教信義。魯"重禮教,崇信義,猶先王之遺風",[2] 能修舉廢墜,便復文、武、周公之初治。

子曰觚不章

子曰:"觚不觚,觚哉!觚哉!"

---

[1] 參見《四書大全·論語集注大全》卷六《雍也第六》。
[2] 齊魯之俗圖解,參見《四書輯釋·論語》卷六《雍也第六》。

此章看《集注》,程子之言本爲觚發,①而推之天下之物皆然也。

宰我問仁者章

宰我問曰:"仁者,雖告之曰,'井有仁焉。'其從之也?"子曰:"何爲其然也? 君子可逝也,不可陷也;可欺也,不可罔也。"

好仁不好學,其蔽也愚。宰我從井救人之說,失之愚矣。《集注》"身在井上"②以下一段最爲精透。

子曰君子博章

子曰:"君子博學於文,約之以禮,亦可以弗畔矣夫。"

此是聖門教人最緊要工夫。文即《詩》《書》《易》《禮》,凡典籍所載,皆道之散殊也。禮即天理之節文。文有規矩可憑守底,是道之準則也。博是逐一去講究明白。約是約在身上來,却只是一理。如讀《書》、讀《詩》,是博文。《書》所言之中,其體即吾性未發之中,其用即吾情中節之和。須是約在吾身上,存養於未發之前,省察於已發之後。《詩》言修身齊家之化,身亦吾之身也,家亦吾之家也。須是約在吾身上,如此修身、如此齊家,凡經書所載綱常倫理,一一約在身上,躬行實踐,這便是不畔於道。

子見南子章

子見南子,子路不說。夫子矢之曰:"予所否者,天厭之! 天厭之!"

《集注》"聖人道大德全,無可無不可"一段,[4]大意了然。

---

① 參見《四書章句集注·論語集注》卷三《雍也第六》。程子曰:"觚而失其形制,則非觚也。舉一器,而天下之物莫不皆然。故君而失其君之道,則爲不君;臣而失其臣之職,則爲虛位。"

② 參見《四書章句集注·論語集注》卷三《雍也第六》。朱子曰:"蓋身在井上,乃可以救井中之人;若從之於井,則不復能救之矣。此理甚明,人所易曉,仁者雖切於救人而不私其身,然不應如此之愚也。"

子曰中庸章

子曰："中庸之爲德也，其至矣乎！民鮮久矣。"

《集注》程子一段至矣。①

子貢曰如有章

子貢曰："如有博施於民而能濟衆，何如？可謂仁乎？"子曰："何事於仁！必也聖乎！堯舜其猶病諸！夫仁者，己欲立而立人，己欲達而達人。能近取譬，可謂仁之方也已。"

子貢以博施濟衆爲仁，便不是人人能做底事。子曰："何事於仁"云云。玩《注》"仁以理言"二句，謂一事之仁也是仁，全體之仁也是仁，仁及一家也是仁，仁及一國也是仁，仁及天下也是仁。"聖以地言"二句，謂必有聖人之德，又有天子之位，而後可以當此。然聖如堯舜，其猶病諸！正謂雖聖人，亦有所不能也。夫仁者，節是以仁者之心形狀仁體，故《注》云："以己及人，仁者之心也。"及人處，却有實事，不是一欲便了，但仁自心中流出，隨其所施之，大小皆可見，不限定要博施濟衆耳！仁體切近，如此爲仁者，何必求之遠且難哉？能近取譬，可謂仁之方也。已此，便是恕之事。

朱子"立""達"皆兼内外而言。②

此仁字以愛之理言。

述而第七

子曰述而章

子曰："述而不作，信而好古，竊比於我老彭。"

---

① 參見《四書章句集注·論語集注》卷三《雍也第六》。程子曰："不偏之謂中，不易之謂庸。中者，天下之正道；庸者，天下之定理。自世教衰，民不興於行，少有此德久矣。"

② 參見《四書大全·論語集注大全》卷六《雍也第六》。

此章玩《注》："孔子刪《詩》《書》"至"未嘗有所作也"及"當是時，作者略備"一段，可見易象、詩書、禮樂制度，皆群聖所作，以成一代之制，特未有折衷者耳。至孔子刪定贊修，集群聖之大成而折衷之，以垂萬世之法，此述之功所以大也。"信而好古"乃是"述而不作"之本。夫子嘗自謂"好古敏求"，①又謂"不如丘之好學"，②他人所以不好古、不好學者，皆信道不篤耳。惟能篤信古道，所以深好古道，惟篤信好古，所以述而不作也。

子曰默而章

子曰："默而識之，學而不厭，誨人不倦，何有於我哉？"

此章"默""識"二字，《注》解已明，今須看"默""識"底是甚麼？"學不厭""誨不倦"底是甚麼？先儒提出"道"字，最是。即載在典籍，具於吾心者也。總不出人倫日用之所當行者。

"默""識"是存諸心，"不厭""不倦"須是心無間斷，方能如此。

子曰德之章

子曰："德之不修，學之不講，聞義不能徙，不善不能改，是吾憂也。"

朱子曰："須實見得德是甚麼物事，如何喚做修？如何喚做不修？"③如仁是德，有欲害人之心，則仁之德不修；義是德，有穿窬之心，則義之德不修。仁之德修，則所言無不仁之言，所行無不仁之行；義之德修，則所言無不義之言，所行無不義之行。至於禮智皆然。"講學"是格物致知事，"聞義"是聞於人底，"不善"是自家做底。四者須是要日新，故《注》云："日新之要。"

---

① 出《論語·述而》。
② 出《論語·公冶長》。
③ 參見《四書大全·論語集注大全》卷七《述而第七》。

子之燕居章

子之燕居,申申如也,夭夭如也。
此章看燕居時,聖人中和之氣象。

子曰甚矣章

子曰:"甚矣吾衰也!久矣吾不復夢見周公!"
此爲不能行周公之道而發。①

子曰志於道章

子曰:"志於道,據於德,依於仁,遊於藝。"
此章《集注》詳盡,字字句句精思熟讀,身體力行,則得之矣。再看《或問》"道""德""仁""藝""志""據""依""游",②字字更分明。《注》四節皆以心言之,是通章主腦處。首節說道,次節行道而有得於心,三節心德之全,四節心亦無所放,是通章血脈貫通輕重處。

子曰自行章

子曰:"自行束脩以上,吾未嘗無誨焉。"
此自明誨人不倦之意。

子曰不憤章

子曰:"不憤不啓,不悱不發。舉一隅不以三隅反,則不復也。"
此欲學者勉於用力,以爲受教之地也。

子食於有章

子食於有喪者之側,未嘗飽也。

---

① 參見《四書講義尊聞錄·論語》卷七《述而第七》。
② 參見《四書或問》卷一二《論語·述而第七》。

此章《集注》："於此二者，可見聖人情性之正也。"盡之矣。

子謂顏淵章

子謂顏淵曰："用之則行，舍之則藏，唯我與爾有是夫！"子路曰："子行三軍，則誰與？"子曰："暴虎馮河，死而無悔者，吾不與也。必也臨事而懼，好謀而成者也。"

此章前一節以出處之義許顏子，後一節以義理之勇進子路。首節《集注》"用舍無與於己"，謂用舍是由在別人，不由在我。"行藏安於所遇"，謂遇用則安於行，遇舍則安於藏。命不足道，只看義理。何如都不問命了，此惟孔、顏能之，此全在兩箇"則"字上。至於行藏之具，孔、顏已有不待言者，行藏之具謂何？即《大學》"明德、新民"是也。處則以之修己，出則以之治人。今日學者，須從事大學，格致誠正之功既盡，修齊治平之理已備，行藏之具在我，至於用舍聽之在人可耳。若在我者，既無行藏之具，又何問用舍哉？後節論行軍不與徒勇之人，所與者必也臨事而懼，好謀而成者也。《集注》"懼，謂敬其事"，敬事則有持重謹慎之意；"成，謂成其謀"，謀成則有周悉萬全之意。此以素行言，平日臨事以敬為主，又好謀慮，事極周密。既謀矣，又能決斷以成之，不至蓄疑敗謀，此等人方可與行軍。《集注》云："行師之要實不外此。"看《書經·甘誓》"今予惟恭行天之罰"，《胤征》"欽承天子威命"，《泰誓》"予小子夙夜祗懼"，《牧誓》"惟恭行天之罰"，曰恭、曰欽、曰祗懼，皆敬事也。又《詩》云："整我六師，以修我戎。既敬既戒"，[1]美宣王也。後來名將能立功名者，皆謹重周密，乃能有成。如吳漢朱然，[2]終日欽欽，常如對陣，臨急膽定，過絕於人。觀此可見，夫子言實萬世行軍制勝之要法也。今人率負才，以英雄自待，以至恃氣傲物，不能謹嚴，卒至於敗而已。要做大功名底，越要謹密。[3] 未聞

---

[1] 出《詩經·大雅·常武》。
[2] 朱然，三國時吳國名將。
[3] 參見《希賢錄》卷七《致治門·武備》。朱子所言。

粗魯闊略,而能有成者,此朱子之言與孔子之言相合。

子曰富而章

子曰:"富而可求也,雖執鞭之士,吾亦爲之。如不可求,從吾所好。"

此聖人自謂以曉人,亦爲中人而發耳。使其真知富之不可求,義理之可安,自不求彼而從此也。

子之所慎章

子之所慎:齊、戰、疾。

此章《集注》最明。尹氏:"夫子無所不謹,弟子特記其大者耳。"[5]尤爲得旨。

子在齊聞章

子在齊聞《韶》,三月不知肉味,曰:"不圖爲樂之至於斯也。"

"三月"上補"學之"二字方好看。① 其不知肉味處,味,夫子不圖之言,蓋其中有不可形容之妙存焉。"其心可得而知,神可得而會,而口不可得而言,言不可得而盡也。"②然非聖人,不足以及此。

冉有曰夫子爲章

冉有曰:"夫子爲衛君乎?"子貢曰:"諾;吾將問之。"入,曰:"伯夷、叔齊何人也?"曰:"古之賢人也。"曰:"怨乎?"曰:"求仁而得仁,又何怨?"出,曰:"夫子不爲也。"

此章要看"仁"字。仁即天理之正、人心之安是也。"人心誰無? 天理能合乎? 天理之正,方可即乎人心之安,乃謂之仁。伯夷以父命爲尊,[6]是伯夷之心合乎天理之正,而後伯夷之心安。叔齊以天倫爲

---

① 參見《四書章句集注·論語集注》卷四《述而第七》。
② 參見《四書蒙引 附別錄·別錄·論語》。

重,是叔齊之心合乎天理之正,[7]而後叔齊之心安……若輒之拒父,①全無人心,天理於心安乎?"②

子曰飯疏食章

子曰:"飯疏食飲水,曲肱而枕之,樂亦在其中矣。不義而富且貴,於我如浮雲。"

《注》"聖人之心,渾然天理",便是孔子樂處。今須認得天理是甚麽?方可尋孔顏樂處。富貴但言勢位奉養之盛耳,須照疏水曲肱説。天理者,天然自有之條理也,即仁義禮智信,散而爲萬善是也。

子曰加我章

子曰:"加我數年,五十以學《易》,可以無大過矣。"

看此章,知夫子方是善學《易》者。蓋《易》之爲書,吉凶消長之理、進退存亡之道無一不備,乃聖人教人寡過之書也。學《易》則於天地萬物之理,吉凶消長、進退存亡皆見得,盡自然,無差失。夫子一生用力於《易》,晚作《十翼》,"無大過"一言説得十分親切,無非欲人學《易》以寡過也。後人作卜筮書看,便小了,或作應舉本子,更謬。

子所雅言章

子所雅言,《詩》《書》、執禮、皆雅言也。

《集注》:"理性情""道政事""謹節文","皆切於日用之實,故常言之"。性情、政事、節文,便是切於日用之實處。"理性情"三句,是推所以雅言之故,須到末句用之。

葉公問孔子章

葉公問孔子於子路,子路不對。子曰:"女奚不曰,其爲人也,發

---

① 輒,即衛出公輒。
② 參見《四書大全·論語集注大全》卷七《述而第七》,《四書通·論語通》卷四《朱子集注·述而第七》。胡炳文所言。

憤忘食,樂以忘憂,不知老之將至云爾。"

此章因子路不對葉公而自言其好學之篤也。要看《注》中:"以是二者俛焉日有孳孳"二句,是一憤一樂,循環無窮,方見聖人全體至極,純一不已之妙。[8]今學者須知聖人所發憤在何處?所樂者何事?總不出"天理"二字。

子曰我非生而章

子曰:"我非生而知之者,好古,敏以求之者也。"

此是夫子以身教人分明,指示萬世,以求知底方法。此"古"字與"信而好古"之"古"同,即易象詩書禮樂之類。篤好而汲汲以求之,故能知其理。聖人辭生知而以學知自居,是移向下教人底意思。其實聖人是生知而又好學者。

子不語章

子不語怪、力、亂、神。

四者不語,是聖人平日之常言蓋不及是也,《或問》精矣。所以不語之故,《集注》詳矣。

子曰三人行章

子曰:"三人行,必有我師焉。擇其善者而從之,其不善者而改之。"
此見隨在皆師,在人能自得師耳。

子曰天生章

子曰:"天生德於予,桓魋其如予何?"
此是聖人以理自信,而知其決不能害己也。

子曰二三子章

子曰:"二三子以我爲隱乎?吾無隱乎爾。吾無行而不與二三子

者,是丘也。"

此章要緊意思在"吾無行而不與二三子"處,須得仔細認。聖人無不與二三子處,在那裏,作、止、語、默四字所包甚濶。

"行"字便包此四字。

朱子曰:"聖人作、止、語、默,無非教也。"蓋作與語是動,動即太極之用,所以行也;止與默是静,静即太極之體,所以立也。用之行,中與仁是也;體之立,正與義是也。作、止、語、默,皆太極之道,所謂無非教也。

薛氏曰:"聖人一身動静無非仁義禮智之德,充乎中而發乎外,其示人可謂無隱矣。"①又曰:"聖人體道無隱,其作與語是動處,即'感而遂通天下之故''天下之達道'也;其止與默是静處,即'寂然不動''天下之大本也。'"②又曰:"聖人無行而不示人者,皆天理流行之實也。天理只是仁義禮智信,散而爲萬善。學者當於聖人作止語默之間,[9]一一默識。其何事是仁?何事是義?何事是禮智信?無不了然於心而無疑。庶可以知聖人所以爲教矣。"[10]

子以四教章

子以四教:文、行、忠、信。

四教是知行兼盡,表裏俱實也。文謂:"凡經書所載綱常倫理,學文者致知之事,所以明其理也。脩行者力行之事,所以履其事也。存忠信者,所以誠實於力行,凡感於物而發之心者,無一念之不忠也。"③本諸心而應乎物者,無一事之不實也。

子曰聖人章

子曰:"聖人,吾不得而見之矣;得見君子者,斯可矣。"子曰:"善

---

① 參見《讀書録 讀書續録・讀書録》卷七。薛瑄所言。
② 參見《讀書録 讀書續録・讀書續録》卷二。
③ 參見《四書大全・論語集注大全》卷七《述而第七》,新安陳櫟所言。

人，吾不得而見之矣；得見有恒者，斯可矣。亡而爲有，虛而爲盈，約而爲泰，難乎有恒矣。"

此章《集注》張敬夫一段最爲得旨。① 總見有恒爲作聖之基。

子釣而不章

子釣而不綱，弋不射宿。

此章《集注》洪氏之説最善，②張敬夫所論亦佳。③ 不免於釣、弋者，取物之義也。不綱、不射宿者，愛物之仁也。於此可見聖人義盡仁至處。

張敬夫曰："聖人之心，天地生物之心也。其親親而仁民，仁民而愛物，皆是心之發也。然於物也，有祭祀之須，有奉養賓客之用，則其取之也。有不得免焉，於是取之有時，用之有節。若夫子之不絶流、不射宿，皆仁之至、義之盡而天理之公也。使夫子得邦家，則王政行焉，鳥獸魚鼈咸若矣。若夫窮口腹以暴天物者，則固人欲之私也，而異端之教遂至。禁殺茹蔬，殞身飼獸而其於天性之親，人倫之愛，反恝然其無情也，則亦豈得爲天理之公哉！故梁武之不以血食祀宗廟，與商紂之暴殄天物，事雖不同，然其咈天理以致亂亡，則一而已矣。"

子曰蓋有不知章

子曰："蓋有不知而作之者，我無是也。多聞，擇其善者而從之；多見而識之，知之次也。"

此章是聖人以身教人一段，切實求知底工夫。此"作"字，只是作事。中二句最重。"聞"是聞前言往行，"見"是見今人所爲。聞之多，

---

① 參見《四書章句集注·論語集注》卷四《述而第七》。張敬夫指宋儒張栻，其言："聖人、君子以學言，善人、有恒者以質言。"

② 參見《四書章句集注·論語集注》卷四《述而第七》。洪氏，指宋儒洪興祖，其言："孔子少貧賤，爲養與祭，或不得已而釣弋，如獵較是也。然盡物取之，出其不意，亦不爲也。此可見仁人之本心矣。待物如此，待人可知；小者如此，大者可知。"

③ 參見《四書或問》卷一二《論語·述而第七》。張栻所言見下文。

須要別識善惡,擇善而從,從是見在行。見之多,則見得此爲善彼爲惡,皆當識之,以爲參考之資,庶幾他日行去不差也。

互鄉難與言章

互鄉難與言,童子見,門人惑。子曰:"與其進也,不與其退也,唯何甚? 人潔己以進,與其潔也,不保其往也。"

此是聖人不爲已甚之意。

子曰仁遠乎哉章

子曰:"仁遠乎哉? 我欲仁,斯仁至矣。"

此因時人皆以仁道遠而難爲,故夫子以工夫之切近者勉而進之,謂:"仁遠乎哉? 我欲仁,斯仁至矣。"蓋仁者,心之德,纔一收斂,則此心便在,所以甚言其近且易,不待他求也。"欲"字是着力字,"斯"字甚緊。欲仁,工夫如"四勿",[①]敬恕是也。

陳司敗問章

陳司敗問昭公知禮乎? 孔子曰:"知禮。"孔子退,揖巫馬期而進之,曰:"吾聞君子不黨,君子亦黨乎? 君取於吳,爲同姓,謂之吳孟子。君而知禮,孰不知禮?"巫馬期以告。子曰:"丘也幸,苟有過,人必知之。"

此章見聖人君父與禮教兩全處。

子與人歌章

子與人歌而善,必使反之,而後和之。

此即一事之善見聖人取之與之者如此。《集注》:"氣象從容"四句最善摹寫聖人。

---

① 四勿:出《論語·顏淵篇》:"非禮勿視,非禮勿聽,非禮勿言,非禮勿動。"

子曰文莫章

子曰："文，莫吾猶人也。躬行君子，則吾未之有得。"

此章"文"字對"躬行"言，可見文爲言，而躬行爲行，故《注》以"言行之難易緩急"釋之，欲人之勉其實。實者，言之實，躬行君子是也。

言不背道而有次第條理，謂之文；躬行君子，是渾成語。謂凡綱常倫理體之於身，實實做去，做到有所得之地位，乃爲躬行君子。

子曰若聖章

子曰："若聖與仁，則吾豈敢？抑爲之不厭，誨人不倦，則可謂云爾已矣。"公西華曰："正唯弟子不能學也。"

此章夫子是從仁聖說，下到爲不厭、誨不倦；公西華是從爲不厭、誨不倦說，上到仁聖。《注》解"爲""誨"并，"不能學"最明。

薛氏曰："讀《論語》者，須要見得何者是聖人之爲聖與仁不厭處，[11]何者是聖人以聖與仁誨人不倦處。"[12]

子疾病章

子疾病，子路請禱。子曰："有諸？"子路對曰："有之；《誄》曰：'禱爾于上下神祇。'"子曰："丘之禱久矣。"

《集注》："但告以無所事禱之意"盡之矣。

子曰奢則章

子曰："奢則不孫，儉則固。與其不孫也，寧固。"

《集注》："不得已"三字，從"與其"字、"寧"字體出。

子曰君子章

子曰："君子坦蕩蕩，小人長戚戚。"

《集注》："循理""役於物"，乃"坦蕩蕩""長戚戚"之所由生也。

子温而厲章

子温而厲，威而不猛，恭而安。

此是一箇孔聖人模樣。《集注》："聖人全體渾然，陰陽合德"四語極精。陳氏又解曰："常人偏於溫則不厲，偏於威則易猛，勉於恭則不安。聖人溫而厲，陽中有陰也；威而不猛，陰中有陽也。恭而安，恭者，嚴威儼肅，陰也；安者，和順自然，陽也，亦陰中有陽也。惟其不偏而中，是以不戾而和，惟聖人有中和自然之德性，所以有中和自然之德容也。"①

謝氏曰："三事皆聖人之仁義禮智充溢於中，而睟面盎背而然。"②

寵按：仁、禮，陽也；義、智，陰也。

泰伯第八

子曰泰伯章

子曰："泰伯，其可謂至德也已矣！三以天下讓，民無得而稱焉。"

此章當依朱子《或問》，主讓周說爲是，讓商之說不可從。《或問》云："泰伯之逃，[13]無揖讓授受之迹，[14]人但見其逃去不返而已，不知其讓也。知其讓者，見其讓國而已，而不知所以使文、武有天下者，實由於此，則是天下讓也。"又曰："太王之欲立賢子聖孫，爲其道足以濟天下，而非有愛憎之間利欲之私也。是以泰伯去之而不爲狷，王季受之而不爲貪。"③看此可知主讓周說不必泥《注》。仁山金氏曰："王文憲謂此章用古注修入，未及改也。"④按：《或問》亦有"古注"二字，此說較是。

---

① 參見《四書大全·論語集注大全》卷七《述而第七》。陳櫟所言。
② 參見《論語精義》卷四上《述而第七》。謝良佐所言。
③ 參見《四書或問》卷一三《論語·泰伯第八》。
④ 參見《三魚堂四書大全·論語集注大全》卷八《泰伯第八》。仁山金氏，指元儒金履祥。

《論語》夫子兩稱"至德",文王三分有二,可以取天下而不取,曲全君臣之倫;泰伯嫡長,當立國而不立,曲全父子兄弟之倫,故夫子皆以"至德"稱之。

讓商之説於理難通,《大全》仁山金氏一段最好。① 愚謂凡物爲我所有而推以與人曰讓。天下原是商家所有,周自太王至文武,多歷年所。武王末年,始受命有天下,泰伯雖賢,豈必遠過文武,何以知己之必有天下而讓之哉？諸儒議論紛紛,疑關總在"天下"二字。看《或問》"所以使文武有天下者實由於此",②可破群疑,況夫子闡幽在周有天下數百年之後,追論往事,則"天下"二字本無可疑也。

子曰恭而章

子曰:"恭而無禮則勞,慎而無禮則葸,勇而無禮則亂,直而無禮則絞。"

此章重在"禮"字。四德以得中爲貴。禮是中底準則,無準則便失之過,故有弊。③

君子篤於章

君子篤於親,則民興於仁;故舊不遺,則民不偷。

此見在上者,當以仁厚化民意。親親,仁也,上仁則下亦仁。不遺故舊,厚之道也,上厚則下亦不偷。

曾子有疾章

曾子有疾,召門弟子曰:"啓予足！啓予手！《詩》云:'戰戰兢兢,

---

① 參見《三魚堂四書大全·論語集注大全》卷八《泰伯第八》。金履祥言:"讀此《詩》者,則知泰伯王季兄弟讓德之光。玩朱夫子以天下讓之言,又當考諸此可也。然《魯頌》稱翦商,文公謂大王自豳徙居住岐陽,四方之民咸歸往之,於是而王迹始著,蓋有翦商之漸,以是推之,則語録雜出,於門人所記恐不足以證《集注》也。"

② 參見《四書或問》卷一三《論語·泰伯第八》。

③ 參見《四書大全·論語集注大全》卷八《泰伯第八》。饒魯所言。

如臨深淵,如履薄冰。'而今而後,吾知免夫! 小子!"

此章《集注》最明。守身者當以此爲法,"戰""兢""臨""履",總是一箇敬字。

曾子有疾章

曾子有疾,孟敬子問之。曾子言曰:"鳥之將死,其鳴也哀;人之將死,其言也善。君子所貴乎道者三:動容貌,斯遠暴慢矣;正顔色,斯近信矣;出辭氣,斯遠鄙倍矣。籩豆之事,則有司存。"

此告孟敬子以修身之要、爲政之本。三"斯"字着力讀,猶云"便當如此耳"。《注》:"操存省察",正是教人作工夫處。操存,是平日涵養於靜時者;省察,即目前致察於動時者。

曾子曰以能章

曾子曰:"以能問於不能,以多問于寡;有若無,實若虛,犯而不校——昔者吾友嘗從事於斯矣。"

此章《集注》二語盡之。"顔子之心,惟知義理之無窮",故雖能雖多,而若無若虛也。"不見物我之有間",故犯而不校也。

曾子曰可以章

曾子曰:"可以託六尺之孤,可以寄百里之命,臨大節而不可奪也——君子人與? 君子人也。"

此章要看《集注》"才""節"二字。必須才、節兼全,方可謂之君子。若有才而無節,則終歸於小人;有節而無才,則亦僅得爲善人而已。才,可托孤,謂能保衞其國家而又能養成其令德。才,可攝政,謂能安定其社稷而和輯其民人。"不可奪",謂當主少國疑之時,義理精明、志意堅定,猶能保輔幼孤而安其社稷,維持百里而全其生靈。利害不能移其見,死生不能易其守,故曰"臨大節而不可奪也"。愚謂此等人固是資質高,亦由學力到。大抵才由於學,節由於守。若平日無學無守之人,臨事安能有此? 如欲有學有守,必從大學做工夫,格致誠正之功既盡,修齊治平之理已具,臨事方能如此。

曾子曰士不可章

曾子曰:"士不可以不弘毅,任重而道遠。仁以爲己任,不亦重乎? 死而後已,不亦遠乎?"

此責士以體仁之學也。孔門傳道,莫大於求仁。然仁之道非全體而不息者,不足以當之。惟其全體也,則無一理之不該,所以不可不弘;惟其不息也,則無一念之間斷,所以不可不毅。①《集注》字字精詳,學者必須實實體驗,如何是弘毅? 如何是不弘不毅? 去其不弘毅,定要能弘能毅,方可任重道遠。

子曰興於詩章

子曰:"興于《詩》,立於禮,成於樂。"
此章《集注》《或問》詳矣,熟讀精思可也。

子曰民可章

子曰:"民可使由之,不可使知之。"
此因民之治也,所當然如父慈子孝之類,皆民生日用之事是也。所以然者,謂父子之所以孝慈,則皆出於天命之自然與人性之所固有者是也。

子曰好勇章

子曰:"好勇疾貧,亂也。人而不仁,疾之已甚,亂也。"
此言生亂之道有此二端,所以示人,當知所警戒也。②《集注》精

---

① 參見《四書大全·論語集注大全》卷八《泰伯第八》。宋儒蔡模所言。蔡模,號覺軒。
② 見《四書蒙引 附別錄·四書蒙引》卷六《泰伯第八》。

矣。范氏之説亦善，①見朱子《精義》。

子曰如有章

子曰："如有周公之才之美，使驕且吝，其餘不足觀也已。"

此爲有才而無德者發，蓋甚言驕吝之不可也。"驕""吝"二字，人生大病，宜自省察而克治也。

子曰三年章

子曰："三年學，不至於穀，不易得也。"

此章要看《注》"爲學之久"四字。爲學之久而不志穀，所以爲難。

子曰篤信章

子曰："篤信好學，守死善道。危邦不入，亂邦不居。天下有道則見，無道則隱。邦有道，貧且賤焉，恥也；邦無道，富且貴焉，恥也。"

此章《集注》《或問》并《語類》，朱子解説無餘蘊矣。今日學者須知學底是箇甚？守底是箇甚？總不外《大學》"明德、新民、止至善"是也。讀此章書，當依此章書行，方可爲善讀書。

子曰不在章

子曰："不在其位，不謀其政。"

此戒出位之謀也。

子曰師摯章

子曰："師摯之始，《關雎》之亂，洋洋乎！盈耳哉。"

---

① 參見《論孟精義·論語精義》卷四下《泰伯第八》。范祖禹所言。范氏曰："君子義以爲上，勇不可好也。貧者，天之所命，不可疾也。好勇而不安命，未有不爲非者也。天下之惡，唯自暴自棄者不可與善也。不仁之人，仁者必有哀矜之心而收教之。教之不改，則誅絶之。四凶是也，無哀矜之心，又未嘗教而唯疾之，是不仁之人，不得自新，以至於亂。古之人疾惡而激天下之亂，皆是也。"

此因師摯去而追思正樂之盛也。

子曰狂而章

子曰："狂而不直，侗而不愿，悾悾而不信，吾不知之矣。"

"狂""侗""悾悾"，是他氣禀之偏處。"直""愿""信"，是他偏中之美處。"不直""不愿""不信"，是於其偏中之好，而并失之真，天下之棄才也。故曰："吾不知之矣"，此亦不屑之教誨也。

子曰學如章

子曰："學如不及，猶恐失之。"

上句以功言，下句以心言。人之爲學當如是也。

子曰巍巍章

子曰："巍巍乎，舜禹之有天下也而不與焉。"

《集注》："不以位爲樂"最精。①

子曰大哉章

子曰："大哉堯之爲君也！巍巍乎！唯天爲大，唯堯則之。蕩蕩乎，民無能名焉。巍巍乎其有成功也，煥乎其有文章！"

此章玩《注》，重在德上。"大哉"句虛下正見其大處，則天以德言。"無能名"，無能名其德也。"成功""文章"，特其可見者耳，至於德，則終不可得而名也。此"德"字即《尚書》"克明俊德"②之德。

舜有臣五人章

舜有臣五人而天下治。武王曰："予有亂臣十人。"孔子曰："才難，不其然乎？唐虞之際，於斯爲盛。有婦人焉，九人而已。三分天

---

① 見《四書章句集注·論語集注》卷四。
② 出《尚書·堯典》。

下有其二,以服事殷。周之德,其可謂至德也已矣。"

　　此章上三節述得人之盛而嘆才之難,下舉臣道之盡而見德之至。以武王文王爲主,故范注曰:"因武王之言而及文王之德。"①"舜有"句,記者因夫子"唐虞之際"二語,故先以虞之才言之,此"才"字大與他處不同,故《集注》言:"才者,德之用也。""唐虞之際"二句,是贊周才,非贊唐虞也。"際"字最重,玩《注》中"惟"字,"乃"字,及"夏商不能及",可見末節并及文德,亦見周之德無愧揖讓也。

子曰禹吾章

　　子曰:"禹,吾無閒然矣。菲飲食而致孝乎鬼神,惡衣服而致美乎黻冕,卑宮室而盡力乎溝洫。禹,吾無閒然矣。"

　　此章《集注》:"或豐或儉,各適其宜",即各適其中也。惟中,故無可閒也。後《注》楊氏一段最精。②豐儉適宜,即係神禹,大本領所在,蓋飲食、衣服、宮室數者,人主一不節,則竭萬方之財以供一人之欲而不足。至於事神,則宗廟孝享之禮,勤民則百姓衣食之源,豈是小小事體? 近解謂此姑就小節上推求者,非也。

子罕第九

子罕言利章

子罕言利與命與仁。

　　此"利"字是義中之利,夫子只於贊《易》言之,固不常以語人,蓋以計利則害義,故也。此"命"字,《集注》以理言,《或問》以氣言,兼理氣方完密。蓋以"理精微而難言,氣數不可盡委之,而至於廢人事,故

---

① 參見《四書章句集注·論語集注》卷四《泰伯第八》。范氏指宋儒范祖禹。
② 參見《四書章句集注·論語集注》卷四《泰伯第八》。楊氏即宋儒楊時。楊氏言:"薄於自奉,而所勤者民之事,所致飾者宗廟朝廷之禮,所謂有天下而不與也,夫何閒然之有?"

夫子罕言之。"①至於仁之道大，非全體而不息，不足以當之，故亦罕言之。

達巷黨人章

達巷黨人曰："大哉孔子！博學而無所成名。"子聞之，謂門弟子曰："吾何執？執御乎？執射乎？吾執御矣。"

此章《集注》"聞人譽己，承之以謙"是正解。

子曰麻冕章

子曰："麻冕，禮也；今也純，儉，吾從衆。拜下，禮也；今拜乎上，泰也。雖違衆，吾從下。"

此章《集注》程子一段至矣。②

子絕四章

子絕四：毋意，毋必，毋固，毋我。

此章見聖人之心純乎。大公而渾然一，無私耳。③《或問》四件平說是正解。《集注》後三層意，皆說常人之累於私如此，蓋以聖人難於形容，只就常人反看便見。

子畏於匡章

子畏於匡。曰："文王既沒，文不在兹乎？天之將喪斯文也，後死者不得與於斯文也；天之未喪斯文也，匡人其如予何？"

此章要看得"文"字明白，方知匡人不能害夫子。夫子以天自信處，《集注》："道之顯者謂之文"，蓋禮樂制度之謂。蓋以道無形體，顯

---

① 參見《四書大全·論語集注大全》卷九《子罕第九》。朱子所言。
② 參見《四書章句集注·論語集注》卷四《子罕第九》。程子曰："君子處世，事之無害於義者，從俗可也；害於義，則不可從也。"
③ 參見《五華纂訂四書大全·論語大全》卷九《子罕第九》。新安陳櫟所言。

設爲文,而後可見耳。凡禮樂制度皆古聖人竭盡心思,行萬事無弊者也。周末,文武周公之禮樂悉已崩壞,綱紀文章亦皆蕩然無有。夫子收於散亡,贊《周易》,删《詩》《書》,正《禮》《樂》,集群聖之大成斟酌損益,以昭來世。又作《春秋》,立百王之大法,是得與於斯文也。故自信曰:"文王即没,文不在兹乎?"可見文王接堯舜禹湯之統,夫子接文王之統,皆天也。故紂能囚文王,不能違天而害文王。匡人能圍夫子,不能違天而害夫子。

太宰問於章

太宰問於子貢曰:"夫子聖者與? 何其多能也?"子貢曰:"固天縱之將聖,又多能也。"子聞之,曰:"太宰知我乎! 吾少也賤,故多能鄙事。君子多乎哉? 不多也。"牢曰:"子云:'吾不試,故藝。'"

此章太宰以"多能"爲聖,未爲知聖。子貢以"天縱"稱聖,言"多能"乃其餘事,是真知聖者。夫子以"多能"不可以率人,故言君子不多,尚德而不尚藝之意。太宰"多能"二字最淺在藝上說,故曰"鄙事",曰"不多也"。"也"字何等直截。近見甲午陝墨錯認多能,混用一貫二字,并博學多識一派,議論大謬。

寵按:聖門工夫,只得博、約兩件。試看《論語》,多聞擇善而從,多見而識者,夫子自言也。君子博學云云,夫子之所以教衆人也。博我以文云云,夫子所以教顔子,顔子之所以得力於聖教也。至於教子張曰"多聞多見",教子貢以"有了",多識方可一貫,不然貫箇甚麽? 兹乃曰鄙事不多也。聖人之教何其先後自相違背耶? 孔門博約,即唐虞精一心法,關繫道統甚大,豈可不辨?

子曰吾有知章

子曰:"吾有知乎哉? 無知也。有鄙夫問於我,空空如也,我叩其兩端而竭焉。"

此章《集注》:"孔子謙言己無知識,但其告人,雖於至愚,不敢不盡耳。"最爲得旨。

子曰鳳鳥章

子曰:"鳳鳥不至,河不出圖,吾已矣夫!"
此聖人嘆明王之不作,而道之終不行耳。

子見齊衰章

子見齊衰者、冕衣裳者與瞽者,見之,雖少,必作;過之,必趨。
此章《集注》范氏一段最精。①

顔淵喟然章

顔淵喟然嘆曰:"仰之彌高,鑽之彌堅。瞻之在前,忽焉在後。夫子循循然善誘人,博我以文,約我以禮,欲罷不能。既竭吾才,如有所立卓爾。雖欲從之,末由也已。"

此章《集注》最詳,須要識夫子之道是箇甚麼。薛氏曰:"道者何?[15]即天命之性具於聖人之心,率性之謂,[16]由於聖人之身者也。"此言得之,"高""堅""前""後"只是箇中庸不可能。"博文"是格物致知,講明此道;"約禮"是克己復禮,體行此道。"欲罷不能",是悦此道,便是下十分工夫去做到得。"既竭吾才,如有所立卓爾",便是的確見得聖人日用行事之間,莫非此道之發見昭著,不待思勉而從容中道也。雖欲從之,"末由也已",只是自己腳步未到,不能似聖人從容中道也。

子疾病章

子疾病,子路使門人爲臣。病間,曰:"久矣哉,由之行詐也!無臣而爲有臣。吾誰欺?欺天乎!且予與其死於臣之手也,無寧死於

---

① 參見《四書章句集注·論語集注》卷五《子罕第九》。范氏,指宋儒范祖禹。范氏曰:"聖人之心,哀有喪,尊有爵,矜不成人。其作與趨,蓋有不期然而然者。"

二三子之手乎！且予縱不得大葬，予死於道路乎？"

此子路意實尊聖人而未知所以尊也，故夫子既言不當有家臣，又曉之以不必然之故。

子貢曰有美章

子貢曰："有美玉於斯，韞匵而藏諸？求善賈而沽諸？"子曰："沽之哉！沽之哉！我待賈者也。"

此章當味"求"字與"待"字。"求賈者，涉於奔競之私。待賈者，安於義命之正。"[1]於此，可見聖人之出處矣。

子欲居九夷章

子欲居九夷。或曰："陋，如之何？"子曰："君子居之，何陋之有？"

此亦乘桴浮海之意也。

子曰吾自衛章

子曰："吾自衛反魯，然後樂正，《雅》《頌》各得其所。"

此章看《集注》："《詩》《樂》殘缺失次。[17]孔子周流四方，參互考訂，以知其說。晚知道終不行，故歸而正之。"可見夫子刪《詩》正樂，功在萬世等處大有關係。

子曰出則章

子曰："出則事公卿，入則事父兄，喪事不敢不勉，不爲酒困，何有於我哉？"

《集注》"事愈卑而意愈切"，深得此章之旨。

子在川上章

子在川上，曰："逝者如斯夫！不舍晝夜。"

---

① 參見《四書大全·論語集注大全》卷九。新安陳櫟所言。陳氏先言待賈者，後言求賈者。

《集注》"天地之化,往過來續,[18]無一息之停",便是元亨利貞之理無一息之停處,故曰:"道體之本然"。川流其易見者耳,聖人之心,純亦不已,便是仁義禮智之理無一息之間處,故在川上有觸於心,發以示人,欲學者時時省察,而無毫髮之間斷也。蓋道體本無須臾之息,人之體道亦當無須臾之或息也。又曰:"其要在慎獨",[19]蓋能慎獨,則無間斷而天理不息,不能慎獨,便有欲來參入裏面,便間斷了,如何便會如川流意思。

子曰吾未見章

子曰:"吾未見好德如好色者也。"

此言好德之無誠心也。《集注》謝氏之言善矣。①

子曰譬如章

子曰:"譬如爲山,未成一簣,止,吾止也。譬如平地,雖覆一簣,進,吾往也。"

此章重兩"吾"字,故《集注》云:"其進其止,[20]皆在我而不在人也。"

子曰語之章

子曰:"語之而不惰者,其回也與!"

《集注》:"心解力行",不惰,重在力行上。然惟其心解,是以力行也。

子謂顏淵章

子謂顏淵,曰:"惜乎!吾見其進也,未見其止也。"

此顏子既死而惜之也。

---

① 參見《四書章句集注·論語集注》卷五《子罕第九》。謝良佐所言。謝氏曰:"好好色,惡惡臭,誠也。好德如好色,斯誠好德矣,然民鮮能之。"

子曰苗而章

子曰:"苗而不秀者有矣夫！秀而不實者有矣夫！"

《集注》尹氏得之①。

子曰後生章

子曰:"後生可畏,焉知來者不如今也？四十、五十而無聞焉,斯亦不足畏也已。"

《集注》:"言此以警人,使及時勉學也。"

"焉知來者"依《注》,"我"字。

子曰法語章

子曰:"法語之言,能無從乎？改之爲貴。巽與之言,能無說乎？繹之爲貴。說而不繹,從而不改,吾末如之何也已矣。"

此章重處在"不繹""不改"上。

子曰三軍章

子曰:"三軍可奪帥也,匹夫不可奪志也。"

此章"志"字要看,謂守其道而不渝也。志於正,不奪於邪；志於是,不奪於非。故《注》云:"如可奪,則亦不足謂之志矣。"

子曰衣敝章

子曰:"衣敝縕袍,與衣狐貉者立,而不恥者,其由也與？'不忮不求,何用不臧？'"子路終身誦之。子曰:"是道也,何足以臧？"

此章前因子路之志可以進於道而美之,後因子路自喜其能而警之。總是欲他進道不息之意。

---

① 參見《論語精義》卷五上《子罕第九》。尹焞所言:"五穀之生苗而不秀者有之,秀而不實者有之,然苗必至於實而後可,君子之於學亦然。是故惡夫畫也。"

子曰歲寒章

子曰:"歲寒,然後知松柏之後彫也。"

此章夫子贊松柏,以表君子之節。欲學者周於德也。

子曰知者章

子曰:"知者不惑,仁者不憂,勇者不懼。"

此皆以成德言。但以知者居仁者之先,是學之序也。故《集注》云:"學之序。"不可以知者等爲進德之人。

子曰可與共章

子曰:"可與共學,未可與適道;可與適道,未可與立;可與立,未可與權。"

此章"共學""適道""立"處易解,須要識得"權"字。《集注》:"權,稱錘也,所以稱物而知輕重也。可與權,謂能權輕重,使合義也"最精。義便似稱,權便似稱錘,是將這稱錘去稱量輕重,使之適得其均平也,乃爲合義。《或問》取謝、范之言,[1]而以己意推之,何等明白。

《集注》漢儒反經合道之說,程子非之。[2] 程子云:"權只是經也。"朱子又云:"權與經亦當有辨。"[3]黃勉齋曰:"有程子之說,則經權之義始正""有有辨之說,則經權之說始明"[4]以此觀之,則權乃經之要妙處,正以濟經之所不及耳,非見道理之精密透徹純熟者,不足以與權也。

---

[1] 參見《四書或問》卷一四《子罕第九》。謝氏論權,"爲稱一物而進退以權平者也。"范氏:"蓋天下者,物也。與賢與子者分兩只所在也。當堯舜之時,以權加諸與子,則天下重與子輕,而其權仰矣。然加諸與賢而屬之四岳皋陶,則未足以勝天下之重,而免於仰也。故必歸之舜禹而後適得其平焉。"

[2] 參見《四書章句集注·論語集注》卷五《子罕第九》。程子曰:"漢儒以反經合道爲權,故有權變權術之論,皆非也。"

[3] 參見《四書大全·論語集注大全》卷九《子罕第九》。

[4] 參見《四書大全·論語集注大全》卷九《子罕第九》。黃勉齋指宋儒黃榦,黃榦號勉齋。

再以《孟子》"舜不告而娶"與"嫂溺則援之以手"①之義推之,可以識權矣。

唐棣之華章

"唐棣之華,偏其反而。豈不爾思?室是遠而。"子曰:"未之思也,夫何遠之有?"

此借《詩》言而反之,以見思之無遠弗到也。

鄉黨第十

孔子於鄉黨一篇

孔子於鄉黨,恂恂如也,似不能言者。

其在宗廟朝廷,便便言,唯謹爾。

朝,與下大夫言,侃侃如也;與上大夫言,誾誾如也。君在,踧踖如也,與與如也。

君召使擯,色勃如也,足躩如也。揖所與立,左右手,衣前後,襜如也。趨進,翼如也。賓退,必復命曰:"賓不顧矣。"

入公門,鞠躬如也,如不容。立不中門,行不履閾。過位,色勃如也,足躩如也,其言似不足者。攝齊升堂,鞠躬如也,屏氣似不息者。出,降一等,逞顏色,怡怡如也。沒階,趨,翼如也。復其位,踧踖如也。

執圭,鞠躬如也,如不勝。上如揖,下如授。勃如戰色,足蹜蹜如有循。享禮,有容色。私覿,愉愉如也。

君子不以紺緅飾,紅紫不以為褻服。當暑,袗絺綌,必表而出之。緇衣,羔裘;素衣,麑裘;黃衣,狐裘。褻裘長,短右袂。必有寢衣,長一身有半。狐貉之厚以居。去喪,無所不佩。非帷裳,必殺之。羔裘玄冠不以弔。吉月,必朝服而朝。

---

① 出《孟子·離婁上》。

齊，必有明衣，布。齊，必變食，居必遷坐。

食不厭精，膾不厭細。食饐而餲，魚餒而肉敗，不食。色惡，不食。臭惡，不食。失飪，不食。不時，不食。割不正，不食。不得其醬，不食。肉雖多，不使勝食氣。唯酒無量，不及亂。沽酒市脯不食。不撤薑食。不多食。祭於公，不宿肉。祭肉不出三日。出三日，不食之矣。食不語，寢不言。雖疏食菜羹，瓜祭，必齊如也。

席不正，不坐。

鄉人飲酒，杖者出，斯出矣。鄉人儺，朝服而立於阼階。

問人於他邦，再拜而送之。康子饋藥，拜而受之。曰："丘未達，不敢嘗。"

廄焚。子退朝，月："傷人乎？"不問馬。

君賜食，必正席先嘗之。君賜腥，必熟而薦之。君賜生，必畜之。侍食於君，君祭，先飯。疾，君視之，東首，加朝服，拖紳。君命召，不俟駕行矣。

入太廟，每事問。

朋友死，無所歸，曰："於我殯。"朋友之饋，雖車馬，非祭肉，不拜。

寢不尸，居不容。見齊衰者，雖狎，必變。見冕者與瞽者，雖褻，必以貌。凶服者式之。式負版者。有盛饌，必變色而作。迅雷風烈必變。升車，必正立，執綏。車中，不內顧，不疾言，不親指。

色斯舉矣，翔而後集。曰："山梁雌雉，時哉時哉！"子路共之，三嗅而作。

《集注》楊氏、尹氏俱善。[1]

薛氏曰："《鄉黨》一篇，見聖人之'時中'。"[21] 亦得之。

---

[1] 參見《四書章句集注·論語集注》卷五《鄉黨第十》。楊氏、尹氏分別指宋儒楊時、尹焞。楊氏曰："聖人之所謂道者，不離乎日用之間也。故夫子之平日，一動一靜，門人皆審視而詳記之。"尹氏曰："甚矣孔門諸子之嗜學也！於聖人之容色言動，無不謹書而備錄之，以貽後世。今讀其書，即其事，宛然如聖人之在目也。雖然，聖人豈拘拘而爲之者哉？蓋盛德之至，動容周旋，自中乎禮耳。學者欲潛心於聖人，宜於此求焉。"

學者當於《鄉黨》一篇，見聖人之所以爲聖人處，反觀己之所以不及聖人處。

【校勘記】

［1］但當：此二字原脱，據《四書章句集注·論語集注》卷三《雍也第六》補。此朱子所言。
［2］禮以忠信爲質：《四書章句集注·論語集注》卷二《八佾第三》作"禮必以忠信爲質"。
［3］拘：《朱子語類》卷三二《論語十四·雍也篇三》作"拗"。
［4］無可無不可：《四書章句集注·論語集注》卷三《雍也第六》作"無可不可"。
［5］弟子特記其大者耳：《四書章句集注·論語集注》卷四《述而第七》作"弟子記其大者耳"。尹焞所言。
［6］伯夷以父命爲尊：《四書大全·論語集注大全》卷七《述而第七》，《四書通·論語通》卷四《朱子集注·述而第七》作"伯夷以父命爲重"。
［7］是伯夷之心合乎天理之正：《四書大全·論語集注大全》卷七《述而第七》，《四書通·論語通》卷四《朱子集注·述而第七》均作"是伯夷之心合乎天理"，下"是叔齊之心合乎天理之正"句亦同。
［8］純一不已之妙：《四書章句集注·論語集注》卷四《述而第七》作"純亦不已之妙"。
［9］學者當於聖人：《讀書録 讀書續録·讀書續録》卷二作"當於聖人"。
［10］所以爲教矣：《讀書録 讀書續録·讀書續録》卷二作"所以爲聖人矣"。
［11］須要見得何者：《讀書録 讀書續録·讀書續録》卷五作"須要見何者"。
［12］聖與仁：《讀書録 讀書續録·讀書續録》卷五作"仁與聖"。
［13］泰伯之逃：《四書或問》卷一三《論語·泰伯第八》作"泰伯之讓"。
［14］無揖讓授受之迹：《四書或問》卷一三《論語·泰伯第八》作"無揖遜授受之迹"。
［15］道者何：《讀書録 讀書續録·讀書録》卷六作"理者何"。
［16］率性之謂：《讀書録 讀書續録·讀書録》卷六作"率性之道"。
［17］殘缺失次：《四書章句集注·論語集注》卷五《子罕第九》作"亦頗殘闕失次"。
［18］往過來續：《四書章句集注·論語集注》卷五《子罕第九》作"往者過，來者續"。
［19］其要在慎獨：《四書章句集注·論語集注》卷五《子罕第九》作"其要只在慎獨"。程子所言。
［20］其進其止：《四書章句集注·論語集注》卷五《子罕第九》作"其止其往"。
［21］見聖人之'時中'：《讀書録 讀書續録·讀書録》卷三作"皆聖人之時中"。

卷之三　論語尊注解意

先進第十一

子曰先進章

子曰："先進於禮樂，野人也；後進於禮樂，君子也。如用之，則吾從先進。"

此章夫子欲損當時文勝之過而就古人文質之中也。"禮""樂"二字要看得關繫重大。治身治世，總離不得這箇。《集注》"中"字，乃禮樂之準則，萬事無弊之道。當時周末文勝，故謂"先進爲野人，後進爲君子"。夫子從先進，欲損過以就中也。正是以一身維持禮樂，并維持千萬世學術、治術處。

子曰從我章

子曰："從我於陳、蔡者，皆不及門也。"德行：顔淵，閔子騫，冉伯牛，仲弓。言語：宰我，子貢。政事：冉有，季路。文學：子游，子夏。

此夫子追思與難之人，而門人因記之也。

薛氏曰："德是得於心，行是德之見於事者。如仁義禮智，德也。仁行於孝親，義行於事君，禮行於長幼，智行於夫婦之類，皆行也。"[1]

子曰回也章

子曰："回也非助我者也，於吾言無所不説。"

---

[1] 參見《讀書録 讀書續録・讀書録》卷九。是書中"仁行""義行""禮行""智行"之"行"皆作"形"。

此章要玩《集注》:"詞若有憾,[1]實乃深喜之意。"

子曰孝哉章

子曰:"孝哉閔子騫!人不間於其父母昆弟之言。"

此章朱子《或問》取吳氏,①《集注》取胡氏,②以其最切閔子實事。或謂不宜説出處。人倫之變來然,則《書》稱舜孝亦不宜明説父頑母嚚矣,況聖門弟子未有不孝。夫子獨稱閔子,豈無謂哉?

南容三復章

南容三復白圭,孔子以其兄之子妻之。

言行,君子之樞機。白圭謹言之,《詩》也。③ 南容三復之,蓋深有意於謹言也,故夫子取之。

季康子問章

季康子問:"弟子孰爲好學?"孔子對曰:"有顏回者好學,不幸短命死矣,今也則亡。"

此章依《集注》范氏説。④

顏淵死章

顏淵死,顏路請子之車以爲之椁。子曰:"才不才,亦各言其子

---

① 參見《四書或問》卷一六《論語·先進第十一》。吳氏,即宋儒吳棫。吳氏曰:"《韓詩外傳》子騫早喪母,父娶後妻,生三子。疾惡子騫,以蘆花衣之。父察之,欲逐後母子。子騫啓曰:'母在一子寒,母去三子單。'父善之而止,母悔改之。後至均平,成慈母。此夫子所以稱之也。且夫子於弟子未嘗稱字,此或集語者之誤。"

② 參見《四書章句集注·論語集注》卷六《先進第十一》。胡氏,即宋儒胡安國。胡氏曰:"父母兄弟稱其孝友,人皆信之無異辭者,蓋其孝友之實,有以積於中而著於外,故夫子嘆而美之"一段。參見《四書或問》卷一六《論語·先進第十一》:"曰然獨取胡氏之説,何也?曰諸説善矣,而於文義皆有未協者,惟胡氏爲可通耳。"

③ 出《詩經·大雅·抑》。

④ 參見《四書章句集注·論語集注》卷六《先進第十一》。范祖禹所言。范氏曰:"哀公、康子問同而對有詳略者,臣之告君,不可不盡。若康子者,必待其能問乃告之,今教誨之道也。"

也。鯉也死,有棺而無槨。無不徒行以爲之槨。以吾從大夫之後,不可徒行也。"

此章顏路請車,溺於愛也。夫子不許,裁以義也。

顏淵死章

顏淵死。子曰:"噫!天喪予!天喪予!"

此悼道無傳也。

顏淵死章

顏淵死,子哭之慟。從者曰:"子慟矣!"曰:"有慟乎?非夫人之爲慟而誰爲?"

此亦爲道而慟也。

顏淵死章

顏淵死,門人欲厚葬之。子曰:"不可。"門人厚葬之。子曰:"回也視予猶父也,予不得視猶子也。非我也,夫二三子也。"

此責門人之不循理也。

合數章觀之,夫子於回,恩義兼盡矣。①

季路問事章

季路問事鬼神。子曰:"未能事人,焉能事鬼?"曰:"敢問死。"曰:"未知生,焉知死?"

《集注》:"幽明始終"四句當玩。② 惟幽明一理,人且從分明處理會,如事父則當孝,事君則當忠,事兄則當敬。能事人,便能事鬼,而來格來享。苟或誠敬不至,以之事人,必不能盡其道,況事鬼乎?惟

---

① 參見《四書講義尊聞録》卷九《先進第十一》。
② 參見《四書章句集注・論語集注》卷六《先進第十一》:"蓋幽明始終,初無二理,但學之有序,不可躐等"。

生死一理，人須知道。人生有多少道理，自稟五常之性以來，所以父子有親，君臣有義之類，要一一盡得這生底道理，則死底道理皆可知矣。所謂"存，吾順事；没，吾寧也。"①苟或"不能曉其所以生，又焉能曉其所以死乎！"②

閔子侍側章

閔子侍側，誾誾如也；子路，行行如也；冉有、子貢，侃侃如也。子樂。"若由也，不得其死然。"

此章諸賢皆任道之器，故夫子樂之。"子路剛强，有不得其死之理"，③故夫子戒之。

魯人爲長府章

魯人爲長府。閔子騫曰："仍舊貫，如之何？何必改作？"子曰："夫人不言，言必有中。"

長府之役，勞民傷財，閔子諷之，夫子嘉之，於此可見聖賢之仁矣。

子曰由之章

子曰："由之瑟奚爲於丘之門？"門人不敬子路。子曰："由也升堂矣，未入於室也。"

首節爲子路言，諷其所短。次節爲門人言，表其所長也。

子貢問師章

子貢問："師與商也孰賢？"子曰："師也過，商也不及。"曰："然則師愈與？"子曰："過猶不及。"

---

① 參見《張子全書》卷一《西銘》。
② 參見《朱子語類》卷三九《論語二十一》。
③ 參見《四書大全·論語集注大全》卷一一《先進第十一》。尹焞所言。

此章當以"中"字作主。子貢所謂"師愈"者，以才質言也。夫子所謂"過猶不及"者，以義理言也。

季氏富於章

季氏富於周公，而求也爲之聚斂而附益之。子曰："非吾徒也。小子鳴鼓而攻之，可也。"

《集注》："聖人之惡黨惡而害民也如此。"① 數語盡之。

柴也愚章

柴也愚，參也魯，師也辟，由也喭。

《集注》："四者性之偏，語之使知自勵也。"② 此"性"字指氣質而言。

子曰回也章

子曰："回也其庶乎，屢空。賜不受命，而貨殖焉，億則屢中。"

此章以回進賜也，明是相形說。《集注》"近道"二字，須知道是箇甚麼？顏子如何爲近道？蓋道即天命之性，率性之謂也。顏子不遷怒、不貳過，三月不違仁，便是近道處。"屢空"，又於顏子身上指出一件守人之所不能守處說。賜不受命而貨殖，言其不能如顏子之安貧樂道。"億則屢中"，又言其才識之明，亦有近道之資也。

子張問善章

子張問善人之道。子曰："不踐迹，亦不入於室。"

此章合兩句說，方形出善人分量。

子曰論篤章

子曰："論篤是與，君子者乎？色莊者乎？"

---

① 參見《四書章句集注·論語集注》卷六《先進第十一》。
② 參見《四書章句集注·論語集注》卷六《先進第十一》。楊時所言。

此言不可以言貌取人也。

子路問聞章

子路問:"聞斯行諸?"子曰:"有父兄在,如之何其聞斯行之?"冉有問:"聞斯行諸?"子曰:"聞斯行之。"公西華曰:"由也問聞斯行諸,子曰'有父兄在';求也問聞斯行諸,子曰'聞斯行之'。赤也惑,敢問。"子曰:"求也退,故進之;由也兼人,故退之。"

此章《集注》詳矣。

子畏於匡章

子畏於匡,顏淵後。子曰:"吾以女爲死矣。"曰:"子在,回何敢死?"

夫子之身係斯道之絕續,顏子之身,視夫子爲存亡。曰:"子在",見夫子必不死也。曰:"回何敢死?"言己不當死也,總是以道相信處。

季子然章

季子然問:"仲由、冉求可謂大臣與?"子曰:"吾以子爲異之問,曾由與求之問。所謂大臣者,以道事君,不可則止。今由與求也,可謂具臣矣。"曰:"然則從之者與?"子曰:"弒父與君,亦不從也。"

此章見夫子抑僭竊、扶綱常之意。所謂"大臣"節,須認"道"字,即是《大學》之道。大臣從格物、致知、正心、誠意以來,此中已是見明守定,以此正己,即以此正君,非有二理也。《集注》:"以道事君者,不從君之欲。"[1]謂必"守己之正道,[2]而不容悅以苟順君之私欲也。""不可則止者,必行己之志",謂己之志在於行道。道既不行,決不肯仕,而必去是必行己之志也。

---

[1] 見《四書章句集注·論語集注》卷六。

子路使子羔章

子路使子羔爲費宰。子曰:"賊夫人之子。"子路曰:"有民人焉,有社稷焉。何必讀書,然後爲學?"子曰:"是故惡夫佞者。"

此章《集注》范氏一段更透徹。①

子路曾晳章

子路、曾晳、冉有、公西華侍坐。子曰:"以吾一日長乎爾,毋吾以也。居則曰:'不吾知也!'如或知爾,則何以哉?"子路率爾而對曰:"千乘之國,攝乎大國之間,加之以師旅,因之以饑饉;由也爲之,比及三年,可使有勇,且知方也。"夫子哂之。"求,爾何如?"對曰:"方六七十,如五六十,求也爲之,比及三年,可使足民。如其禮樂,以俟君子。""赤!爾何如?"對曰:"非曰能之,願學焉。宗廟之事,如會同,端章甫,願爲小相焉。""點!爾何如?"

鼓瑟希,鏗爾,舍瑟而作,對曰:"異乎三子者之撰。"子曰:"何傷乎?亦各言其志也。"曰:"莫春者,春服既成。冠者五六人,童子六七人,浴乎沂,風乎舞雩,詠而歸。"夫子喟然嘆曰:"吾與點也!"三子者出,曾晳後。曾晳曰:"夫三子者之言何如?"子曰:"亦各言其志也已矣。"曰:"夫子何哂由也?"曰:"爲國以禮,其言不讓,是故哂之。""唯求則非邦也與?""安見方六七十如五六十而非邦也者?""唯赤則非邦也與?""宗廟會同,非諸侯而何?赤也爲之小,孰能爲之大?"

三子之志在兵、農、禮樂,皆是用世之具。曾點之志,即其所居之位,樂其日用之常,是他見許多自然道理流行發見,眼前觸處皆是,但舉其一事而言之耳,故夫子先與曾點,而後兼與三子。學者須是有三

---

① 參見《四書章句集注·論語集注》卷六《先進第十一》。范氏爲范祖禹。范氏曰:"古者學而後入政。未聞以政學者也。蓋道之本在於修身,而後及於治人,其説具於方册。讀而知之,然後能行。何可以不讀書也?子路乃欲使子羔以政爲學,失先後本末之序矣。不知其過而以口給禦人,故夫子惡其佞也。"

子之事業，又有曾點之襟懷，方始不偏。蓋三子是就事上理會，曾點是見得大意。曾點雖見大意，却少事上工夫。三子雖就事上學，卻又無曾點脫灑意思。

金仁山曰："與曾點所以激三子，與三子所以實曾點。"[3]

寵按：三子兵、農、禮樂，乃經世大業，曾點見得大意，故隨遇而安必有曾點之志而兼三子之長，方可出處咸宜。

顏淵第十二

顏淵問仁章

顏淵問仁。子曰："克己復禮爲仁。一日克己復禮，天下歸仁焉。爲仁由己，而由人乎哉？"顏淵曰："請問其目。"子曰："非禮勿視，非禮勿聽，非禮勿言，非禮勿動。"顏淵曰："回雖不敏，請事斯語矣。"

此章《集注》《或問》詳矣，學者只要實實體認。此"仁"字是專言之。仁，故《注》以"本心之全德"言，所謂統四端者是也。此"禮"字，《注》謂："天理之節文"，即吾心所具天然自有之條理。有節有文，如仁之於父子，便有事父底節文。義之於君臣，便有事君底節文。夫婦、長幼、朋友，莫不皆然。此"己"字，《注》謂"身之私欲"，如口之於味，目之於色，耳之於聲，鼻之於臭，四肢之於安佚。凡一切人欲之私皆是己。下文"視""聽""言""動"之"非禮"，舉其條目之大者，須於日用間辨別何者是己，便當勇猛克治，務要勝得他；何者是禮，一一循禮而行，務要復還天理，則事事皆仁而本心之德復全於我矣。

此孔門傳授心法切要之言也。

仲弓問仁章

仲弓問仁。子曰："出門如見大賓，使民如承大祭。己所不欲，勿施於人。在邦無怨，在家無怨。"仲弓曰："雍雖不敏，請事斯語矣。"

此章《集注》《或問》詳矣，學者須看吾人持己處果實實能敬否？

及物處果實實能恕否？遠而邦，近而家，果無怨否？從事於斯，無少間斷，則私意無所容而心德全矣。

司馬牛問仁章

司馬牛問仁。子曰："仁者其言也訒。"曰："其言也訒，斯謂之仁已乎？"子曰："爲之難，言之得無訒乎？"

此章言"訒"，亦仁者德之一端也。然言之所以訒，由於心常存。"心常存，故事不苟；事不苟，故其言自有不得而易者。"蓋仁，心德也，心常存，則仁矣。

克己復禮，乾道也。顏子明健，故告之以此。主敬行恕，坤道也。仲弓重厚，故告之以此。牛多言而燥，故以言訒告之。皆切己之言也。

司馬牛問君子章

司馬牛問君子。子曰："君子不憂不懼。"曰："不憂不懼，斯謂之君子已乎？"子曰："內省不疚，夫何憂何懼？"

此因牛常憂懼而言也。緊要在"內省不疚"一句，到此地位正難。《集注》云："由其平日所爲無愧於心"，故能云云。

寵按：平日一言一動，凡大而綱常倫理，小而日用事物，凡一切處己待人，有一不合天理、不順人情，安能無愧於心，又安可輕言不憂不懼哉？

司馬牛憂章

司馬牛憂曰："人皆有兄弟，我獨亡。"子夏曰："商聞之矣：死生有命，富貴在天。君子敬而無失，與人恭而有禮。四海之內，皆兄弟也——君子何患乎無兄弟也？"

此子夏寬牛之憂，欲其安命而又當修其在己也。

子張問明章

子張問明。子曰:"浸潤之譖,膚受之愬,不行焉。可謂明也已矣。浸潤之譖,膚受之愬,不行焉,可謂遠也已矣。"

子張騖遠,夫子以不蔽於近者告之也。"浸潤""膚受",二者人情之近而難察者。而能察之,則可見其心之明而不蔽於近矣。不蔽於近,即遠也。蓋近處蔽,則明不遠。不蔽於近,則明之遠矣。察之,之道何? 如人平日須要居敬窮理。居敬則心有所把持而難動,窮理則人情曲折,皆在所照而不可惑。

子貢問政章

子貢問政。子曰:"足食。足兵。民信之矣。"子貢曰:"必不得已而去,於斯三者何先?"曰:"去兵。"子貢曰:"必不得已而去,於斯二者何先?"曰:"去食。自古皆有死,民無信不立。"

此章總注:"以人情而言,則兵食足而後吾之信可孚於民。以民德而言,則信本人之所固有,非兵食所得而先也。是以爲政者,當身率其民而以死守之,不以危急而可棄也。"全章大旨了然。時説有以首節作三平看,又於首節便倒重"信"字説,皆非。黄氏曰:"夫子初答爲政之先後也,再問,復告之以義理之輕重也。"[1]讀此書,要知如何方能足食? 如何方能足兵? 如何方能民信? 兵食如何可去而信必不去。見之明、行之當,酌古準今,坐而言、起而行,便是大學問、大經濟。

朱子《或問》詳矣。李中孚此章議論亦可取,[2]但民信由來,含而未發。

寵按:古者教化始於鄉里,必設學校。明義理,教以孝弟忠信,漸磨之久,淪膚洽髓,民自信於我,不相離叛。後世鄉學廢而教化不

---

[1] 參見《四書大全·論語集注大全》卷一二《顏淵第十二》。黄榦所言。
[2] 參見《四書反身録 續補·下論語·顏淵》,李中孚,即清儒李顒。

明。雖讀書識字之人，不過學爲虛誕之文，以苟取利禄，尚不知尊君親上之大義，況愚民乎？

棘子成曰章

棘子成曰："君子質而已矣，何以文焉？"子貢曰："惜乎！夫子之説君子也。駟不及舌。文猶質也，質猶文也。虎豹之鞟猶犬羊之鞟。"

此章《集注》朱子之論精矣。棘子成之言，失之太過，"其流弊將必至於棄禮滅法。"①子貢之言，又一視之，而無本末輕重之差。必如夫子"文質彬彬"之言，然後爲中正無弊之道也。

哀公問於章

哀公問語有若曰："年饑，用不足，如之何？"有若對曰："盍徹乎？"曰："二，吾猶不足，如之何其徹也？"對曰："百姓足，君孰與不足？百姓不足，君孰與足？"

此章哀公欲足國，有若欲其足民。蓋君民一體，足民正所以足國也。《集注》"節用"二字緊要。既專行徹法，有須節用方好。楊氏一段，②尤爲詳盡，宜深玩。

寵按：此等處，俱係經濟學問，不可草草看過。

子張問崇章

子張問崇德辨惑。子曰："主忠信，徙義，崇德也。愛之欲其生，惡之欲其死。既欲其生，又欲其死，是惑也。'誠不以富，亦祇以異。'"

---

① 參見《論語或問小注·顏淵問仁章》。
② 參見《四書章句集注·論語集注》卷六。楊時所言。楊氏曰："仁政必自經界始。經界正，而後井地均，穀禄平，而軍國之需皆量是以爲出焉。故一徹而百度舉矣，上下寧憂不足乎？以二猶不足而教之徹，疑若迂矣。然什一，天下之中正。多則桀，寡則貊，不可改也。後世不究其本而惟末之圖，故征斂無藝，費出無經，而上下困矣。又惡知盍徹之當務而不爲迂乎？"

此章注解分明，當對針子張説。

齊景公問章

齊景公問政於孔子。孔子對曰："君君，臣臣，父父，子子。"公曰："善哉！信如君不君，臣不臣，父不父，子不子，雖有粟，吾得而食諸？"

此見明倫爲爲治之本。《集注》"人道"二句最精。①

子曰片言章

子曰："聽訟，吾猶人也。必也使無訟乎！"

《集注》"忠信明決"四字盡之。

子曰聽訟章

子曰："片言可以折獄者，其由也與？"

《集注》范説當矣。② 正本清源之道即《大學》所謂"明明德"是也。《大學章句》："我之明德既明，自然有以畏服民之心志"，③彼皆知天理之不可昧、良心之不可欺，故訟不待聽而自無也。

子張問政章

子張問政。子曰："居之無倦，行之以忠。"

《集注》詳矣。始終如一，重在終字。表裏如一，重在裏字。讀者須知存於心，發於外者，總不外乎教、養，蓋王道只此二者。

子曰君子章

子曰："君子成人之美，不成人之惡。小人反是。"

---

① 參見《四書章句集注·論語集注》卷六《顏淵第十二》："此人道之大經，政事之根本也。"
② 參見《四書章句集注·論語集注》卷六《顏淵第十二》。范祖禹所言。范氏曰："聽訟者，治其末，塞其流也。正其本，清其源，則無訟矣。"
③ 參見《四書章句集注·大學章句》。

此章以君子、小人用心言。《集注》:"所存……所好……是其所以用心之不同者。"君子成人之美,有許多扶持勸獎處;不成人之惡,有許多正救哀矜處。小人成人之惡,有許多迎合容養處;不成人之美,有許多忌刻訛毀處。

季康子問章

季康子問政於孔子。孔子對曰:"政者,正也。子帥以正,孰敢不正?"

《集注》:"未有己不正而能正人者"盡之。①

季康子患章

季康子患盜,問於孔子。孔子對曰:"苟子之不欲,雖賞之不竊。"

此夫子告以清盜之源也。蓋民之爲盜,由於貪欲,而其實自上倡之。上不貪欲則源清,下民化之亦知恥,而不肯爲盜。

寵按:上以不貪率下,則其本正矣。又必養之有道,教之有素,使民無饑寒之迫而知廉恥之道,自不至爲盜。此本末兼盡,弭盜上策也。

季康子問章

季康子問政於孔子曰:"如殺無道,以就有道,何如?"孔子對曰:"子爲政,焉用殺?子欲善而民善矣。君子之德風,小人之德草。草上之風,必偃。"

夫子止康子之殺機,藹然天地好生之仁也。

子張問士章

子張問:"士何如斯可謂之達矣?"子曰:"何哉,爾所謂達者?"子

---

① 參見《四書章句集注·論語集注》卷六《顏淵第十二》。范祖禹所言。

張對曰："在邦必聞，在家必聞。"子曰："是聞也，非達也。夫達也者，質直而好義，察言而觀色，慮以下人。在邦必達，在家必達。夫聞也者，色取仁而行違，居之不疑。在邦必聞，在家必聞。"

　　此章《集注》詳明。子張務外，認"聞"爲"達"，今日學者先要辨得此二字分明。《注》："相似而實不同，[4]乃誠僞之所以分。"數語宜玩。一箇是誠，一箇是僞。"質直而好義，察言而觀色，慮以下人"，誠也。"色取仁而行違，居之不疑"，僞也。一誠一僞，差以毫釐，謬以千里。學者須要於日用間自己檢點身心，果能質而不華否？直而不枉否？質直矣，果能好義而所行合宜否？質直而好義矣，果能審於接物而察言觀色，以驗吾之是與不是，而又常常思慮謙下於人否？如此實下工夫，再以色取者，反觀内省，我若有類於此，便勇猛轉回，久之，庶幾德孚於人而行無不得矣。

樊遲從游章

　　樊遲從遊於舞雩之下，曰："敢問崇德，修慝，辨惑。"子曰："善哉問！先事後得，非崇德與？攻其惡，無攻人之惡，非修慝與？一朝之忿，忘其身，以及其親，非惑與？"

　　崇德三件皆治心工夫。樊遲於從遊之時而問及此，故夫子善之。"先事後得"一節，《注》解分明。昔日夫子以此救樊遲之失，今日讀者宜以此救吾身之失。試思吾身果能爲所當爲而不計其功否？果能專於治己而不責人否？果能於小忿能懲否？如此用工，自覺開卷便與聖賢所説不相合也。

樊遲問仁章

　　樊遲問仁。子曰："愛人。"問知。子曰："知人。"樊遲未達。子曰："舉直錯諸枉，能使枉者直。"樊遲退，見子夏曰："鄉也吾見於夫子而問知，子曰，'舉直錯諸枉，能使枉者直'，何謂也？"子夏曰："富哉言乎！舜有天下，選於衆，舉皋陶，不仁者遠矣。湯有天下，選於衆，舉伊尹,不仁者遠矣。"

仁、知原是一理。分言之,其用不同,合觀之,其實相成。通章見知以成仁之妙,聖賢議論便是帝王事業。

子貢問友章

子貢問友。子曰:"忠告而善道之,不可則止,毋自辱焉。"

此友道也。告非難,忠告爲難。道非難,善道爲難。忠告非難,忠告而又能善道爲難。忠告而善道之,則在我者盡矣。不聽則其失在彼,吾亦安能如之何? 故當止而無自辱也。

曾子曰君子章

曾子曰:"君子以文會友,以友輔仁。"

此見朋友之益。此"文"字非應制之文,乃《詩》《書》、六藝、載道之文。會聚朋友,以論文講學,彼此相資,互相啓發,未知者求其知,未真者求其真也。故《注》云:"道益明。"以友輔仁者,氣質賴以熏陶,德業賴以教告,過失賴以箴規也。"故《注》云:"德日進。"

子路第十三

子路問政章

子路問政。子曰:"先之勞之。"請益。曰:"無倦。"

此章見王政不外教、養二者,當本諸身而持之以久也。故夫子於子路之問政而告以先勞。及其請益,而告以無倦也。此章李中孚一段可觀。①

---

① 參見《四書反身錄 續補·下論語》,李中孚指李顒。李氏曰:"問先之,勞之者何? 曰教化爲政治首務也……若二公教化何患不行,生養何患不遂哉?"言中舉清河太守房景伯、大儒呂坤爲例,故曰二公。

仲弓爲季章

仲弓爲季氏宰，問政。子曰："先有司，赦小過，舉賢才。"曰："焉知賢才而舉之？"子曰："舉爾所知；爾所不知，人其舍諸？"

此章《集注》《或問》詳矣。首節三句，雖各是一意，而理實相須。次節仲弓"焉知"之問，是以一己之聰明爲聰明。夫子之答是以天下之耳目爲耳目。程子"人各親其親"及"大小""公私"之説廣大精微，學者所當詳玩也。

子路曰衛君章

子路曰："衛君待子而爲政，子將奚先？"子曰："必也正名乎！"子路曰："有是哉，子之迂也！奚其正？"子曰："野哉，由也！君子於其所不知，蓋闕如也。名不正，則言不順；言不順，則事不成；事不成，則禮樂不興；禮樂不興，則刑罰不中；刑罰不中，則民無所錯手足。故君子名之必可言也，言之必可行也。君子於其言，無所苟而已矣。"

此見明倫爲爲政之本。下文一反一正，總見正名之宜先。"而已矣"三字與"必也"二字相應。

樊遲請學章

樊遲請學稼，子曰："吾不如老農。"請學爲圃。曰："吾不如老圃。"樊遲出。子曰："小人哉，樊須也！上好禮，則民莫敢不敬；上好義，則民莫敢不服；上好信，則民莫敢不用情。夫如是，則四方之民襁負其子而至矣，焉用稼？"

此因樊遲欲爲小人之事而發大人之學，以見稼、圃，非惟不屑爲，亦不用爲矣。

子曰誦詩章

子曰："誦《詩》三百，授之以政，不達；使於四方，不能專對；雖多，

亦奚以爲？"

此章《集注》詳矣。今人讀《詩》者多矣。求其達於政而能專對者,有幾人哉？然則其誦《詩》也,特章句之末耳。

子曰其身正章

子曰:"其身正,不令而行;其身不正,雖令不從。"

此言上之教民不在於令,而在於身也。

子曰魯衛章

子曰:"魯衛之政,兄弟也。"

此傷魯衛之衰也。

子謂衛公章

子謂衛公子荊,"善居室。始有,曰:'苟合矣。'少有,曰:'苟完矣'。富有,曰:'苟美矣。'"

"士庶之家多循理,世禄之家多怙侈,其勢然也。"①荊爲衛公子而其居室也,隨時知足,故夫子稱其善也。

子適衛章

子適衛,冉有僕。子曰:"庶矣哉!"冉有曰:"既庶矣,又何加焉？"曰:"富之。"曰:"既富矣,又何加焉？"曰:"教之。"

此因衛庶而發王道之全見。"聖賢仁民之意無窮,而施之爲有序也。"②王道不外養、教,夫子胷中王道素具,周流適衛,無非欲行王道以仁天下也。"庶哉"一嘆,便隱然有富、教意思。冉有曰:"既庶矣,又何加焉？"曰:"富之。"曰:"既富矣,又何加焉？"曰:"教之。"必如此

---

① 參見《四書大全·論語集注大全》卷一三《子路第十三》。長樂陳氏所言。長樂陳氏指宋儒陳祥道。

② 參見《四書大全·論語集注大全》卷一三《子路第十三》。張栻所言。

而仁民之心始遂,而仁民之事始盡也。《集注》精詳。"制田里、薄賦斂、立學校、明禮義,各是兩事相因。"①《大全》饒雙峰、金仁山解釋分明,②不可不看。

寵按:此王道經濟,吾儒於讀書窮理時,須一一講究,如何制田里、薄賦斂?如何立學校、明禮義?今日坐而言之,異日即可起而行之,方可謂能讀此章書。

子曰苟有章

子曰:"苟有用我者,期月而已可也,三年有成。"

此因當時不能用而發也。苟用之,期月則綱紀布;用之三年,則治功成也。

寵按:此不外富、教二字,如財匱兵弱,教衰俗薄,聖人一一爲之整頓,都有箇條理,無一處缺而不舉,故曰"綱紀布",由是而治焉。至於三年之久,功臻效著,財足而兵強,教行而俗厚,此是"治功成"也。其實事,前章《集注》"制田里、薄賦斂、立學校、明禮義"盡之。

子曰善人章

子曰:"'善人爲邦百年,亦可以勝殘去殺矣。'誠哉是言也!"

蓋古有是語,而夫子稱之也。善人爲邦百年,善行之所熏陶者久,故可以勝殘去殺。

子曰如有章

子曰:"如有王者,必世而後仁。"

此章先要看得箇"仁"字明白。《集注》謂:"教化浹也。"又曰:"漸

---

① 參見《四書大全·論語集注大全》卷一三《子路第十三》。饒雙峰,指宋儒饒魯。
② 參見《三魚堂四書大全·論語集注大全》卷一三《子路第十三》。金履祥所言。金氏曰:"富之實事,田耕出粟穀以養其口,里居出布帛以養其體,薄賦則省其兵役,薄斂則不多征稅。教之實事,立學校、明禮義。制田則畫井授田,一夫百畝以出穀粟。制里則有在田在邑。五畝之宅,樹之以桑,以出布帛。古者二十五家爲閭而有塾,五百家爲黨而有序,遂則有序,國則有學。"

民以仁,摩民以義,使之浹於肌膚,淪於骨髓,而禮樂可興,所謂仁也。"《或問》又曰:"所謂仁者,以其天理流行,融液洞徹……舉一世而言,固無一人不然,即一人而言,又無一事之不然也。"①此非積久,何以能致? 如有王者,"必其仁心之所涵育、仁政之所熏陶,積而至於一世之久,然後仁也。可見王道無近功。"②

子曰苟正章

子曰:"苟正其身矣,於從政乎何有? 不能正其身,如正人何?"

此專爲爲臣而發也。③ "人"字兼上正君,下正民説。

冉子退朝章

冉子退朝。子曰:"何晏也?"對曰:"有政。"子曰:"其事也。如有政,雖不吾以,吾其與聞之。"

此夫子不以政歸季氏,所以正名分也。

定公問一言章

定公曰:"一言而可以興邦,有諸?"孔子對曰:"言不可以若是其幾也。人之言曰:'爲君難,爲臣不易。'如知爲君之難也,不幾乎一言而興邦乎?"曰:"一言而喪邦,有諸?"孔子對曰:"言不可以若是其幾也。人之言曰:'予無樂乎爲君,唯其言而莫予違也。'如其善而莫之違也,不亦善乎? 如不善而莫之違也,不幾乎一言而喪邦乎?"

此見興、喪之源分於君心之敬、肆。知爲君之難,則必戰戰兢兢,而無一事之敢忽,故可以興邦;樂其言,莫予違,則忠言不至於耳,君日驕而臣日諂,故可以喪邦。

---

① 參見《四書或問》卷一八《論語·子路第十三》。
② 參見《四書蒙引 別附》卷七《子路第十三》。
③ 參見《四書或問》卷一八《論語·子路第十三》。宋儒晁説之所言。

葉公問政章

葉公問政。子曰："近者悦，遠者來。"

《集注》"被其澤""聞其風"，是所以説來之。故澤即教養之澤，風即善養善教之風。

子夏爲莒父章

子夏爲莒父宰，問政。子曰："無欲速，無見小利。欲速，則不達；見小利，則大事不成。"

子夏之病常在近小，故夫子告之以此。上二句是戒詞，下二句正言其所以當戒之，故政總不外養民、教民事。

葉公語孔子章

葉公語孔子曰："吾黨有直躬者，其父攘羊，而子證之。"孔子曰："吾黨之直者異於是：父爲子隱，子爲父隱——直在其中矣。"

此葉公以證父之惡爲直，徒知直爲無隱而於父子之親乃有不察也。隱與直，正相反。夫子之言，非以隱爲直也。只是隱其所當隱，於天理人情爲正，故曰："直在其中。"《集注》前兼"天理人情"言，後又云"順理爲直"，極精到。有天理外之人情，有天理内之人情，人情即天理也。此父子相隱，蓋天理内之人情也。玩《或問》自明。

樊遲問仁章

樊遲問仁。子曰："居處恭，執事敬，與人忠。雖之夷狄，不可棄也。"

仁，心德也。爲仁在於存心之有常。居處三句是存心，末二句是存心之有常也。《注》"徹上徹下"言通乎上下，自始學以至成德無二致也。今須思居處恭時如何？不恭時如何？執事敬時如何？不敬時如何？與人忠時如何？不忠時如何？方知須用恭、敬、忠也。用此三句,固守勿失,則其於仁也庶幾矣。緊要在"固守勿失"上。

子貢問曰何如章

子貢問曰:"何如斯可謂之士矣?"子曰:"行己有恥,使於四方,不辱君命,可謂士矣。"曰:"敢問其次。"曰:"宗族稱孝焉,鄉黨稱弟言。"曰:"敢問其次。"曰:"言必信,信必果,硜硜然小人哉!——抑亦可以爲次矣。"曰:"今之從政者何如?"子曰:"噫!斗筲之人,何足算也?"

此章論士。首節《集注》"志有所不爲,而其材足以有爲",謂凡不仁不知,無禮無義之事皆恥而不爲,則其所爲皆仁義禮智之事,可知才足以有爲。不但是言語,兼舉動處事說,亦不止於使事,特舉一事而言耳。此全才也,士之上也。次節《集注》"本立而材不足者",蓋以孝弟,人之大本也。材雖不足,而大本無虧,士之次也。三節《集注》:"亦不害其爲自守",蓋以言行立身之大端也。必信必果,能自守也,又其次也。末節則市井之人,不復可以爲士矣。夫子取士三等,今試看我是那一等。三等中無一等以自居,而下同於市井,便是聖門所不齒者,豈不枉過了一生。

子曰不得章

子曰:"不得中行而與之,必也狂狷乎!狂者進取,狷者有所不爲也。"

此夫子急取狂狷以付千秋大業底意思。蓋天下好人只有三樣:一是中行,一是狂者,一是狷者。中行既不可得,只有狂狷志節可取,足以任道,故夫子取之。"必也"二字宜玩。《集注》:"徒得謹厚之人,未必能自振拔而有爲也。"從此二字看出,讀者不可忽略。今須思我是那樣人。

子曰南人章

子曰:"南人有言曰:'人而無恒,不可以作巫醫。'善夫!""不恒其德,或承之羞。"子曰:"不占而已矣。"

"此言無恒者,雖賤役不可爲,且羞辱不能免,[5]以見人決不可以無恒也。"今須看我是有恒否?

子曰君子章

子曰:"君子和而不同,小人同而不和。"

此章要將"和""同"二字看得分明。二者外雖相似,而内實相反。和,全在義理上;同,全在私意上。和是以道相濟故不同,同是以意相狥故不和。朱子《或問》詳矣。

子貢問曰鄉人章

子貢問曰:"鄉人皆好之,何如?"子曰:"未可也。""鄉人皆惡之,何如?"子曰:"未可也;不如鄉人之善者好之,其不善者惡之。"

子貢先以皆好爲賢,然鄉人不必皆君子也,故曰"未可"。繼又以皆惡爲賢,然鄉人不必皆小人也,故又曰"未可"。不如合求之,善者之好、不善者之惡,而其人之賢可見矣。真西山曰:"必善者好之,不善者惡之,是其制行之美足以取信於君子,[6]而立心之直又不苟同於小人。"與《集注》最合。

子曰君子章

子曰:"君子易事而難説也。説之不以道,不説也;及其使人也,器之。小人難事而易説也。説之雖不以道,説也;及其使人也,求備焉。"

此君子、小人,蓋指卿大夫之得政者而言。《集注》"公而恕""私而刻"六字盡之。

子曰君子章

子曰:"君子泰而不驕,小人驕而不泰。"

"泰"是有道德底氣象，"驕"是負才勢底氣象。《集注》"循理""逞欲"，乃驕泰之所以然處。

子曰剛毅章

子曰："剛、毅、木、訥近仁。"

《集注》楊氏之言善矣。①

子路問曰章

子路問曰："何如斯可謂之士矣？"子曰："切切偲偲，怡怡如也，可謂士矣。朋友切切偲偲，兄弟怡怡。"

子路負行行之氣，"切""偲""怡怡"，皆所不足，故告之。又恐其混於所施，故下文別而言之。《或問》解"切""偲"最好。②

子曰善人章

子曰："善人教民七年，亦可以即戎矣。"

《集注》："教以孝弟忠信之行，[7]務農講武之法"，是本末兼盡。教之孝弟忠信，養其心也；教之務農，厚其生也；教之講武，熟其藝也。善人有忠愛惻怛之心，而其教民又盡本末兼談之法，且必七年而僅可即戎兵，其可易言哉？

子曰以不教章

子曰："以不教民戰，是謂棄之。"

此與上章反看便是。

---

① 參見《四書章句集注·論語集注》卷七《子路第十三》。楊氏爲楊時，楊氏曰："剛毅則不屈於物欲，木訥則不至於外馳，故近仁。"

② 參見《四書或問》卷一八《論語·子路第十三》："切切者，教告懇惻而不揚其過；偲偲者，勸勉詳盡而不強其從。二者皆有忠愛之誠而無勁訐之害。"

憲問篇第十四

憲問恥章

憲問恥。子曰:"邦有道,穀;邦無道,穀,恥也。"

此因其有守而進之以有爲也。重邦有道邊《集注》《或問》甚明。學者須知如何方能有爲,必也平日從事《大學》之道,格致誠正之功無有不盡,修齊治平之理無有不備。處則以此修己,出則以此治人,遇邦有道,方能有爲。不然而空疏無用,即或徒事文藝,亦安能有爲哉?

克伐怨欲章

"克、伐、怨、欲不行焉,可以爲仁矣?"子曰:"可以爲難矣,仁則吾不知也。"

此章《集注》詳矣,《或問》發明更透。須知不行是有此四者而制之。不行原不曾拔去病根,尚容其潛藏於胸中,故可以爲難而未可輕許以仁。仁則天理渾然,自無四者之累,看得制私與無私境界不同,又看得不行與克己工夫不同。解此章書,自然的確。"拔去病根有兩說:一是積漸消磨,一是勇猛決去。平居莊敬涵養,此積漸消磨法也。臨事察禮克己,[8]此勇猛決去法也。"今日學者須於日用省察自己,何者是克?何者是伐?何者是怨?何者是欲?勿僅制而不行,容其留在胸中。或用積漸消磨之法,或用勇猛決去之法,務要拔去病根方好。

子曰士而章

子曰:"士而懷居,不足以爲士矣。"

"懷居"便於性分所當盡,職分所當爲者,一切苟且過了,何足爲士。

子曰邦有章

子曰："邦有道，危言危行；邦無道，危行言孫。"

《或問》取洪氏之言最善。洪氏曰："危非矯激也，直道而已；孫非阿諛也，遠害而已。"①吳氏曰："言孫者亦非失其正也，特少致其委曲，如孔子之對陽貨云爾。"②

寵按：危言危行易，危行言孫難。

子曰有德章

子曰："有德者必有言，有言者不必有德。仁者必有勇，勇者不必有仁。"

此言德、仁可以兼言、勇，言、勇不可以兼德、仁。"欲修身者知所重，觀人者知所尚也。"③有德之言，言從德出，與有言者之言不同。仁者之勇，勇從仁出，與勇者之勇不同。

南宮适問章

南宮适問於孔子曰："羿善射，奡盪舟，俱不得其死然。禹稷躬稼而有天下。"夫子不答。南宮适出，子曰："君子哉若人！尚德哉若人！"

南宮适賤力而貴德，故問曰"羿善射，奡盪舟"。權力雖足，恃然皆不得其死。禹稷躬稼，功德在生民而有天下。意蓋以羿、奡比當世之有權力者，而以禹、稷比孔子也。故夫子不答，然其言實可取也，故夫子俟其出而贊之曰："君子哉若人！尚德哉若人！"二句宜照《注》串講。

---

① 參見《四書或問》卷一九《論語·憲問第十四》。洪氏，指宋儒洪興祖。
② 參見《四書或問》卷一九《論語·憲問第十四》。吳氏，指宋儒吳棫。
③ 參見《四書蒙引 附別錄·四書蒙引》卷七《憲問第十四》。

按:"躬稼"二字,時解輕看,非是。唐荆川主德説最確且與《注》合。①

觀史知歷代小人恃力,終不能倖免;君子修德,後必享福報。即以春秋時論之,魯之三桓子孫便已式微,吾夫子血食萬年,食報更長於禹、稷,适之言真千古定論哉!宜夫子贊美之也。

子曰君子章

子曰:"君子而不仁者有矣夫,未有小人而仁者也。"

此勉君子而懲小人也。"言君子存心雖正,猶有私意間發之時。小人本心既喪,縱有一念天理之萌,決不勝其人欲蔽錮之私。"[9]君子猶有偶失,防之不可不嚴,小人必無偶得,返之不可不急。

子曰愛之章

子曰:"愛之,能勿勞乎?忠焉,能勿誨乎?"

此爲當時有知愛而不知勞,知忠而不知誨者發也。"愛之與勞,忠之與誨,似若相反而實所以相成。"②玩"能勿"二字,便見理勢之必然處。《集注》前説勿勞勿誨之害,後説知勞知誨之益。

子曰爲命章

子曰:"爲命,裨諶草創之,世叔討論之,行人子羽修飾之,東里子産潤色之。"

此言鄭國爲命之善也。《集注》詳矣。

或問子産章

或問子産。子曰:"惠人也。"問子西。曰:"彼哉!彼哉!"問管仲。曰:"人也。奪伯氏駢邑三百,飯疏食,没齒無怨言。"

---

① 主德説,見《諸儒語要》卷五。唐荆川,即明儒唐順之。
② 見《四書蒙引 附別錄·四書蒙引》卷七《憲問第十四》。

當春秋時，三人都是巨擘，故或以爲問。夫子於子產稱其愛也，於管仲稱其功也，於子西則不在所稱矣。

子曰貧而章

子曰："貧而無怨難，富而無驕易。"

此章《或問》取張敬夫説最佳。① 朱子"貧則無衣可着"一段亦切。②《集注》："處貧難，處富易，人之常情。"是本文正意。"勉"與"不怨"[10]是朱子推夫子立言大旨。

張敬夫曰："富而無驕，不矜於外物者，能之。至於貧而無怨，非內有所守者，不能也。或謂世固有處貧賤而無失，至於一旦處富貴之地，則失其本心。然則難易之論有時而不然耶，此蓋未知，夫無怨之味也。所謂處貧賤而無失者，特未見其失於外耳，又焉能保其中之無怨耶？蓋一毫有所不平於其中，皆爲怨也。故貧而無諂易，貧而無怨難。無怨則漸進於樂矣。"[11]

子曰孟公章

子曰："孟公綽爲趙魏老則優，不可以爲滕薛大夫。"

此傷魯用人之失也。《集注》："廉靜寡欲，而短於才"一句斷盡。惟其廉靜寡欲，所以爲家老則優。惟其短於才，所以不可爲大夫。爲家老，雖趙魏則優，況三家乎？爲大夫，雖滕薛不可，況魯國乎？

子路問成人章

子路問成人。子曰："若臧武仲之知，公綽之不欲，卞莊子之勇，冉求之藝，文之以禮樂，亦可以爲成人矣。"曰："今之成人者何必然？見利思義，見危授命，久要不忘平生之言，亦可以爲成人矣。"

此章《集注》《或問》詳矣。首節要看《注》中"兼"字，而又"節之"

---

① 參見《四書或問》卷一九《論語·憲問第十四》。張敬夫，即宋儒張栻。其言下文具錄。
② 參見《五華纂訂四書大全·論語大全》卷一四《憲問第十四》。

"和之"字,四子各有所長而不能相兼,又無禮樂以文之,須是兼四子之長,即兼矣。不文以禮樂,則四者未能盡善,又須節之以禮、和之以樂。蓋禮是箇中底道理。節之者,損其過,益其不及,使智、廉、勇、藝皆歸於中,而無太過、不及之失也。樂是箇和底道理。和之者,勿忘勿助,日就月將,使智、廉、勇、藝四者和順從容,無所勉強,有純粹之美而無駁雜之弊也。"文之"句最重智、勇。四者以才德言,廉、勇爲德,智、藝爲才。

次節要看《注》中"忠信"字。忠信,實心爲善也。"見利思義""見危授命",實心爲善也,不忘平生忠信,尤明白子路忠信人也,故夫子又及其次,正欲其由今而進之於古也。《集注》"才知禮樂有所未備",是欠了武仲之知、冉求之藝。於"文以禮樂"上欠工夫,若夫廉勇,則子路固不讓公綽與卞莊矣。

子問公叔文子章

子問公叔文子於公明賈曰:"信乎,夫子不言,不笑,不取乎?"公明賈對曰:"以告者過也。夫子時然後言,人不厭其言;樂然後笑,人不厭其笑;義然後取,人不厭其取。"子曰:"其然?豈其然乎?"

不言、不笑、不取是一偏之行,時言樂笑義取是時中之行。一偏之行固非人情,時中之行又不易能,夫子所以不輕言也。"其然?豈其然乎?"其字是猜度之詞。然,如此也。言果是如此乎?以我觀之,豈能便如此乎?不可一味貶他,須得聖人詞氣,含洪忠厚之意。

子曰臧武仲章

子曰:"臧武仲以防求爲後於魯,雖曰不要君,吾不信也。"

《集注》楊氏之說善矣。[1] 要君從以防上斷他。

---

[1] 參見《四書章句集注·論語集注》卷七《憲問第十四》。楊時所言。楊氏曰:"武仲卑辭請後,其迹非要君者,而意實要之。夫子之言,亦《春秋》誅意之法也。"

子曰晉文公章

子曰："晉文公譎而不正,齊桓公正而不譎。"

玩《注》"心皆不正","猶爲彼善於此",只就二公行事上説。《注》"隱"字,指其事之隱言。

子路曰桓公章

子路曰："桓公殺公子糾,召忽死之,管仲不死。"曰："未仁乎?"子曰："桓公九合諸侯,不以兵車,管仲之力也。如其仁,如其仁。"

子路疑仲之不死爲未仁。夫子稱其不死而成九合之功,則有仁之功矣。此仁字在事功上説。

子貢曰管仲章

子貢曰："管仲非仁者與? 桓公殺公子糾,不能死,又相之。"子曰："管仲相桓公,霸諸侯,一匡天下,民到於今受其賜。微管仲,吾其被髮左衽矣。豈若匹夫匹婦之爲諒也,自經於溝瀆而莫之知也?"

子貢疑又相之,非仁。夫子稱其相桓而有一匡之功,未可謂非仁也。

《集注》程子之言當玩。①

公叔文子章

公叔文子之臣大夫僎與文子同升諸公。子聞之曰："可以爲'文'矣。"

此夫子取其忘分薦賢,爲不愧其謚耳。玩《或問》自明。

---

① 參見《四書章句集注·論語集注》卷七《憲問第十四》。程子所言："仲私於所事,輔之以爭國,非義也。桓公殺之雖過,而糾之死實當。仲始與之同謀,遂與之同死,可也;知輔之爭爲不義,將自免以圖後功亦可也。故聖人不責其死而稱其功。若使桓弟而糾兄,管仲所輔者正,桓奪其國而殺之,則管仲之於桓,不可同世之讐也。"

子言衛靈公章

子言衛靈公之無道也，康子曰："夫如是，奚而不喪？"孔子曰："仲叔圉治賓客，祝鮀治宗廟，王孫賈治軍旅。夫如是，奚其喪？"

此章見用人之益。三人未必賢，而其才可用。衛靈公雖非知人善任之君，然於三人用之，各當其才，故亦可以無喪。無道之君能用人，"猶足以保國，況有道之君，能用天下之賢才者者乎？"尹氏之言得其旨矣。①

子曰其言章

子曰："其言之不怍，則爲之也難。"

爲難就於不怍時斷之。玩《注》自明。

陳成子弑簡公章

陳成子弑簡公。孔子沐浴而朝，告於哀公曰："陳恒弑其君，請討之。"公曰："告夫三子！"孔子曰："以吾從大夫之後，不敢不告也。君曰'告夫三子'者！"之三子告，不可。孔子曰："以吾從大夫之後，不敢不告也。"

此夫子正綱常之意。君爲臣綱，天下之大倫也。臣弑其君，人倫之大變，天理所不容，人人得而誅之，況鄰國乎？故夫子請討陳恒，所以明君臣之義也。《集注》程子一段，②及胡氏"先發後聞"之意，③《或問》發明至矣。

---

① 參見《四書章句集注·論語集注》卷七《憲問第十四》。此即尹氏，尹焞所言。

② 參見《四書章句集注·論語集注》卷七《憲問第十四》。程子曰："左氏記孔子之言曰：'陳恒弑其君，民之不予者半。以魯之衆，加齊之半，可克也。'此非孔子之言。誠若此言，是以力不爲義也。若孔子之志，必將正名其罪，上告天子，下告方伯，而率與國以討之。至於所以勝齊者，孔子之於事也，豈計魯人之衆寡哉？當是時，天下之亂極矣，因是足以正之，周室其復興乎？魯之君臣，終不從之，可勝惜哉！"

③ 胡氏，即宋儒胡安國。《沈氏弋説》卷六《宋儒妄議孔子》指出此爲胡安國子（實爲從子）胡寅所言。胡寅號致堂先生。

子路問事君章

子路問事君。子曰:"勿欺也,而犯之。"

此章《集注》范氏精矣。① 蓋子路性勇,凡言於人君,必要他聽,或至於說得太過,則近於欺。如有理然而事未必然,古然而今未必然。事本小也,而張之以爲大;勢本緩也,而張之以爲急,皆欺也。歸熙甫曰:"觀其行行之資,施於犯顏敢諫,則有餘矣,恐其或恃此而流於欺也,故夫子告之以'勿欺也,而犯之。'"② 蓋犯之始出於愛君,而犯之流亦易於欺君,故君子以不欺爲犯,而其犯也必主於不欺。此與《集注》最合。

子曰君子章

子曰:"君子上達,小人下達。"

伊川之說爲至,達只是透向上去,君子只管進向上,小人只管向下。③ 朱子云:"君子上達,一日長進似一日;小人下達,一日沉淪似一日"④ 又分明。《集注》"高明""污下"者,貼本文"上""下"二字;"日進""日究"者,貼本文"達"字。天理、人欲者,上達、下達之所以然也。"天理即是仁義禮智之德,本自高明也。君子循仁義禮智之天理,故日進於極仁極義極禮極智,高明之地矣。人欲即聲色貨利之類,自汙下也。小人狗乎聲色貨利之人欲,故日究於淫聲惡色私貨邪利,汙下之地矣。"⑤ 俱兼知行說。

子曰古之章

子曰:"古之學者爲己,今之學者爲人。"

---

① 參見《四書章句集注·論語集注》卷七《憲問第十四》。范祖禹所言。范氏曰:"犯非子路之所難也,而以不欺爲難。故夫子教以先勿欺而後犯也。"
② 歸熙甫,指歸有光。
③ 參見《朱子語類》卷四四《論語二十六·憲問篇》。
④ 參見《朱子語類》卷四四《論語二十六·憲問篇》。
⑤ 參見《五華纂訂四書大全·論語大全》卷一四《憲問第十四》。

《集注》程子之言約而盡矣。① 看兩"者"字,言同此一箇學,而學者之用心不同。古之學者務内而不務外,固有博文以致知,約禮以力行矣。原其用心,但見其致知也。務欲明是理於己,其力行也;務欲體是道於身,此學之專於爲己也。今之學者務名而不務實,亦有求,所以致知,所以力行矣。原其用心,但見其致知也。務欲沾沾之知聞於人,其力行也;務欲毁毁之行聞於人,此學之專於爲人也。程子云:"古之學者爲己,其終至於成物。"蓋謂格物致知正心誠意,以修其身。舉而錯之,家齊國治而天下平也。今之學者爲人,其終至於喪己,身且不能修,又何以及於家國天下乎?

蘧伯玉使人章

蘧伯玉使人於孔子。孔子與之坐而問焉,曰:"夫子何爲?"對曰:"夫子欲寡其過而未能也。"使者出。子曰"使乎!使乎!"

春秋時,伯玉與夫子心交也。使人於孔子,伯玉之心與使俱來矣。孔子問其何爲,便是要知他近日治心工夫。寡過未能,是伯玉治心細密工夫,而使者能傳之,"可謂深知君子之心,而善於詞令者矣。故夫子再言'使乎'以重美之。"

曾子曰君子章

曾子曰:"君子思不出其位。"

此曾子稱艮卦之象辭,示人以善思之準也。位非獨職位,大而君臣父子,微而一事一物,當其時與其地,所思止而不越,皆不出其位也。思不出位,乃得其理。若出位,則爲越思,徒勞其心,究竟何益?

子曰君子恥其章

子曰:"君子恥其言而過其行。"

---

① 參見《四書章句集注·論語集注》卷七《憲問第十四》。程子曰:"爲己,欲得之於己也。爲人,欲見知於人也。""古之學者爲己,其終至於成物。今之學者爲人,其終至於喪己。"

此章要看"耻"字"過"字。《或問》云："耻其言者,常若有愧而不及其行也。過其行者,常若勉強而使有餘於言也。"①盡之矣。

子曰君子道者章

子曰："君子道者三,我無能焉：仁者不憂,知者不惑,勇者不懼。"子貢曰："夫子自道也。"

此章夫子之言聖不自聖之心也。②《注》"自責以勉人"句,要看子貢之言,智足言聖人之智也。《注》："道,言也。"謂自説也。當看"猶云"二字,不可把自道當謙詞。③

子貢方人章

子貢方人。子曰："賜也賢乎哉？夫我則不暇。"

《集注》詳矣。朱子云："學者要思量不暇箇甚麼,須於自己體察方可見"。[12]齊氏曰："孔子之於道也,未得之,則發憤忘食；既得之,則樂以忘憂,而何暇於方人？"④斯言得之《注》中"自治"實事在此。

子曰不患章

子曰："不患人之不己知,患其不能也。"

此章須要思量不能底是箇甚麼？張敬夫曰："四端五典,雖聖人不自以爲能盡也,而況於學者？其不能之患何有極乎？而何所願乎外也？若有一毫患人不己知之心萌於中,則其害最甚。"⑤此説善矣。

子曰不逆章

子曰："不逆詐,不億不信,抑亦先覺者,是賢乎！"

---

① 參見《四書或問》卷一九《論語·憲問第十四》。
② 參見《四書蒙引 附別錄·四書蒙引》卷七《憲問第十四》。
③ 謝王寵此説與《四書章句集注·論語集注》卷七《憲問第十四》反。是書作"自道,猶雲謙詞。"
④ 參見《四書大全·論語集注大全》卷一四《憲問第十四》。齊氏,番陽齊夢龍。
⑤ 見《四書或問》卷一九《論語·憲問第十四》。

此爲以察察爲明，而不能先覺者發也。"不逆詐"二句平平實説完了，却用"抑"字轉，下言雖不用逆、億，而自然先覺，不墮於詐、不信，乃爲賢也。如何便先覺，必其平日居敬窮理，洞然明智於人之情偽，一以義理照之，自無毫髮隱匿，又何事逆、億哉？

微生畝謂孔子章

微生畝謂孔子曰："丘何爲是栖栖者與？無乃爲佞乎？"孔子曰："非敢爲佞也，疾固也。"

微生以退隱爲高，見孔子周流不已，疑其爲佞。殊不知聖人可仕則仕、可止則止，如天地四時之變化，豈若絶人逃世者之所爲，契然置民物於度外，執一而不通耶？玩《注》"禮恭而言直"，只是聖人自惡執一不通之事，非疾微生之固也。

子曰驥不章

子曰："驥不稱其力，稱其德也。"

此章明才德輕重而致勉人之意。《集注》尹氏最精。① 約此與"歲寒松柏"章一例，② 皆如《詩》之比體，實以木、馬比君子，非專言木、馬也。

或曰以德章

或曰："以德報怨，何如？"子曰："何以報德？以直報怨，以德報德。"

此章《集注》《或問》發明無餘。讀者詳玩可也。此"德"字以恩惠言。

---

① 參見《四書章句集注·論語集注》卷七《憲問第十四》。尹焞曰："驥雖有力，其稱在德。人有才而無德，則亦奚足尚哉？"
② 出《論語·子罕》。

子曰莫我章

子曰："莫我知也夫！"子貢曰："何爲其莫知子也？"子曰："不怨天，不尤人，下學而上達。知我者其天乎！"

此章"莫""知"要看首節。《注》："自嘆，以發子貢之問"句，子貢之智，足以知聖。夫子恐其在高奇處，求聖而於聖人反己自修、循序漸進之實有未知也，故因問以發之。《集注》最明。程子："下學人事，上達天理"二句，薛文清公最有發明。①

薛氏曰："下學而上達，知我者其天乎！下學學人事，上達達天理。人事如父子君臣夫婦長幼之類是也。天理在人如仁義禮智之性，在天如元亨利貞之命是也。蓋下學父子君臣夫婦長幼之人事，便上達仁義禮智、元亨利貞之天理也。謂之天知者，非聞見之知也，乃天與聖人默契爲一，是以人不及知，[13]而天獨知也。然五者，姑舉事之大者而言，其實無一而非下學人事，上達天理也。

公伯寮章

公伯寮愬子路於季孫。子服景伯以告，曰："夫子固有惑志於公伯寮，吾力猶能肆諸市朝。"子曰："道之將行也與，命也；道之將廢也與，命也。公伯寮其如命何！"

此章"命"字以氣言。《集注》："聖人於利害之際，則不待決於命而後泰然也。"在聖人，只有箇義，更不問命。此之言命，蓋以曉景伯也。李中孚曰："士君子能以道之行廢歸諸命，則中心泰然，自無怨尤。"②得之。

子曰賢者章

子曰："賢者辟世，其次辟地，其次辟色，其次辟言。"

此論賢者之出處而見隨時之義，非以賢者之德爲有優劣也，所遇

---

① 參見《讀書錄 讀書續錄·讀書錄》卷四。
② 參見《四書反身錄 續補·下論語》。

不同耳。

子曰作者章

子曰："作者七人矣。"

此孔子憂世之言。味其語意,有天地閉、賢人隱之傷。①

子路宿於章

子路宿于石門。晨門曰："奚自?"子路曰："自孔氏。"曰："是知其不可而爲之者與?"

《集注》胡氏盡之。②《大全》輔氏曰："賢者之視天下有不可爲之時,才力有限也;聖人視天下無不可爲之時,其道無所不可也。"③與《注》最合。

子擊磬於衛章

子擊磬於衛,有荷蕢而過孔氏之門者,曰："有心哉,擊磬乎!"既而曰："鄙哉,硜硜乎!莫己知也,斯己而已矣。深則厲,淺則揭。"

《集注》"聖人心同天地"一段盡之。《大全》陳氏曰："聖人之心不能一日忘天下,亦如天地之心不能一日忘萬物。天地生物之心,不以閉塞盛冬之時而息,[14]聖人道濟天下之心不以天地閉、賢人隱之時而息也。聖人不能忘世之心,荷蕢初聞其磬聲而知之,然觀其'既而曰'以下之言,則非深知聖人之心者。要之,果於忘世之人,豈能深知聖人所以不忍忘世之心哉?"[15]此説發明《注》意最好。

子張曰書云章

子張曰："《書》云:'高宗諒陰,三年不言。'何謂也?"子曰："何必

---

① 參見《四書蒙引 附别録·四書蒙引》卷七《憲問第十四》。
② 參見《四書章句集注·論語集注》卷七《憲問第十四》。胡安國曰:"晨門知世之不可而不爲,故以是譏孔子。然不知聖人之視天下,無不可爲之時也。"
③ 參見《四書大全·論語集注大全》卷一四,輔廣所言。

高宗,古之人皆然。君薨,百官總己以聽於冢宰三年。"

子張是疑人君不容以三年不言。孔子是與他説,所以得三年不言之故,蓋古制也。

子曰上好禮章

子曰:"上好禮,則民易使也。"

《集注》:"禮達而分定"要看明白。禮即天理之節文,人事之儀則。子之當事父、弟之當事兄、臣之當事君、下之當事上,皆此禮也。上好禮,必是自身去行此禮,既足爲觀感之地,又立條教去率人,使人有所遵守。見無禮於父兄君上者則懲戒之;見有禮於父兄君上者則崇獎之。如此方是好禮,然後禮教風行,達於四境,民皆知子當事父、弟當事兄、臣當事君、下當事上,而名分定矣。由是而使民以有事,其誰不樂從?故曰"則民易使也"。

子路問君子章

子路問君子。子曰:"修己以敬。"曰:"如斯而已乎?"曰:"修己以安人。"曰:"如斯而已乎?"曰:"修己以安百姓。修己以安百姓,堯舜其猶病諸!"

《集注》《或問》詳矣。"敬"之一字,聖學之所以成始成終者,皆由於此,故曰:"修己以敬"。下面"安人""安百姓",皆由於此。蓋人能敬,則百事皆當;不敬,則百事皆不當。所以有安人、安百姓之理。"修己以安人者,猶曰:'修己以敬而可以安人也';修己以安百姓者,猶曰:'修己以敬而可以安百姓也'。"[1]只因子路見少,故夫子指其效驗之大者而言,以見決非君子不足以當之也。末言堯舜,分明把堯舜以抑子路,非輕堯舜也。

《集注》:"體信達順。"信只是實理,順只是和氣。體信是實體,此

---

[1] 參見《四書大全·論語集注大全》卷一四《憲問第十四》,黃榦所言。

道於身,是致中底意思。達順是發而中節,推之天下而無所不通,是致和底意思。① 言能恭敬則體信達順,聰明睿知。由此出者,言能恭敬自然,心便開明。

惟上下一於恭敬,則和氣充塞於兩間,是以天地位、萬物育,而和氣之精英又鐘爲四靈,如《禮運》所謂"鳳凰麒麟,皆在郊藪,龜龍皆在宮沼"②者。

李中孚曰:"'修己以敬',此堯舜以來所傳心法,千聖不易之宗旨也。""身心内外無一不敬,[16]斯身心内外純是天理,自聰明睿知,自寬裕溫柔,自發強剛毅,自齋莊中正,自文理密察。以之安人、安百姓,誠無往而不格,事無往而不治。天德、王道一以貫之,篤恭而天下平,非虚也。"③此説確見大意,至於持敬之道,則胡氏之説可取。胡氏曰:"可願莫如善,敬立則百善從;宜遠莫如邪,敬立則百邪息。敬也者,存心之要法,檢身之切務與!欲持敬奈何?"[17]程子有言:"主一之謂敬,無適之謂一。如執六圭,如捧盤水,如震霆之在上也,如淵谷之在下也,如師保之在前也,如鬼神之在左右也。是則持敬之道也。"④

寵按:朱子《敬齋箴》,見《性理大全》,⑤當字字服膺。

原壤夷俟章

原壤夷俟。子曰:"幼而不孫弟,長而無述焉,老而不死,是爲賊。"以杖叩其脛。

此夫子之於故人,既正言以責之,而又以杖叩其脛。責其夷俟,所以救其失而不忍終絶之也。正言以責之者,義也。不忍終絶者,仁也。

---

① 參見《朱子語類》卷四四《論語二十六·憲問篇》。
② 出《禮記·禮運》。
③ 參見李顒《四書反身録 續補·下論語》。
④ 參見《四書或問》卷一九。程頤所言。
⑤ 參見《性理大全書》卷七〇。

闕黨童子章

闕黨童子將命。或問之曰:"益者與?"子曰:"吾見其居於位也,見其與先生并行也。非求益者也,欲速成者也。"

此章《集注》:"禮,童子當隅坐隨行"一段,大旨了然。童子不知禮,夫子使之將命正欲其習禮也,或以爲學有進益,故夫子明告之。

【校勘記】

[1] 詞若有憾:《四書章句集注·論語集注》卷六《先進十一》作"辭若有憾"。

[2] 守己之正道:《四書大全·論語集注大全》卷一一《先進第十一》作"守我之正道"。黃榦所言。

[3] 與曾點所以激三子:原作"與曾點所以廣三子",據《論語集注考證》卷六《先進》、《三魚堂四書集注大全·論語集注大全》卷一一《先進第十一》改。金仁山指元儒金履祥。

[4] 相似而實不同:《四書章句集注·論語集注》卷六《顏淵第十二》作"相似而不同"。

[5] 且羞辱不能免:《四書大全·論語集注大全》卷一三《子路第十三》作"且羞辱不可免"。新安陳櫟所言。

[6] 是其制行之美:原作"是其志行之美",據《四書大全·論語集注大全》卷一三《子路第十三》、《大學衍義》卷一五《格物致知之要二》改。真西山,指宋儒真德秀。

[7] 教以孝弟忠信之行:《四書章句集注·論語集注》卷七《子路第十三》作"教之孝弟忠信之行"。

[8] 臨事察禮克己:《四書大全·論語集注大全》卷一四《憲問第十四》作"臨事省視克己"。此宋儒饒魯所言。饒魯號雙峰。

[9] 小人本心既喪,縱有一念天理之萌,決不勝其人欲蔽錮之私:《四書大全·論語集注大全》卷一四作"小人本心既無,縱有隙光暫見,決不勝其虺蛇之毒"。潛室陳氏,陳埴所言。

[10] 不忽:《四書章句集注·論語集注》卷七《憲問第十四》作"不可忽"。

[11] 無怨則漸進於樂矣:《四書或問》卷一九《論語·憲問第十四》作"無怨則進於樂矣"。

[12] 學者要思量不暇箇甚麼:《朱子語類》卷四四《論語二十六·憲問篇》作"學者須思量不暇箇甚麼"。

[13] 是以人不及知:《讀書錄 讀書續錄·讀書錄》卷四作"是以人不能知"。

[14] 不以閉塞盛冬之時而息:《四書大全·論語集注大全》卷一四《憲問第十四》作"不以閉塞成冬之時而息"。

［15］不忍忘世之心哉：《四書大全・論語集注大全》卷一四《憲問第十四》作"不能忘世之心哉"。此段爲新安陳櫟所言。
［16］身心內外無一不敬：《四書反身錄 續補・下論語》作"身心內外無一或忽"。
［17］欲持敬奈何：《四書或問》卷一九《論語・憲問第十四》作"欲持敬者奈何"。此段爲元儒胡炳文所言。

卷之四　論語尊注解意

衛靈公第十五

衛靈公章

衛靈公問陳於孔子。孔子對曰："俎豆之事,則嘗聞之矣;軍旅之事,未之學也。"明日遂行。在陳絕糧,從者病,莫能興。子路慍見曰:"君子亦有窮乎?"子曰:"君子固窮,小人窮斯濫矣。"

首節《集注》尹氏善矣。① 《或問》："夫子既行,而靈公卒,衛國大亂,俎豆之對,其旨遠哉。"② 可見當日靈公差處全在禮上。總《注》:"聖人當行而行,無所顧慮",指明日遂行。"在陳絕糧",是說夫子要去便去,都不計較所以絕糧也。"處困而亨,無所怨悔",指慍見以下。子路慍見,且疑君子不當窮,猶未免於怨悔。夫子云"君子固窮",時以天命言;又謂"小人窮斯濫"者,便寓以義處命之意。可見聖人處困而亨,無所怨悔也。

子曰賜也章

子曰:"賜也,女以予爲多學而識之者與?"對曰:"然,非與?"曰:"非也,予一以貫之。"

《集注》上論章以行言,此以知言。蓋曾子是從行上得力底,子貢是從知上得力底。要知此一貫,便是貫那多底,有了多學,方可語一

---

① 參見《四書章句集注·論語集注》卷八《衛靈公第十五》。尹焞所言。尹氏曰:"衛靈公,無道之君也,復有志於戰伐之事,故答以未學而去之。"

② 見《四書或問》卷一五。

貫。若不是多學,却貫箇甚?《存疑》云:"萬物之理,咸具於人之一心。理雖有萬,其實渾融爲一,所謂天下之大本也。沖漠無朕之中,萬象森然已備,萬殊一本也。聖人氣質清明,無物欲之蔽。所謂大本者不失,[1]故日用之間,隨他千頭萬緒到面前,只以此照之。父而慈,子而孝,君而仁,臣而敬,視而明,聽而聰,一物一理,萬物萬理,都是這一心之理照之,此聖人之一貫也。自聖人以下,氣質不能清明,物欲不能無蔽,萬理之具於心者,不能無昏昧障礙,若不隨事隨物探討窮究,許多道理如何得明?多學而識,正探討窮究以明之也。然專靠多學而識,都無箇本領源頭處,不過口耳形迹之粗而已,安能有得於己?故須有箇一貫道理。然工夫未道,心中憒憒,[2]强欲去貫他,如何貫得?故必博學多識,真積力久,[3]一旦豁然貫通,[4]則心體光明,沖漠無朕之中,萬象森然畢備者,復全於我。萬物萬事之理,[5]始有以貫之,此學者之一貫也。"

"前章《注》云:'一理渾然,泛應曲當。'此章當云:'一理洞然,萬象畢照。'"①

子曰由知德章

子曰:"由!知德者鮮矣。"

《集注》此章蓋爲子路愠見發也。"德,謂義理之得於己者",即仁義禮智是也。此"知"字在行後,故《注》云:"非已有之,不能知其意味之實也。"義理既得於己,則內重外輕。凡一切死生禍福窮通得喪,自不能亂其所守,到此地位正難,故曰:"知德者鮮矣。"

子曰無爲章

子曰:"無爲而治者其舜也與?夫何爲哉?恭己正南面而已矣。"

此章玩《注》:"兼德盛遇隆"説。意尤重在遇隆上,與無憂者,其

---

① 參見《四書順義解·下論語》。

惟文王乎。"相似恭己"句,照《注》"敬德之容"自是定解,或主在内説者非。①

子張問行章

子張問行。子曰:"言忠信,行篤敬,雖蠻貊之邦,行矣。言不忠信,行不篤敬,雖州里,行乎哉？立則見其參於前也,在輿則見其倚於衡也,夫然後行。"子張書諸紳。

《集注》:"子張意在得行於外,故夫子反於身而言之"最爲得旨。學者持己接物,只是言行二者,《易·大傳》曰:"言行,君子之樞機。樞機之發,榮辱之主也。言行,君子之所以動天地也。"觀此,則言行能動天地,而况於人乎？緊要在忠信篤敬。忠是出於心者,信是見於事者。如口裏如此説,心下不如此,是不忠也；口裏如此説,驗之於事却不如此,是不信也。凡事詳審不輕發,是篤底意思。戒謹恐懼,惟恐失之,是敬底意思。忠信篤敬,豈有不能感動得人,故蠻貊可行,反是雖州里不行,况其遠焉者乎？此節特舉其工夫之現成者説。下節是其工夫之密處,又教之以必期於是之意,蓋舉其工夫之純熟者説。玩《注》"念念不忘"四字,工夫在立與在輿之前。惟其念念不忘,是以隨其所在。常若有見,雖欲頃刻離之而不可得。參前、倚衡各另説,則立時便見得如此,在輿時便見得如此,不待安排尋覓。合説則立即在前,在輿即在衡。無有一時,不然推廣説,凡日用動静出入起居,亦無非如此,可知玩二"則"字甚捷甚活。未言未行之時,能如此,然後一言一行自然不離於忠信篤敬,而蠻貊可行也。子張將夫子所言書諸紳,蓋欲其不忘也。

子曰直哉章

子曰:"直哉史魚！邦有道,如矢；邦無道,如矢。君子哉蘧伯玉！

---

① 參見《四書蒙引 附別録·四書蒙引》卷八。

邦有道,則仕;邦無道,則可卷而懷之。"

二子皆衛之賢大夫,夫子稱之而各言其賢,俱重無道邊,《集注》楊氏最善。① 史魚之直,能伸而不能屈,未盡君子之道。若伯玉則能因時屈伸,故謂之君子。

子曰可與言章

子曰:"可與言而不與之言,失人;不可與言而與之言,失言。知者不失人,亦不失言。"

此章言人之語默,中節爲難。惟知者能知人,故兩無所失也。觀此章者,其用功不在於語默上,而在於知人。欲知人,則在居敬窮理,看書都要如此。

子曰志士章

子曰:"志士仁人,無求生以害仁,有殺身以成仁。"

《集注》精矣。程子"實見得之"[6]說當玩。須真實見得道理上,當死方肯甘心就死。若不曾真實見得道理定合如此,必不肯甘心就死。"志士仁人"便是實見得者,夫子所以不許他人也,此四字當着眼。"學者須是於日用之間,不問事之大小,皆欲即於義理之安,然後臨死生之際,庶幾不差。若平常應事,[7]義理合如此處都放過,到臨大節,未有不可奪"者。

子貢問爲仁章

子貢問爲仁。子曰:"工欲善其事,必先利其器。居是邦也,事其大夫之賢者,友其士之仁者。"

子貢"悦不若己,故告之以此"。"大夫必要事其賢者,士必要友

---

① 參見《四書大全·論語集注大全》卷一五《衛靈公第十五》,楊時所言,楊氏曰:"史魚之直,未盡君子之道。若蘧伯玉,然後可免於亂世。若史魚之如矢,則雖欲卷而懷之,有不可得也。"

其仁者,便是要琢磨勉勵,以至於仁。"①《集注》程子云"告之以爲仁之資","資"字當玩。

顏淵問爲章

顏淵問爲邦。子曰:"行夏之時,乘殷之輅,服周之冕,樂則《韶》《舞》。放鄭聲,遠佞人。鄭聲淫,佞人殆。"

此章《集注》《或問》詳矣。大抵"顏子之學博文約禮,以至所立卓爾。三月不違是,王道本領都有了。有天德方可語王道,故夫子以四代禮樂告之",②"爲萬世立此法也。[8]戒以鄭聲、佞人,爲萬世保此法也"。《集注》程子謂:"發此以爲之兆。"朱子曰:"兆,猶準則也,非謂爲邦之道盡於此四者。略説四件事,[9]做一箇準則,餘事皆可依倣此而推行之耳。"[10]

子曰人無章

子曰:"人無遠慮,必有近憂。"

此示人當思患而預防也。"人"字兼上下説。"遠""近"字兼時與地説。《直解》云:"天下之事變無常,而凡人之思慮貴審。[11]故智者能銷患於未萌,弭禍於未形者,惟其有遠慮也。若只安享於目前,而於身所不到處,通不去照管,苟且於一時,而於後來的事變,通不去想算,這等無遠慮的人,其計事不審,防患必疏,自謂天下之事無復可憂,而不知大可憂者固已伏於至近之地。几席之下,將有不測之虞,旦夕之間,或起意外之變矣。"此解明白曉暢。

子曰已矣乎章

子曰:"已矣乎!吾未見好德如好色者也。"

---

① 參見《四書大全·論語集注大全》卷一五《衛靈公第十五》,朱子言。
② 見《四書蒙引 附別録·四書蒙引》卷八。

此章加"已矣乎"三字,"而警人之意愈切。"①

子曰臧文仲章

子曰:"臧文仲其竊位者與!知柳下惠之賢而不與立也。"

"竊位"玩《集注》"不稱其位而有愧於心"二句,蓋以大臣以薦賢爲職能,薦賢則稱其位。稱其位則此位爲己所宜,居而無愧於心。不能薦賢則不稱其位。不稱其位則此位非己所宜,居而有愧於心。正如偷得箇官來暗做着,心中惶愧,不敢告訴人底一般。② 故曰:"如盜得而陰據之也。"臧文仲知賢而不舉,非竊位而何?

子曰躬自厚章

子曰:"躬自厚而薄責於人,則遠怨矣。"

"躬自厚"謂責己重,即檢身如不及之意。"薄責於人"謂責人輕,即與人不求備之意。"責己重,則身益修而無可怨;責人輕,則人易從而不招怨",[12]故曰"則遠怨矣"。

子曰不曰章

子曰:"不曰'如之何,如之何'者,吾末如之何也已矣。"

《集注》"熟思而審處之"解兩箇"如之何"。"上言'如之何'是思而處之,下言'如之何'是思之熟而處之審也。"③不如是而妄行,是自用其愚,此等人言無由入,故曰:"吾末如之何也已矣。"

子曰群居章

子曰:"群居終日,言不及義,好行小慧,難矣哉!"

此章《集注》盡之。"所謂'滋',則其心日甚一日;'熟',則其機日

---

① 《子罕》篇已有所言,此章加"已矣乎"更加強調。見《四書大全・論語集注大全》卷一五《衛靈公第十五》。
② 參見《四書本義匯參・論語集注本義匯參》卷一五《衛靈公第十五》王步青按語。
③ 參見《四書大全・論語集注大全》卷一五《衛靈公第十五》。饒魯所言。

深一日,所以至此者,以其群居而終日如此也。"①

子曰君子章

子曰:"君子義以爲質,禮以行之,孫以出之,信以成之。君子哉!"

此章主制事説。以"義"字作主,必有下面三者,方始成就得義。程子"敬以直内",又推本而言之。

朱子曰"義以爲質",是制事先決其當否。"義有剛決底意思,然不可直撞去。禮有節文度數,故用'禮以行之'"。"然禮又嚴,故'孫以出之',使從容不迫。信是樸實頭做,無信則義理孫皆僞。"②

吕氏曰:"全節總説制事",③故《注》首提制事,字其實,本文以首一句爲主,下三句完全此一句。看《注》中"而"字,一折自然平列不得,又須知不但四者不平列,即三"之"字,亦不是截然平列,"義以爲質,必禮以行之",[13]此"之"字,指義質孫。"以出之"之字,便指禮行之義。"信以成之"之字,又指禮行孫出之義。逐句并包説下,此説最合《注》義。

上君子以人言,末君子就道説。總捲上去,玩《注》,"以爲"字,"必有""必以""必在"字,皆指示用力之詞。"乃"字謂必如是而後盡君子之道,非頌美生安之君子也。此章書譬之請客,此客是合當請底。決定要請他,此便是義以爲質;了然須有節文,必預先下箇請啓,此便是禮以行之;及至客來時,須辭氣婉順,以迎接他,此便是孫以出之;我自始至終是實心請他,略無一毫虛假意思,此便是信以成之。如此待客,乃待客盡善之道。凡事皆然。

子曰君子章

子曰:"君子病無能焉,不病人之不己知也。"

---

① 參見《四書大全·論語集注大全》卷一五《衛靈公第十五》。
② 參見《四書大全·論語集注大全》卷一五《衛靈公第十五》。
③ 參見《吕晚村先生四書講義》卷一八《論語十五·衛靈公篇》。吕氏即明末清初儒家吕留良。

此君子是向善者之稱。言君子病己之無能耳，不病己有能而人不己知也。

"無能"謂不能知、不能行也。

子曰君子章

子曰："君子疾没世而名不稱焉。"

此勉人及時進修之意也。①《集注》"没世而名不稱，則無爲善之實可知"二句，②可見君子非疾無名也，疾没世無善可稱爾。"没世"二字當着眼。"疾"，自疾也。

子曰君子章

子曰："君子求諸己，小人求諸人。"

此與古之學者爲己意同。張南軒曰："君子無適而非求諸己，小人無適而非求諸人。求諸己則德日進，求諸人則欲日肆。君子小人之分蓋如此也。"③

《集注》楊氏三章合説最有益於學者，④朱子《或問》取之。

子曰君子矜章

子曰："君子矜而不争，群而不黨。"

《大全》輔氏曰："莊以持己，理也。然用意或過，則便至乖戾之心生而與人争。和以處衆，理也。然用意或過，則便至阿比之意起而與人黨。天理亡存，只在一息之間，夫子言'君子矜而不争，群而不黨'，

---

① 參見《連理堂重訂四書存疑》卷七《衛靈公第十五》。
② 參見《四書章句集注·論語集注》卷八《衛靈公第十五》。范祖禹所言。
③ 參見《四書大全·論語集注大全》卷一五《衛靈公第十五》。
④ 參見《四書章句集注·論語集注》卷八《衛靈公第十五》。楊時所言。楊氏曰："君子雖不病人之不己知，然亦疾没世而名不稱也。雖疾没世而名不稱，然所以求者，亦反諸己而已。小人求諸人，故違道干譽，無所不至。三者文不相蒙，而義實相足，亦記言者之意。"

所以使學者於持己處衆之際，戒謹恐懼，務盡其理而防私意之萌也。"①此説深合《注》意。

子曰君子不以章

子曰："君子不以言舉人，不以人廢言。"

此章見君子取舍之公心。"用人必察其實，聽言不繫於私。"②上句主取人，下句主取言。"不以言舉人"，則所舉必得人；"不以人廢言"，則嘉言罔攸伏。

子貢問曰有一言章

子貢問曰："有一言而可以終身行之者乎？"子曰："其恕乎！己所不欲，勿施於人。"

《集注》："學貴於知要。子貢之問，蓋欲知要也。"[14]一言是一字，夫子答以"恕"之一字，便是終身可行之要道。"不欲"二句，非只解"恕"字之義。正解"恕"字，"所以終身可行之意"八箇字，仍如一字方妙。玩朱《注》三句自明。③ 張南軒曰："人之患，莫大於自私。恕者，所以克其私而擴公理也……是所當終身行之者。"④此解切實。

子曰吾之章

子曰："吾之於人也，誰毀誰譽？如有所譽者，其有所試矣。斯民也，三代之所以直道而行也。"

此章當以"直"字作主。"毀""譽"是不好字，玩《注》"損其真""過其實"，可知毀譽便非直道。"聖人之心光明正大，稱物平施"，⑤但有

---

① 參見《四書大全·論語集注大全》卷一五《衛靈公第十五》。輔廣所言。
② 參見《四書近指》卷一一《衛靈公第十五》。
③ 參見《四書章句集注·論語集注》卷八。朱子所言："推己及物，其施不窮，故可以終身行之。"
④ 參見《四書大全·論語集注大全》卷一五《衛靈公第十五》。
⑤ 參見《四書或問》卷二〇《論語·衛靈公第十五》。

是非之公而無毀譽之私曰"有譽必試",乃是"善善速、惡惡緩之意"①而究,未嘗過其實也,是譽且無之,況於毀乎？又言:"吾之所以無毀譽者,蓋以斯民也"②,三代之所以直道而行也。

金仁山曰:"此章勉齋親見朱子改訂《注》文,直至通宵。又謂'此句難得簡潔,然宜挑出直道獨解,而後及句意。'其辭若曰'直道而行,謂善善惡惡,無所私曲也。吾之於民,所以無毀譽者,蓋以此民即三代之時所用,以直道而行之民,故我今亦不得而枉其是非之實也,似爲簡明。'"③《集注》如此。

直道指賞罰説,所以行者上以是行於下也,謂三代之君善善惡惡,皆以直道行之於民。舊解有以直道歸於民者,非。

子曰吾猶章

子曰:"吾猶及史之闕文也。有馬者借人乘之,今亡矣夫!"

此言謹厚之俗,昔猶及見而今不見也。須玩本文"猶"字、本《注》"益"字,可見昔者僅見此二事,時已偷矣。今則并二事而絶無之,是時益偷,故悼之。

子曰巧言章

子曰:"巧言亂德。小不忍,則亂大謀。"

"此'德'字是執德不弘之德,故《注》以'所守'解之。人有所得,守之於己,德也。巧言,以是爲非,以非爲是,使人聽之,惑於是非而無定守,故曰'亂德'。"④謀大事者能忍,乃濟小不忍,謂小仁小勇也。小仁不能忍其愛,故常失於不斷;小勇不能忍其暴,故常失於輕決,皆

---

① 參見《四書或問》卷二〇《論語・衛靈公第十五》。
② 參見《四書講義尊聞録》卷一一《衛靈公第十五》。
③ 參見《四書大全辯 附録・四書大全辯》下論卷一五《衛靈公第十五》。金仁山指元儒金履祥,因其居金華仁山,世稱金仁山。
④ 參見《連理堂重訂四書存疑》卷七《衛靈公第十五》。

足以亂大謀。《注》:"婦人之仁"二句,是小不忍底樣子,玩"如"字可見。

子曰衆惡之章

子曰:"衆惡之,必察焉;衆好之,必察焉。"

《集注》楊氏善矣。① 察者,詳審之意。衆未必皆仁者也,故須加詳審。察之而知其果可惡也,則從而惡之,否則不之惡也;察之而知其果可好也,則從而好之,否則不之好也。

子曰人能章

子曰:"人能弘道,非道弘人。"

此見"體道之責存乎人,而不可徒諉之道也"②。道即大學之道,弘兼體用説,内則正心誠意,外則修齊治平。弘人是大其人,使之爲聖爲賢也。《注》:"人心有覺"解"能"字,"道體無爲"解"非"字。唯人心有覺,故人能加致知力行之功,使此道體立於吾身,用昭於天下。由格致誠正而及於修齊治平,都是人把這道理發揮出來,蓋人能弘道也。惟道體無爲,故人不用力而欲聽道之自然,以致人於爲聖爲賢之域,決無是理也。

子曰過而章

子曰:"過而不改,是謂過矣。"

此深責不能改過者之詞。[15]《注》"不及改"三字當玩。

子曰吾嘗章

子曰:"吾嘗終日不食,終夜不寢,以思,無益,不如學也。"

---

① 參見《四書章句集注·論語集注》卷八。楊時所言。楊氏曰:"惟仁者能好惡人。衆好惡之而不察,則或蔽於私矣。"
② 參見《連理堂重訂四書存疑》卷七《衛靈公第十五》。

《集注》:"此爲思而不學者言之。""非以思爲無益也,以思而不學則無益耳。"①《注》:"勞心以必求者,強探而力索,硬要得也,故勞而無功;遜志而自得者,低心遜志,[16]深造之以道,而自然得也。得之於優游涵泳之中,其理實而味永也。"②

大概世會凡幾更,聖賢凡幾作,天下之事,前人蓋各有成規,故轍在矣。學者須要遜志以求之,其視徒費一己之心,思者所得不既多乎。

子曰君子謀章

子曰:"君子謀道不謀食。耕也,餒在其中矣;學也,禄在其中矣。君子憂道不憂貧。"

此章先要看得"道"字緊要。道者,天地之理,生人之命,往聖之傳,來學之宗,關繫何等重大!所以"君子謀道不謀食"。食以禄言,與下"禄"字相關。"耕也"句不重,是起下"學也,禄在其中"句。末句仍繳轉在憂道上。謀以事言,憂以心言。憂在謀先,憂不得乎道,故謀以求之,此章意思當作三節看。"謀道不謀食",是說君子之學。"學也,禄在其中",是說學有得禄之理。"憂道不憂貧",是明無求禄之心。總是夫子始終教學者以審内外之輕重意。③

子曰知及之章

子曰:"知及之,仁不能守之;雖得之,必失之。知及之,仁能守之。不莊以涖之,則民不敬。知及之,仁能守之,莊以涖之,動之不以禮,未善也。"

此章程子、朱子皆兼爲學、爲政而言。《或問》云:"此章之意,發明内外本末之意,[17]極爲完備,而其要以仁爲重。知及仁守,[18]則大

---

① 參見《四書大全·論語集注大全》卷一五《衛靈公第十五》,張栻所言。
② 參見《四書蒙引 附別錄·四書蒙引》卷八《衛靈公第十五》。明儒蔡清所言。
③ 參見《連理堂重訂四書存疑》卷七《衛靈公第十五》。

本已立。雖臨民不莊，動民不以禮，亦其支節之小失耳。然亦不可不自警省，以求盡善而全其德也。"此與《集注》相發明。

此章六箇"之"字要分別。"及之""守之""得之""失之"，四之字，指理而言；"涖之""動之"二之字，指民而言。理者何？即修身治人之道。《大學》所謂"明德、新民"是也。"知及之如《大學》知至。仁守之如意誠，[19] 涖不莊、動不以禮，如所謂不得其正，與所謂敖惰而辟之類。"①

子曰君子章

子曰："君子不可小知而可大受也，小人不可大受而可小知也。"

《集注》"此言觀人之法"，②最爲得旨。

子曰民之章

子曰："民之於仁也，甚於水火。水火，吾見蹈而死者矣，未見蹈仁而死者也。"

此章"爲凡民都不知仁而憚於爲之者"，③發《集注》盡之。

子曰當仁章

子曰："當仁，不讓於師。"

此章爲"學者粗知仁之爲美，而不知勇於有爲者發"，[20] 玩《注》自明。

子曰君子章

子曰："君子貞而不諒。"

貞者，正而固也。諒者，固而不必於正也。④ 貞於諒相似而實不

---

① 參見《四書大全・論語集注大全》卷一五《衛靈公第十五》。
② 見《四書章句集注・論語集注》卷八。
③ 參見《四書大全・論語集注大全》卷一五《衛靈公第十五》。
④ 參見《四書大全・論語集注大全》卷一五，饒魯所言。饒氏曰："貞而固守，諒則固而未必正。"

同。人多錯認以貞爲諒，以諒爲貞，故夫子特分別而言之曰："君子是貞，不是諒。"①

子曰事君章

子曰："事君，敬其事而後其食。"

此明人臣之義，惟務盡吾之職而已，不可先有求禄之心也。

子曰有教章

子曰："有教無類。"

此"自教者立心言"，②《集注》盡之。

子曰道不章

子曰："道不同，不相爲謀。"

此"道"字猶路也，只指趨向説。如人走路，有走正路底，有走徑路底不同。《注》云："善惡邪正。"善惡以君子小人言，邪正以吾儒異端言，重在善不可與惡謀，正不可與邪謀。

子曰辭達章

子曰："辭達而已矣。"

此爲世之爲辭者，專以富麗爲工而發也。其曰"達而已矣"，則非通於理者，亦不能達意也。"而已矣"三字重，《集注》"而止"二字解此三字。

師冕見章

師冕見，及階，子曰："階也。"及席，子曰："席也。"皆坐，子告之曰："某在斯，某在斯。"師冕出。子張問曰："與師言之道與？"子曰：

---

① 參見《五華纂訂論語大全》卷一五《衛靈公第十五》。
② 參見《四書蒙引 附別錄·四書蒙引》卷八《衛靈公第十五》。

"然；固相師之道也。"

張敬夫曰："道無往而不在。聖人之動靜語默，無往而非道。蓋各止於其所而已。師冕之見，及階則告之階，及席則告之席，既坐則歷告之以在坐者。蓋待瞽者之道當然耳。子張竊窺而問焉，子以爲：[21]'固相師之道，辭則近而意亦無不盡矣。'"①

寵按：玩一"固"字，可見待瞽之道原該如此，惟聖人便自然如此，故《注》云："非作意而爲之，但盡其道而已。"

侯氏以爲於此可見聖人之仁者，尤善。② 朱子《或問》并取之。

顓臾第十六③

季氏將伐章

季氏將伐顓臾。冉有、季路見於孔子曰："季氏將有事於顓臾。"孔子曰："求！無乃爾是過與？夫顓臾，昔者先王以爲東蒙主，且在邦域之中矣，是社稷之臣也。何以伐爲？"冉有曰："夫子欲之，吾二臣者皆不欲也。"孔子曰："求！周任有言曰：'陳力就列，不能者止。'危而不持，顛而不扶，則將焉用彼相矣？且爾言過矣，虎兕出於柙，龜玉毀於櫝中，是誰之過與？"冉有曰："今夫顓臾，固而近於費。今不取，後世必爲子孫憂。"孔子曰："求！君子疾夫舍曰欲之而必爲之辭。丘也聞有國有家者，不患寡而患不均，不患貧而患不安。蓋均無貧，和無寡，安無傾。夫如是，故遠人不服，則修文德以來之。既來之，則安之。今由與求也，相夫子，遠人不服，而不能來也；邦分崩離析，而不能守也；而謀動干戈于邦內。吾恐季孫之憂，不在顓臾，而在蕭墙之內也。"

此章"夫顓臾"節已斷盡伐顓臾之非。不可伐而伐，不仁；不必伐而伐，不智；不當伐而伐，不義。下因冉求歸咎季氏，而責其當諫、當

---

① 參見《四書大全辯·論語卷》卷一五《衛靈公第十五》。
② 參見《四書朱子大全·論語》卷一五《衛靈公第十五》。侯氏指宋儒侯師聖。
③ 《四書章句集注》等均名此章爲"季氏第十六"，謝氏名其爲"顓臾第十六"。

去。既不能諫,卻居其位而不去,則季氏之惡已不得不任其責也。《集注》最明。後又飾詞爲季氏文過,説出爲後世子孫憂。夫子責其貪利,但患貧與寡耳,殊不知魯之大病在於不均。不均因以不和,且將有傾覆之禍,故夫子推出一層言之。"傾"字與"蕭墻之憂"句相照應,謂憂在目前,何暇計於子孫哉?其所以警之者至矣。文德,凡仁義教化信禮皆是。《注》"不勤兵於遠"[22]句當玩。

孔子曰天下有道章

孔子曰:"天下有道,則禮樂征伐自天子出;天下無道,則禮樂征伐自諸侯出。自諸侯出,蓋十世希不失矣;自大夫出,五世希不失矣;陪臣執國命,三世希不失矣。天下有道,則政不在大夫。天下有道,則庶人不議。"

此章"禮樂征伐"乃天子治天下之大權。治世則大權在上,亂世則大權在下。世數之説,《注》只以理言,《或問》兼理勢而言,尤完備。

"國命"即是禮樂征伐。次節因當時列國之政自大夫出而言也,"政"字泛言賞罰號令。三節又見當時天下皆不免於庶人之議,故云。然《注》:"上無失政"數語宜玩。謂民自無非議,非不使之議也。

孔子曰禄之章

孔子曰:"禄之去公室五世矣,政逮於大夫四世矣,故夫三桓之子孫微矣。"

此章之旨,朱子《或問》盡之。《大全》張南軒之言亦精。①

孔子曰益者章

孔子曰:"益者三友,損者三友。友直,友諒,友多聞,益矣。友便

---

① 參見《四書大全·論語集注大全》卷一六《季氏第十六》,張氏曰:"夫三家視其君而起不奪不厭之心,則夫陪臣視之,亦何憚而不萌此心乎?三家專公室之禄,而竊魯國之政,本其私意,欲以利其子孫,而豈知子孫之微,實兆於此哉。"

辟,友善柔,友便佞,損矣。"

此章尹注最精。① 本《注》"三者損益,正相反",宜對針説友直等。"友"字是我去友之,"友"字要着力講。《注》"進於誠"等語,方見損益之實。

孔子曰益者章

孔子曰:"益者三樂,損者三樂。樂節禮樂,樂道人之善,樂多賢友,益矣。樂驕樂,樂佚游,樂宴樂,損矣。"

尹注亦精。② 本《注》"三者損益,亦相反",與上章一例看。"樂節禮樂"三句俱作三層説,方透。

孔子曰侍於章

孔子曰:"侍於君子有三愆:言未及之而言謂之躁,言及之而不言謂之隱,未見顔色而言謂之瞽。"

此章論事上之禮,而見言語之節。尹《注》"時然後言"二語最精。然非涵養於平日,省察於臨時者,未能到此。

孔子曰君子章

孔子曰:"君子有三戒:少之時,血氣未定,戒之在色;及其壯也,血氣方剛,戒之在鬭;及其老也,血氣既衰,戒之在得。"

《注》"以理勝之",極緊要是三戒。骨子,凡人血氣,少時常動而易流;方剛則勇鋭而好勝;既衰則收斂而多貪,此血氣之變也。君子惟能以義理勝之,故隨時知戒,不爲血氣所使也。

三戒遏人欲。

---

① 參見《四書章句集注・論語集注》卷八《季氏第十六》。尹焞曰:"自天子至於庶人,未有不須友以成者。而其損益有如是者,可不謹哉?"

② 參見《四書章句集注・論語集注》卷八《季氏第十六》。尹焞曰:"君子之於好樂,可不謹哉?"

孔子曰君子章

孔子曰："君子有三畏：畏天命，畏大人，畏聖人之言。小人不知天命而不畏也，狎大人，侮聖人之言。"

三畏存天理，須要認得天命是箇甚？《注》云"天所賦之正理"，即仁義禮智之性，乃天然自有之條理也。畏天命者，奉順而不敢逆，存養而不敢失也。大人、聖言皆天命所當畏。畏大人者，尊嚴而不敢易也；畏聖言者，佩服而不敢違也。① 小人則反是。

君子、小人，敬、肆之間而已矣。

孔子曰生而章

孔子曰："生而知之者上也，學而知之者次也；困而學之，又其次也；困而不學，民斯爲下矣。"

此章言人之氣質不同而勉之以學也。須認"知"是知箇甚？朱子《或問》云"天地之性……凡義理之當然"是也。②

孔子曰君子有章

孔子曰："君子有九思：視思明，聽思聰，色思溫，貌思恭，言思忠，事思敬，疑思問，忿思難，見得思義。"

此章朱子《或問》云："九思固各專其一，然隨其所當思而思焉，則亦泛然而無統矣。苟能以敬義爲主，戒懼慎獨，[23]而無頃刻之失。然後爲能，隨其所當思而思之矣。"③

《大全》陳氏曰："君子苟未至於不思而得，則當隨時隨處而各致其思，則處己待人、應事接物，無不各中其則矣。"④馮氏謂："九者，日

---

① 以上三畏，參見《四書大全・論語集注大全》卷一六《季氏第十六》。張栻所言。
② 參見《四書或問》卷二一《論語・季氏第十六》。
③ 參見《四書或問》卷二一《論語・季氏第十六》。黃榦所言。
④ 參見《四書大全・論語集注大全》卷一六。新安陳櫟所言。

用常行之要是也。"①

孔子曰見善章

孔子曰:"見善如不及,見不善如探湯。吾見其人矣,吾聞其語矣。隱居以求其志,行義以達其道。吾聞其語矣,未見其人也。"

首節知至意誠之士,故云:"顏、曾、閔、冉之徒,蓋能之矣。"《注》中"誠"字當玩。學者須要看"善""不善"三字明白。善者何？仁義禮智是也。不善者何？不仁不智,非禮非義是也。

二節體用兼全之人,故云:"惟伊尹、太公之流,可以當之。"玩《注》"守其所達之道""行其所求之志"可見體用一源。朱子又云:"隱居以求之,使其道充足""行所當爲,以達其所求之志。"[24]說二"以"字有力,蓋志固要求,然非伏處講求,不肯輕出,何以能求其志？道固要達,然非致君澤民,行所當爲,何以能達其道？學者須知志是箇甚？如何求之？道是何道？如何達之？總不出《大學》聖經一章。格物致知誠意正心,以修其身,便是求志;齊家治國平天下,便是達道。

齊景公章

齊景公有馬千駟,死之日,民無德而稱焉。伯夷叔齊餓于首陽之下,民到於今稱之。其斯之謂與?

《注》云:"人之所稱,不在於富,而在於異也。"異字非立異之謂,原在道德上説。仁人義士便是異於不仁不義者,孝子忠臣便異於不忠不孝者矣。看此章,景公千駟,身死而無可稱;夷齊餓死,歷久而名益彰。可見人之所重,不在於富貴而在於道德也。

陳亢問於章

陳亢問於伯魚曰:"子亦有異聞乎?"對曰:"未也。嘗獨立,鯉趨

---

① 參見《四書大全·論語集注大全》卷一六。宋儒馮椅所言。

而過庭。曰：'學詩乎？'對曰：'未也。''不學詩，無以言。'鯉退而學詩。他日，又獨立，鯉趨而過庭。曰：'學禮乎？'對曰：'未也。''不學禮，無以立。'鯉退而學禮。聞斯二者。"陳亢退而喜曰："問一得三，問詩，問禮，又問君子之遠其子也。"

陳亢說"異聞"二字，便是以私意窺聖人。玩大文伯魚之對，首曰："未也"，末云："聞斯二者"。中二段"獨立""他日，又獨立"，所聞止得《詩》《禮》，二者都是夫子平日雅言以教人者。趨庭時所聞不過如此，其無異聞可知。

邦君之妻章

邦君之妻，君稱之曰夫人，夫人自稱曰小童，邦人稱之曰君夫人，稱諸異邦曰寡小君；異邦人稱之亦曰君夫人。

此章有爲而言，蓋因當時或以妾母爲夫人、小君者多矣，故如此言之。"邦君之妻"一句爲冒頭，下皆承此句說。

君夫人猶言主夫人。

陽貨第十七

陽貨欲見章

陽貨欲見孔子，孔子不見，歸孔子豚。孔子時其亡也，而往拜之。遇諸塗。謂孔子曰："來！予與爾言。"曰："懷其寶而迷其邦，可謂仁乎？"曰："不可。——好從事而亟失時，可謂知乎？"曰："不可。——日月逝矣，歲不我與。"孔子曰："諾；吾將仕矣。"

此章可見聖人待小人之道。[①] 陽貨囚季桓子、專國政，設計以要聖人之見。孔子不見者，義也。而往拜者，禮也。必時其亡而往者，欲其稱也。不然，則墮小人之計矣。遇諸塗而不避者，不終絕也。隨

---

① 見《四書近指》卷一二《陽貨第十七》。

問而答者,理之直也。對而不辨者,言之孫而亦無所詘也。《集注》詳矣。君子不幸而遇小人,當以此爲法。

《大全》胡雲峰時中一段,極好。①

子曰性相章

子曰:"性相近也,習相遠也。"

此章《或問》言性詳矣。言習兼常變,亦盡《注》中"兼氣質而言"。"兼"字尤精。《大全》饒氏曰:"謂之相近,則是未免有此不同處,不可指爲本然之性。然其所以相近者,正以本然之性寓在氣質之中。雖隨氣質而各爲一性,而其本然者常爲之主,故氣質雖殊而性終不甚相遠也。此以本然之性兼氣質而言之也。"[25]

子曰唯上智章

子曰:"唯上知與下愚不移。"

此章程注備矣。② 本文"唯"字當玩。言止有這兩樣人不移,然天下豈盡是上智下愚,外此,鮮有不可移者,正見人不可不慎所習的意思。

子之武城章

子之武城,聞弦歌之聲。夫子莞爾而笑,曰:"割雞焉用牛刀?"子游對曰:"昔者偃也聞諸夫子曰:'君子學道則愛人,小人學道則易使也。'"子曰:"二三子!偃之言是也。前言戲之耳。"

---

① 見《四書大全·論語集注大全》卷一七《陽貨第十七》。胡炳文曰:"此一事耳,而見聖人一言一動,無非時中之妙。"

② 參見《四書章句集注·論語集注》卷九《陽貨第十七》。程子曰:"人本性善,有不可移者何也? 語其才則有下愚之不移。所謂下愚有二焉:自暴自棄也。人苟以善自治,則無不可移,雖昏愚之至,皆可漸磨而進也。惟自暴者拒之以不信,自棄者絶之以不爲,雖聖人與居,不能化而入也,仲尼之所謂下愚也。然其質非必昏且愚也,往往强戾而才力有過人者,商辛是也。聖人以其自絶於善,謂之下愚,然考其歸則誠愚也。"

此章以"學道"二字爲主。道者何？禮樂是也。《集注》《或問》皆指禮樂説。"君子學道，則有以養其仁心，故愛人；小人學道，則亦和順以服事其上，故易使。"①子游聞學道之訓於夫子，故其宰武城也。以禮樂爲教，邑人所以有弦歌之聲。夫子驟聞而深喜之，詞若有譏。及子游以正對，夫子復是其言而自實其戲，使二三子志之，欲以武城之治，達之天下也。

公山弗擾章

公山弗擾以費畔，召，子欲往。子路不説，曰："末之也，已，何必公山氏之之也？"子曰："夫召我者，而豈徒哉？如有用我者，吾其爲東周乎？"

此章要看"爲東周"三字。《注》云"興周道於東方"，蓋言興周公之治於魯也。周公之治，禮樂教化是也。孔子之志在爲東周，故因公山氏之召而欲往，然而卒不往者，知其終不能行也。

子張問仁章

子張問仁於孔子。孔子曰："能行五者于天下，爲仁矣。""請問之。"曰："恭，寬，信，敏，惠。恭則不悔，寬則得衆，信則人任焉，敏則有功，惠則足以使人。"

此章蓋因子張所不足而言耳。仁即吾心之天理。五者皆心之所由存，而理所由得也。行是五者，則心存而理得矣。於天下，言無適而不然，猶云無時而不然，無處而不然也。能如是，可謂仁矣。下因"請問"而言其目與其效耳。

佛肸召子欲往章

佛肸召，子欲往。子路曰："昔者由也聞諸夫子曰：'親於其身爲

---

① 參見《四書大全・論語集注大全》卷一七《陽貨第十七》。張栻所言。

不善者，君子不入也。'佛肸以中牟畔，子之往也，如之何？"子曰："然，有是言也。不曰堅乎，磨而不磷；不曰白乎，涅而不緇。吾豈匏瓜也哉？焉能繫而不食？"

《集注》張敬夫之言最善。①"不曰堅乎"二節，言人之不能免己而已，亦不當無用於世也。

子曰由也章

子曰："由也！女聞六言六蔽矣乎？"對曰："未也。""居！吾語女。好仁不好學，其蔽也愚；好知不好學，其蔽也蕩；好信不好學，其蔽也賊；好直不好學，其蔽也絞；好勇不好學，其蔽也亂；好剛不好學，其蔽也狂。"

此章重"好學"二字。《注》云："六言皆美德，然徒好之而不學以明其理，則各有所蔽。"謂不學則不知義理之輕重，權衡僅得其一偏而不見其全體也。如仁是美德，有以生人爲仁者，亦有以殺人爲仁者，如不明義理，但知生人之爲仁，而不知殺人之爲仁也，勢必失於兼愛，流於姑息。知、信等皆然，學者何謂效之師友之言行，求之方策之載記？務窮究其理之精微曲折，庶見其全體而不致流於一偏也。

子曰小子章

子曰："小子何莫學夫詩？詩，可以興，可以觀，可以羣，可以怨。邇之事父，遠之事君。多識於鳥獸草木之名。"

此章言學《詩》之益。首句喚醒小子當學《詩》，下皆言學《詩》之益，正見其所以當學也。句句當着箇"學"字。

---

① 參見《四書章句集注·論語集注》卷九《陽貨第十七》。張栻曰："子路昔者之所聞，君子守身之常法。夫子今日之所言，聖人體道之大權也。然夫子於公山佛肸之召皆欲往者，以天下無不可變之人，無不可爲之事也。其卒不往者，知其人之終不可變而事之終不可爲耳。一則生物之仁，一則知人之智也。"

子謂伯魚章

子謂伯魚曰："女爲《周南》《召南》矣乎？人而不爲《周南》《召南》，其猶正墻面而立也與？"

《注》云："'二南'所言皆修身齊家之事。"身家乃學者最切近底事，故夫子教伯魚以必學也。若不學，則至近之地，既無所見，况其遠者乎？至近之地尚不能行，况其遠者乎？

子曰禮云章

子曰："禮云禮云，玉帛云乎哉？樂云樂云，鐘鼓云乎哉？"

此欲用禮樂者深思其本也。《集注》詳矣。《或問》引《樂記》之言，①從上一層說來。本《注》以敬與和言，是就心上說。程子以序與和言，是就事上說。②

子曰色厲章

子曰："色厲而内荏，譬諸小人，其猶穿窬之盜也與？"

《注》"無實盜名，而常畏人知"，說盡若輩情狀。

子曰鄉原章

子曰："鄉原，德之賊也。"

《注》"似德非德，而反亂乎德"，一語盡之。

子曰道聽章

子曰："道聽而塗說，德之棄也。"

《注》"不爲己有"宜玩。才這裏聽得，到前頭就說了，焉能實有

---

① 參見《四書或問》卷二二《論語·陽貨第十七》："天高地下，萬物散殊，而禮制行矣；流而不息，合同而化，而樂行焉者。"

② 參見《四書或問》卷二二。朱子曰："但此章之旨，則當以程子之說爲當。"

諸己。

朱子曰:"此二章'賊'字、'棄'字,說得重而有力。"①

上章"德"字以道理之正言,此章"德"字以行道有得於心者言。

子曰鄙夫章

子曰:"鄙夫可與事君也與哉?其未得之也,患得之。既得之,患失之。苟患失之,無所不至矣。"

夫子"患得患失,無所不至"八字,說盡千古鄙夫情狀。

《注》"吮癰舐痔""弑父與君"說盡千古鄙夫患失行徑。

子曰古者章

子曰:"古者民有三疾,今也或是之亡也。古之狂也肆,今之狂也蕩;古之矜也廉,今之矜也忿戾;古之愚也直,今之愚也詐而已矣。"

《注》"昔所謂疾"數語,大旨盡矣。

子曰惡紫章

子曰:"惡紫之奪朱也,惡鄭聲之亂雅樂也,惡利口之覆邦家者。"

凡天下真非不足以惑人,惟似是而非者最能惑人。② 紫非朱而似朱,則能奪朱。鄭聲非雅樂而似雅樂,則能亂雅樂。利口之人,舌端變化,以是爲非、以非爲是,故足以覆邦家,其可惡孰甚焉?

《注》釋"利口"曰"捷給"。捷則顛倒是非於片言之間,使人悦而信之,有不暇於致詳者,視佞爲尤甚,故覆之之禍立見,有甚於殆焉者矣。③

子曰予欲章

子曰:"予欲無言。"子貢曰:"子如不言,則小子何述焉?"子曰:

---

① 參見《朱子語類》卷四七《論語二十九·陽貨篇》。
② 參見《四書大全·論語集注大全》卷一七《陽貨第十七》。陳櫟所言。
③ 參見《四書大全·論語集注大全》卷一七《陽貨第十七》。胡炳文所言。

"天何言哉？四時行焉，百物生焉，天何言哉？"

《或問》詳矣。

明薛文清解《注》中"莫非天理"數語最透。

"四時行，百物生。莫非天理發見流行之實，所謂天理即元亨利貞是也。聖人一動一靜，莫非妙道精義之發。[26]所謂妙道精義，即仁義禮智是也。在天爲天理，在聖人爲妙道精義，其理一也。"

"天理發見於四時百物，[27]不待言而可見。妙道精義著見於聖人之一動一靜，又豈待言而後顯哉？"

"學者多以言語觀聖人，而不察其天理流行之實。有不待言而顯者。[28]是以徒得其言，而不得其所以言。蓋能得其所以言，則於聖人之言仁，便知聖人身上何者是仁。言義便知聖人身上何者是義。以至聖人凡所言之理，皆於聖人身上求其實，則天理流行之實有不待言而著者，可默識矣！"今學者不得親見聖人，當於《論語》二十篇體認何者是仁，何者是義禮智信，斯得之矣。

孺悲欲見章

孺悲欲見孔子，孔子辭以疾。將命者出戶，取瑟而歌，使之聞之。

此見聖人義盡仁至處。辭以疾者，義不當見也。歌瑟使聞者，仁不容絕也。

宰我問三章

宰我問："三年之喪，期以久矣。君子三年不爲禮，禮必壞；三年不爲樂，樂必崩。舊穀既没，新穀既升，鑽燧改火，其可已矣。"子曰："食夫稻，衣夫錦，於女安乎？"曰："安。""女安，則爲之！夫君子之居喪，食旨不甘，聞樂不樂，居處不安，故不爲也。今女安，則爲之！"宰我出。子曰："予之不仁也！子生三年，然後免於父母之懷。夫三年之喪，天下之通喪也。予也有三年之愛於其父母乎！"

三年之喪，先王中正之制也。若論君子有終身之喪，故忌日不樂。宰我學於聖門,而有短喪之問,過矣! 夫子先説一"安"字,後説"不仁"二字。蓋心不安處,便是不忍之心,仁也;心安處,便是忍心害理,不仁也。《注》云:"欲宰我反求諸心,自得其所以不忍者。""又發其不忍之端,以警其不察。"

"深探其本而斥之",又言君子所以不忍於其親,"或能反求而終得其本心",宜細玩。范氏之説得之。①

子曰飽食章

子曰:"飽食終日,無所用心,難矣哉! 不有博弈者乎? 爲之,猶賢乎已。"

《集注》李氏之説精矣。②

子路曰君子章

子路曰:"君子尚勇乎?"子曰:"君子義以爲上。君子有勇而無義爲亂,小人有勇而無義爲盜。"

子路好勇,故以尚勇爲問。"義"字乃是對病之藥。"義以爲上",不言勇,而勇在其中矣。尹氏得之。③

子貢曰君子章

子貢曰:"君子亦有惡乎?"子曰:"有惡:惡稱人之惡者,惡居下流而訕上者,惡勇而無禮者,惡果敢而窒者。"曰:"賜也亦有惡乎?""惡徼以爲知者,惡不孫以爲勇者,惡訐以爲直者。"

---

① 參見《四書章句集注·論語集注》卷九《陽貨第十七》。范祖禹言:"喪雖止於三年,然賢者之情則無窮也。特以聖人爲之中制而不散過,故必俯而就之。非以三年之喪,爲足以報其親也。所謂三年然後免於父母之懷,特以責宰我之無恩,欲其有以跂而及之爾。"

② 見《四書章句集注·論語集注》卷九《陽貨第十七》。李郁所言。李氏曰:"聖人非教人博弈也,所以甚言無所用心之不可爾。"

③ 參見《四書章句集注·論語集注》卷九《陽貨第十七》。尹焞曰:"義以爲尚,則其勇也大矣。子路好勇,故夫子以此救其失也。"

夫子所惡是顯然悖理者，子貢所惡是隱然亂德者，《注》解分明。"勇"是就血氣争强上説，"果敢"是就作事上説。

子曰惟女子章

子曰："唯女子與小人爲難養也，近之則不孫，遠之則怨。"

"近之""遠之"二句，正是説小人難養處。《集注》"莊以涖之"二句，是説所以養之之道。

子曰年四十章

子曰："年四十而見惡焉，其終也已。"

此章爲年至四十，尚有可惡之實，而得罪於能惡人者言也。《集注》："止於此而已，勉人及時遷善改過也。""止於此"三字、"及時"二字宜細玩。

微子第十八

微子去之章

微子去之，箕子爲之奴，比干諫而死。孔子曰："殷有三仁焉。"

《注》："三人之行不同"，謂或去或奴或死，"而同出於至誠惻怛之意。"謂去以存宗祀，死以盡臣節。奴者不忍棄其君，至誠惻怛，蓋謂愛君憂國，皆非有所爲而爲也。一有所爲而爲之，則雖有惻怛之意，而非出於至誠矣。惟其至誠，則其去就死生雖不同，而皆不咈乎愛之理，即所以全其心之德也。朱子《集注》《或問》及《大全》胡氏之説詳矣。[1]

---

[1] 朱子及胡炳文之言，"所以全心之德而謂之仁"可概括。《四書大全·論語集注大全》卷一八《微子第十八》，胡氏曰："至誠惻怛蓋謂三仁，愛君憂國皆非有所爲而爲也""愛之理，即所以全其心之德也。"

柳下惠爲章

柳下惠爲士師，三黜。人曰："子未可以去乎？"曰："直道而事人，焉往而不三黜？枉道而事人，何必去父母之邦？"

此見惠之和而介也。《集注》盡之。愚謂和，仁也。介，義也。

齊景公待章

齊景公待孔子，曰："若季氏，則吾不能；以季、孟之間侍之。"曰："吾老矣，不能用也。"孔子行。

《注》"特以不用而去"①得其旨矣。

齊人歸女章

齊人歸女樂，季桓子受之。三日不朝，孔子行。

《注》"簡賢棄禮，不足有爲"[29]數語盡之。

寵按：吾夫子悲天憫人，本欲行道濟世，在當時人主實能用之，方可與之有爲。齊不能用，而魯不足與有爲，此夫子所以決於行也。

楚狂接輿章

楚狂接輿歌而過孔子曰："鳳兮！鳳兮！何德之衰？往者不可諫，來者猶可追。已而，已而！今之從政者殆而！"孔子下，欲與之言。趨而避之，不得與之言。

《注》"欲告之以出處之意"能見大意。楚狂略見出處大義，聖人得出處之時中。

長沮桀溺章

長沮、桀溺耦而耕，孔子過之，使子路問津焉。長沮曰："夫執輿者爲誰？"子路曰："爲孔丘。"曰："是魯孔丘與？"曰："是也。"曰："是知

---

① 參見《四書章句集注·論語集注》卷九《微子第十八》。程子所言。

津矣。"問於桀溺。桀溺曰："子爲誰?"曰："爲仲由。"曰："是魯孔丘之徒與?"對曰："然。"曰："滔滔者天下皆是也,而誰以易之? 且而與其從辟人之士也,豈若從辟世之士哉?"耰而不輟。子路行以告。夫子憮然曰："鳥獸不可與同羣,吾非斯人之徒與而誰與? 天下有道,丘不與易也。"

　　本文"天下有道,丘不與易也"二語最重。《注》"天下若已平治"數句及程子、張子之言深得其旨。① 胡雲峰曰："聖人不敢有忘天下之心,則沮、溺忘天下者也。聖人之仁,不以無道必天下而棄之,則沮、溺棄天下者也。仁者以天地萬物爲一體,民胞物與,何忍忘之,又何忍棄之。"② 此説發明最暢。

子路從而章

　　子路從而後,遇丈人,以杖荷蓧。子路問曰："子見夫子乎?"丈人曰："四體不勤,五穀不分。孰爲夫子?"植其杖而芸。子路拱而立。止子路宿,殺雞爲黍而食之,見其二子焉。明日,子路行以告。子曰："隱者也。"使子路反見之。至,則行矣。子路曰："不仕無義。長幼之節,不可廢也;君臣之義,如之何其廢之? 欲潔其身,而亂大倫。君子之仕也,行其義也。道之不行,已知之矣。"

　　丈人以隱爲高,便是"不仕無義"。夫子於子路輩周流不已,便是"行義"。蓋君臣之義,無所逃於天地之間,仕所以行君臣之義。故雖知道之不可行而不廢君子之仕也。"仕"字不作已仕説。

逸民伯夷章

　　逸民:伯夷、叔齊、虞仲、夷逸、朱張、柳下惠、少連。子曰："不降其志,不辱其身,伯夷、叔齊與!"謂"柳下惠、少連,降志辱身矣,言中

---

　　① 參見《四書章句集注·論語集注》卷九《微子第十八》。程顥曰："聖人不敢有忘天下之心,故其言如此也。"張載曰："聖人之仁,不以無道必天下而棄之也。"
　　② 參見《四書大全·論語集注大全》卷十八《微子第十八》。胡炳文所言。

倫,行中慮,其斯而已矣。"謂"虞仲、夷逸,隱居放言,身中清,廢中權。我則異於是,無可無不可。"

此章見聖人之時中,無可無不可。不是泛論道理,只就仕隱上説,方與《注》中"仕""止""久""速"意相合,亦與"異於逸民"處相關切。

太師摯適齊章①

大師摯適齊,亞飯干適楚,三飯繚適蔡,四飯缺適秦,鼓方叔入於河,播鼗武入於漢,少師陽、擊磬襄入於海。

此章《集注》張子之説得之。②

周公謂魯章

周公謂魯公曰:"君子不施其親,不使大臣怨乎不以。故舊無大故,則不棄也。無求備於一人!"

《注》:"四者皆君子之事,忠厚之至也。"愚謂立國根本在此。

周有八士章

周有八士:伯達、伯适、仲突、仲忽、叔夜、叔夏、季隨、季騧。

《注》:"記善人之多也。"③周室人才不止此,此則萃於一家者,尤見其爲盛矣。總注亦宜玩。

子張篇第十九

子張曰士章

子張曰:"士見危致命,見得思義,祭思敬,喪思哀,其可已矣。"

---

① 此章中"大"通"太"。
② 參見《四書章句集注·論語集注》卷九《微子第十八》,張載曰:"周衰樂廢,夫子自衛反魯,一嘗治之。其後伶人賤工識樂之正。及魯益衰,三桓僭妄,自大師以下,皆知散之四方,逾河蹈海以去亂。聖人俄頃之助,功化如此。如有用我,豈虛語哉?"
③ 參見《四書章句集注·論語集注》卷九《微子第十八》,張子所言。

《注》"四者立身之大節"謂世間惟利害最重,今見害不苟去,見利不苟就。世間惟喪、祭最重,今祭能思敬,喪能思哀,則大節無虧,其亦可矣。《注》又云"一有不至,則餘無足觀",俱是陰補子張言意太急處,恐後之學者遂以此爲極至也。

子張曰執章

子張曰:"執德不弘,信道不篤,焉能爲有?焉能爲亡?"

此章《注》最明白。"執德不弘"句,《或問》更詳。

子夏之門人章

子夏之門人問交於子張。子張曰:"子夏云何?"對曰:"子夏曰:'可者與之,其不可者拒之。'"子張曰:"異乎吾所聞:君子尊賢而容衆,嘉善而矜不能。我之大賢與,於人何所不容?我之不賢與,人將拒我,如之何其拒人也?"

此章《或問》云:"初學大略,當如子夏之言,然於不可者,亦疏之而已,拒之則害乎交際之道。成德大略,當如子張之説,然於其有大故者,亦不得而不絕也。以是處之,其庶幾乎!"[1]

子夏曰雖小道章

子夏曰:"雖小道,必有可觀者焉;致遠恐泥,是以君子不爲也。"
此章《或問》詳矣。

子夏曰日章

子夏曰:"日知其所亡,月無忘其所能,可謂好學也已矣。"
《注》"日新不失"四字盡之。須知所學者何事。

---

[1] 參見《四書或問》卷二四《論語·子張第十九》。

子夏曰博章

子夏曰："博學而篤志，切問而近思，仁在其中矣。"

《注》"心不外馳，而所存自熟"句最精。《大全》黄勉齋一段發明最好。[1] 篤志只是至誠懇切以求之。

子夏曰百工章

子夏曰："百工居肆以成其事，君子學以致其道。"

《集注》："二説相須，其義備矣。"學者要知所學何事？如何方爲致道？實下工夫始得。

子夏曰人小章

子夏曰："小人之過也必文。"

《集注》盡之。

子夏曰君子章

子夏曰："君子有三變：望之儼然，即之也温，聽其言也厲。"

謝氏曰"君子非有意於變"也，[30]仁義禮智根於心，其生色也自然如此。

儼然者，貌莊禮恭，如泰山喬嶽，無一毫輕浮之態也。温者，氣温色和，如春風遲日，無稜厲之色也。厲者，詞之確，是是非非確乎不易之義也。《注》"并行不悖"，尤宜深玩。

---

[1] 參見《四書大全·論語集注大全》卷十九《子張第十九》，黄榦所言。黄氏曰："《集注》初本，謂'心不外馳，而事皆有益'，蓋以博篤切近爲心不外馳，學志問思爲事皆有益。夫以學志問思爲有益於事，乃是有所求而得之，不可以爲求此而得彼也。後乃以所存自熟易之，則專主於心之所存而言。人惟無所用其心，則其心放逸而不收。學之博，則此心常有所繫著而不放逸矣。人惟所志，苟簡而不堅也，則其心泛濫而不一，志之篤，則此心常有定向而不泛濫矣。問不切、思不近，則其所用心，皆在吾身之外矣。切問近思，則皆求其在己者，而無復外馳之患矣。人不能盡此四者，則雖學問思辨之事，而自有得夫操存涵養之效，所以謂仁在其中矣。"

子夏曰君子信章

子夏曰："君子信而後勞其民；未信，則以爲厲己也。信而後諫；未信，則以爲謗己也。"

此君子指士大夫言，是上有君下有民者。《注》："誠意交孚"句宜深玩。必至誠惻怛之意素孚於君民，而君民信之，然後不得已而勞，不得已而諫也。不然，鮮不以爲厲、謗矣。

子夏曰大德章

子夏曰："大德不逾閑，小德出入可也。"

此章用之觀人則可。①

子游曰子夏章

子游曰："子夏之門人小子，當洒掃應對進退，則可矣，抑末也。本之則無，如之何？"子夏聞之，曰："噫！言游過矣！君子之道，孰先傳焉？孰後倦焉？譬諸草木，區以別矣。君子之道，焉可誣也？有始有卒者，其爲聖人乎！"

此章《集注》詳矣。《或問》發明程子之意極完密。② 二君子之道，"道"字是君子教人之道，勿錯認。

子夏曰仕章

子夏曰："仕而優則學，學而優則仕。"

《集注》盡之。

子游曰喪章

子游曰："喪致乎哀而止。"

---

① 參見《四書大全·論語集注大全》卷十九《子張第十九》。饒魯所言。
② 參見《四書或問》卷二四《論語·子張第十九》。程顥所言。

子游恐人事末忘本,故爲此言。

子游曰吾友章

子游曰:"吾友張也爲難能也,然而未仁。"

《集注》"行過高"解難能少,"誠實惻怛"解未仁。"過"字、"少"字有斟酌。

曾子曰堂章

曾子曰:"堂堂乎張也,難與并爲仁矣。"

《集注》"不可輔而爲仁"二語解"并"字好。難能以才言,堂堂以貌言。

曾子曰吾章

曾子曰:"吾聞諸夫子:人未有自致者也,必也親喪乎!"

《集注》"人之真情所不能自已"及尹氏"親喪自盡"之言得曾子此章正意。末二句,則推曾子之意,以責夫人之當然而不然者耳,是餘意,《或問》詳矣。

曾子曰吾章

曾子曰:"吾聞諸夫子:孟莊子之孝也,其他可能也;其不改父之臣與父之政,是難能也。"

《注》"獻子有賢德"句當玩。

孟氏使陽膚章

孟氏使陽膚爲士師,問於曾子。曾子曰:"上失其道,民散久矣。如得其情,則哀矜而勿喜。"

此章《集注》字字當細玩。①

---

① 孟氏使陽膚爲士師,問於曾子。曾子曰:"上失其道,民散久矣。如得其情,則哀矜而勿喜。"

子貢曰紂之章

子貢曰："紂之不善,不如是之甚也。是以君子惡居下流,天下之惡皆歸焉。"

《集注》:"欲人常自警省"數語盡之。

子貢曰君子章

子貢曰:"君子之過也,如日月之食焉;過也,人皆見之;更也,人皆仰之。"

此見君子有過,何等光明正大。與小人文過者,不啻天淵。

衛公孫朝章

衛公孫朝問於子貢曰:"仲尼焉學?"子貢曰:"文武之道,未墜於地,在人。賢者識其大者,不賢者識其小者。莫不有文武之道焉。夫子焉不學?而亦何嘗師之有?"

此章要看"學"字明白。學是從學之學。朝問焉學,疑其有常師也。子貢曰:"夫子焉不學?"二語針縫相對,此章《集注》"謨訓功烈,與凡周之禮樂文章",解"道"字最確。若認作道體,便與本文不合。

叔孫武叔章

叔孫武叔語大夫於朝,曰:"子貢賢於仲尼。"子服景伯以告子貢。子貢曰:"譬之宮牆,賜之牆也及肩,窺見世家之好。夫子之牆數仞,不得其門而入,不見宗廟之美,百官之富。得其門者或寡矣。夫子之云,不亦宜乎!"

賢人近而易見,聖人遠而難知。子貢譬喻最善。

叔孫武叔章

叔孫武叔毀仲尼。子貢曰:"無以爲也,仲尼不可毀也。他人之賢者,丘陵也,猶可踰也;仲尼,日月也,無得而踰焉。人雖欲自絕,其何傷于日月乎？多見其不知量也！"

《集注》:"日月,喻其至高。"[31]高字最確。

陳子禽謂章

陳子禽謂子貢曰:"子爲恭也,仲尼豈賢于子乎？"子貢曰:"君子一言以爲知,一言以爲不知,言不可不慎也。夫子之不可及也,猶天之不可階而升也。夫子之得邦家者,所謂立之斯立,道之斯行,綏之斯來,動之斯和。其生也榮,其死也哀,如之何其可及也。"

《注》"大可爲,化不可爲",欲知大處、化處。實際當看孟子論樂正子一章,①及上論"吾十有五"章,②大乃思勉之所可及,化則非思勉之所可及矣。"得邦家"節,特以其感人者言之耳。"立""道""綏""動",不出教養二事,四"斯"字見聖人感應之妙,神速不測也。上節《注》中"化"字以聖人之德言,下節《注》中"神化"字以聖人之業言。下節"化"字卻從上節"化"字來。聖人事業,觀其爲魯司寇,攝行相事三月,而魯大治,可見聖人神速處。惜乎未得邦家而久治之耳！《大全》黃勉齋"天之德不可形容"[32]一段亦好。"得邦家"是權柄在我,與苟有用我,"用"字一例當重看。

堯曰篇第二十

堯曰咨爾章

堯曰:"咨！爾舜！天之曆數在爾躬。允執其中。四海困窮,天祿永終。"舜亦以命禹。曰:"予小子履敢用玄牡,敢昭告于皇皇后帝:有罪不敢赦。帝臣不蔽,簡在帝心。朕躬有罪,無以萬方;萬方有罪,

---

① 出《孟子·盡心下》:"充實之謂美,充實而有光輝之謂大,大而化之之謂聖,聖而不可知之之謂神。"

② 出《論語·爲政》。

罪在朕躬。"周有大賚,善人是富。"雖有周親,不如仁人。百姓有過,在予一人。"謹權量,審法度,修廢官,四方之政行焉。興滅國,繼絕世,舉逸民,天下之民歸心焉。所重:民、食、喪、祭。寬則得衆,信則民任焉,敏則有功,公則說。

　　首節"允執其中"句最重。蓋天地間,事事物物皆有至當恰好底道理。信能執之,凡用人行政自無過、不及之差,則四海蒙休而天祿可常保矣。

　　舜命禹,又添"人心惟危,道心惟微,惟精惟一"三句,是"允執其中"以前事,是教禹做工夫處。須是如此做工夫,方能允執其中。

　　曰"予小子"節,"前段重在命德討罪上。蓋命討者,天下之大事、人君之大柄,但使功罪各當,則天下之大事了矣。後段重在自責上。蓋君道之修否、生民之休戚、國家之治亂、天祿之存亡,全在自治與不能自治之間。故曰:'禹湯罪己,其興也勃焉;[33] 桀紂罪人,其亡也忽焉。'"

　　富善人,所以抑小人而彰有德。行,大賞也。過。責也。民皆責我不正商,故伐商,以舉大罰也。

　　權量、法度、官職,皆王政之大者。"紂爲不道,官府所用以取民者,必過其則,而民間交易亦必失其常矣。武王得天下,遂於是致謹,凡在官與在民者,取而較之,革其過中之弊,歸之中正之則也。紂爲不道,欲敗度、縱敗禮,官府之禮樂制度廢墜多矣,則取而研審之,何者爲過?何者爲不及?可損者損,可益者益,可因者因,可革者革,悉去其過、不及之弊,一歸之義理之中也。紂爲不道,剝喪元良,百官之職隳廢者多矣。於是重新修理,選賢任能。[34] 昔之有而今之無者復之,昔之賢而今之不肖者則易之,[35] 在官百職,一時盡舉,無復向日隳廢之患也。"由是王政行於四方矣。

　　"滅國絕世,其先世皆有大功德於民,孰不欲存其後耶?逸民有德有才,正所當明揚者,又孰不欲其顯耶?"興之、繼之、舉之,合乎民心之所欲,此所以天下之民歸心也。

食以養生，分田制里所以重之也。喪以送死，衣衾棺槨所以重之也。祭以追遠，春秋享祀所以重之也。

二帝三王之爲治如此，總之不出乎寬、信、敏、公四者之道焉。

子張問於孔子章

子張問於孔子曰："何如斯可以從政矣？"子曰："尊五美，屏四惡，斯可以從政矣。"子張曰："何謂五美？"子曰："君子惠而不費，勞而不怨，欲而不貪，泰而不驕，威而不猛。"子張曰："何謂惠而不費？"子曰："因民之所利而利之，斯不亦惠而不費乎？擇可勞而勞之，又誰怨？欲仁而得仁，又焉貪？君子無衆寡，無小大，無敢慢，斯不亦泰而不驕乎？君子正其衣冠，尊其瞻視，儼然人望而畏之，斯不亦威而不猛乎？"子張曰："何謂四惡？"子曰："不教而殺謂之虐；不戒視成謂之暴；慢令致期謂之賊；猶之與人也，出納之吝謂之有司。"

此吾夫子爲政之道也。本文明白詳備。《或問》引謝、胡、楊氏見精義之言極透。①

子曰不知章

子曰："不知命，無以爲君子也；不知禮，無以立也；不知言，無以知人也。"

此章《或問》詳矣。其引謝、楊、尹、胡之言尤爲更詳盡。②

此"命"字以氣言，此"禮"字以禮文言。"爲君子"與上論首篇以成德言不同。

學者必知斯三者，然後可以成德。

【校勘記】

［1］所謂大本者不失：《連理堂重訂四書存疑》卷七《衛靈公第十五》作"所謂一者不失"。

---

① 參見《四書或問》卷二五《論語·堯曰第二十》，《或問小注·論語·堯曰第二十》。
② 參見《四書或問》卷二五《論語·堯曰第二十》，《或問小注·論語·堯曰第二十》。

［2］心中憒憒：《連理堂重訂四書存疑》卷七《衛靈公第十五》作"心中瞶瞶"。

［3］真積力久：《連理堂重訂四書存疑》卷七《衛靈公第十五》作"負積力久"。

［4］一旦豁然貫通：此句《連理堂重訂四書存疑》卷七《衛靈公第十五》無。

［5］萬物萬事之理：《連理堂重訂四書存疑》卷七《衛靈公第十五》作"萬殊一本之理"。

［6］實見得之：《四書大全·論語集注大全》卷一五《衛靈公第十五》作"實理得之"。"實理者，實見得是，實見得非也。"

［7］平常應事：原作"平日應事"，據《四書大全·論語集注大全》卷一五《衛靈公第十五》、《朱子語類》卷四五《論語第二十七·衛靈公篇》改。

［8］爲萬事立此法也：《四書大全·論語集注大全》卷一五《衛靈公第十五》作"爲百王立此法也"。

［9］略說四件事：《四書大全·論語集注大全》卷一五《衛靈公第十五》作"略說四件"。

［10］餘事皆可依做此而推行之耳：《四書大全·論語集注大全》卷一五《衛靈公第十五》作"則餘事皆可依做此而推行之耳"。

［11］而凡人之思慮貴審：《四書集注闡微直解》卷一一《衛靈公十五》作"而夫人之思慮貴審"。

［12］"責己重""責人輕"：《四書蒙引 附別錄·四書蒙引》卷八作"責己厚""責人薄"。

［13］必禮以行之：《四書章句集注·論語集注》卷八《衛靈公第十五》作"則禮以行之"。程子所言。

［14］蓋欲知要也：《四書章句集注·論語集注》卷八《衛靈公第十五》作"可謂知要矣"。尹焞所言。

［15］不能改過者之詞：《四書或問》卷二〇《論語·衛靈公第十五》作"不能改過之辭"。

［16］低心遜志：此句《四書蒙引 附別錄·四書蒙引》卷八《衛靈公第十五》、《四書朱子異同條辨·論語卷》卷一五《衛靈公第十五》無此句。

［17］發明內外本末之意：《四書或問》卷二〇《論語·衛靈公第十五》作"發明內外本末之序"。

［18］知及仁守：《四書或問》卷二〇《論語·衛靈公第十五》作："仁能守之"。

［19］仁守之如意誠：原作"仁守如意誠"，據《四書大全·論語集注大全》卷一五《衛靈公第十五》、《朱子語類》卷四五《論語二十七·衛靈公篇》改。

［20］而不知勇於有爲者發：原作"而不知勇於爲仁者發"，據《四書或問》卷二〇《論語·衛靈公第十五》、《四書大全·論語集注大全》卷一五《衛靈公第十五》改。

［21］子以爲：原作"子曰"，據《四書大全辯·論語卷》卷一五《衛靈公第十五》、《四書講義尊聞錄》卷一一《衛靈公第十五》改。

［22］不勤兵於遠：《四書章句集注·論語集注》卷八《季氏第十六》作"不當勤兵於遠"。

［23］戒懼慎獨：原作"戒謹恐懼"，據《四書或問》卷二一《論語·季氏第十六》、《四書大全·論語集注大全》卷一六《季氏第十六》改。

［24］行所當爲：原作"行所當行"，據《四書大全·論語集注大全》卷一六《季氏第十六》、《朱子語類》卷四六《論語二十八·季氏篇》改。
［25］此以本然之性兼氣質而言之也：《四書大全·論語集注大全》卷一七《陽貨第十七》作"此是以本然之性兼氣質而言之"。饒魯所言。
［26］莫非妙道精義之發：薛瑄《讀書錄 讀書續錄·讀書續錄》卷一作"莫非妙道精義之著"，《四書章句集注·論語集注》卷九《陽貨第十七》同《反經錄》。
［27］天理發見於四時百物：《讀書錄 讀書續錄·讀書續錄》卷一作"天理發見流行於四時行，百物生"。
［28］有不待言而顯者：《四書章句集注·論語集注》卷九《陽貨第十七》作"有不待言而著者"，《讀書錄 讀書續錄·讀書錄》卷九同《反經錄》。
［29］不足有爲：《四書章句集注·論語集注》卷九《微子第十八》作"不足與有爲可知"。
［30］謝氏：原作尹氏，據《四書章句集注·論語集注》卷十《子張第十九》、《四書大全·論語集注大全》卷十九《子張第十九》改。謝氏，即謝良佐。
［31］喻其至高：原作"喻其高"，據《四書章句集注·論語集注》卷十《子張第十九》、《四書大全·論語集注大全》卷十九《子張第十九》改。
［32］天之德不可形容：原作"天之德不可言語形容"，據《四書大全·論語集注大全》卷一九《子張第十九》、《四書通·論語通》卷十《子張第十九》改。黃榦曰："天之德不可形容，即其生物而見其造化之妙；聖人之德不可形容，即其感人而見其神化之速。"
［33］其興也勃焉：原作"其興也渤焉"，據《呂氏春秋》卷一《孟春紀第一·重己》，《四書蒙引附別錄·四書蒙引》卷八改。
［34］選賢與能：《連理堂重訂四書存疑》卷七《堯曰第二十》無此句。
［35］昔之賢而今之不肖者則易之：《連理堂重訂四書存疑》卷七《堯曰第二十》無此句。

卷之五　小學大學中庸兩孟指要

小　學

聖賢千言萬語，只是教人盡其性而已。

朱子《小學題辭》最好，下學上達事包括在内。

《小學·内篇》首述子思之言，明立教之本原也。

教修乎道，道不外乎君臣、父子、夫婦、昆弟、朋友也。

道率於性，性者，仁義禮智信也。性命於天。天道者，元亨利貞是也。在天爲元亨利貞，在人爲仁義禮智。天之元亨利貞，無一理之不實，則爲誠；人之仁義禮智，無一德之不實，則爲信。故五常有時不言信，則信在其中矣。

率此性而見於父子之親，即仁之道也；率此性而見於君臣之義，即義之道也；率此性而見於夫婦之别，即智之道也；率此性而見於長幼之序，即禮之道也；率此信而見於朋友之交，即信之道也。

《小學》明父子之親，所以豫養吾性之仁也，而仁之道在是矣；明君臣之義，所以豫養吾性之義也，而義之道在是矣；明夫婦之别，所以豫養吾性之智也，而智之道在是矣；明長幼之序，所以豫養吾性之禮也，而禮之道在是矣；明朋友之信，所以豫養吾性之信也，而信之道在是矣。

《小學》正是教人豫養此性，後來到得盡性至命地位，其理亦不外是。

《小學·敬身》首引孔子之言："君子無不敬也，敬身爲大。身也者,親之枝也,敢不敬與? 不能敬其身是傷其親,傷其親是傷其本,傷其本,枝從而亡。"① 蓋親親,仁也。傷其親是爲不仁,不仁則不義無禮無智矣。

許文正公曰:"惟敬身,故於父子、君臣、夫婦、長幼、朋友之間,無施而不可。此古人修身必本於敬也。"[1]

稽古者見古人之行事,不出乎此也。

嘉言者言此者也,善行者行此者也。

大　學

《大學》只是教人盡其性,以盡人之性而已。

讀《大學》先要認箇"明明德"。明德者何? 即心統性情是也。②

明德二字,張子"心統性情"一句説盡。《注》"虛靈不昧",即心也。"具衆理,即統性;應萬事,即統情。"③ 何謂衆理,即仁義禮智之性是也。何謂萬事,即父子之親、君臣之義、夫婦之別、長幼之序、朋友之信是也。

人有心即具有仁義禮智信之性,惻隱、羞惡、辭讓、是非之情。萬理萬事皆由此出。所謂明德也,人能明了。明德則性盡,是以遇父則孝、遇君則忠,以至應事接物無不當理。至於新民,亦只是使人各親其親、各長其長、各全其性,分之固有,盡其職分之當然而已。

《大學》"止至善",發明前聖所未發,明德、新民,必止至善,方是聖賢之學,方是帝王之治。

格物致知是《大學》起頭工夫。格物須先從身心切近處格起,以至日用倫常,應事接物。凡天地之大、古今之變,須一一窮其所當然,并窮其所以然。循序漸進,真積力久,自有豁然貫通處。

---

① 參見《十三經注疏·禮記正義》卷五〇《經解第二十六》。
② 參見《西山讀書記》卷二《氣質之性·性情心》。張載所言。
③ 參見《四書講義》卷四二《孟子十三·盡心上》。

讀書是格物致知第一義。先讀《小學》，以正其基本。次讀《大學》，以定其規模。次讀《語》《孟》《中庸》。又次讀《五經》及《性理大全》、朱子《綱目》諸書。須句句在人倫日用間體驗，勿作一場話説。久之，自覺聖賢千言萬語都是吾性分之固有，職分之當爲。如此，方可謂之讀書，方可謂之格物。

誠意是善惡關頭。過得此關，方是真實爲善，方成君子。過不得此關，終是惡，終是小人。

慎獨是誠意最緊要工夫。此處一錯，更無可説。朱子小注"審幾"二字最精。天理、人欲分界處在此，學者當於此處看破，真實着力去爲善去惡，始得。

到得誠意後，須要敬以直内，虛以應物，時加省察工夫，心方能正，身方能修，然後可以齊家。故忿懥等之有所，親愛等之偏病，都在失之不察，是以心不正而身不修也，又何以齊其家哉？

齊家只是要正倫理、篤恩義。其大端不外孝、弟、慈三者。至於治國、平天下，只是推己以及人，由近以及遠，使之各得其心，各盡其道而已。

治國平天下，其施有先後，而其理則一也。

孝弟慈是教化絜矩，是就政事上説。

絜矩大要，"務在與民同好惡而不專其利"①。蓋財者，生人之命。生養不遂，則教化無所施，是以古帝王爲政皆先養而後教。孔子與子貢言政，先曰"足食"，②與冉有論保庶之道，先曰"富之"，而後曰"教之"。③ 孟子告齊、梁、滕文諸君，皆先養而後教。誠以財者，生民之根本，治平之先務，不可一日而緩者。

進賢，退不肖是治平大綱。用得賢人，在位者皆是君子，則財理而教化可興。用得不肖，在位者皆是小人，則財盡民窮，而灾害并至

---

① 參見《四書大全·大學章句大全》。
② 出自《論語·顏淵》篇。
③ 出自《論語·爲政》篇。

矣。何言教化哉？

章内三言得失而終決其幾於君心者，探本之論也。所謂"有天德，然後可以行王道也"。

真西山曰："爲人君者，不可以不知《大學》，人君而不知《大學》，則無以清出治之源；爲人臣者，不可以不知《大學》，人臣而不知《大學》，則無以盡正君之法。"①至哉言矣。讀《大學》只將朱子《章句》《或問》熟讀精思，道理儘有餘也。

《大學》是箇大規模。通《大學》後，須將《語》《孟》《中庸》、"六經"來填實他。

真西山《衍義》一書，採輯經史，發明格物致知之功、正心誠意之要、修身齊家之事，節目詳明，有志《大學》者不可不讀。

丘瓊山《衍義補》載理財用人事甚詳。② 讀者擇其精要，因時制宜，則萬目俱張矣。

曾子以"忠恕"③解一貫。讀《大學》可見修身以上所以體忠也，齊家以下所以推此恕也。一貫之道，豈外是乎哉？

《大學》傳中多言好惡，看來天下只有善惡兩途。"善者，天命所賦之本然"，④發於義理之公，即堯舜所謂道心也。"惡者，物欲所生之邪穢"，[2]發於形氣之私，即堯舜所謂人心也。

子思子曰"仲尼祖述堯舜"，⑤看來《大學》之格物致知，即堯舜之"惟精"也。誠意正心，即堯舜之"惟一"也。修身、齊家、治國、平天下，即堯之"克明俊德"，以至"黎民於變"，⑥舜之"慎徽五典"，以至"四

---

① 參宋儒真德秀《大學衍義序》，行文略有出入。是序作："爲人君者，不可以不知《大學》；爲人臣者，不可以不知《大學》。爲人君而不知《大學》，無以清出治之源；爲人臣而不知《大學》，無以盡正君之法。"

② 丘瓊山即明儒丘濬。

③ 出自《論語·里仁》篇。

④ 參見《四書或問》卷二《大學·傳十章》。

⑤ 出自《中庸》。

⑥ 出自《尚書·堯典》。

方風動"①也。止至善，即堯舜之"允執厥中"也。然則《虞書》者，其《大學》之自來與。

《大學》篇末痛言專利之害，歷觀前代之失，大都在此，亦拔本塞源之意也。

中　庸

《中庸》，明道之書也。讀者能以朱子《章句·序》細心詳玩，則思過半矣。

堯舜以來，相傳之道只是一中，故堯命舜曰"允執厥中"。堯命禹曰："人心惟危，道心惟微，惟精惟一，允執厥中。"此帝王傳授之心法也。《中庸》曰："天命率性，即道心之謂也。君子時中，即執中之謂也。擇善固執，即精一之謂也。"此孔門傳授之心法也。

學者須於人心道心處實做精一工夫，方可言執中。性命道教總是一理。命者何？元亨利貞是也。性者何？仁義禮智是也。吾性之仁義禮智皆天所命的，得天命之元亨利貞，在我謂之仁義禮智。是天之元亨利貞，即人之仁義禮智。人之仁義禮智，即天之元亨利貞也。道者何？即吾性之仁義禮智循而出之是也。父子之親、君臣之義、夫婦之別、長幼之序、朋友之信，皆道也，皆率吾性而出之，非有待於外也。教者何？即此父子、君臣、夫婦、長幼、朋友、親、義、序、別、信之道。聖人爲之品節防範，禮以節之，樂以和之，政以導之，刑以禁之，無非使人各全其道而已。

中即天命之性，②"天下之理皆由此出，道之體也"。和即率性之道，③"天下古今之所共由，道之用也"。

天地萬物本吾一體也，吾之心即天地之心也，吾之氣即天地之氣

---

① 出自《尚書·大禹謨》。
② 中也者，天下之大本也。大本者，天命之性。故"中即天命之性"。見《中庸章句》。
③ 和也者，天下之達道也。達道者，循性之謂。故"和即率性之道"。見《中庸章句》。

也,故中和致而位育也。

子思子喫緊爲人處,在"戒懼""慎獨"二節。戒慎不睹,恐懼不聞,所以存天理之本。然天理即所謂道心也,敬以存之,則道心爲主,而人心自然退矣,慎獨所以遏人欲於將萌。人欲即所謂人心也,敬以遏之,則人心克制而道心益固矣。學者須於此處實下工夫,庶幾大本立,而達道行。性自我盡,命自我立,而修道之教亦在其中矣。

"時中"二字最宜講究。道妙於中,而中妙於時,隨時處中,斯爲盡善。故曰:"在堯舜之時揖讓,中也;在湯武之時征伐,中也;在禹稷之時過門不入,中也;在顏子之時陋巷自樂,中也。"推之事事物物,莫不皆然。然非戒懼、慎獨之君子,不能及此,故朱子《章句》指出示人。

聖學工夫只是知行兩事。然知行實相因,故《中庸》互言之。

舜大知,而問察隱揚,執兩用中。大舜之惟精,即大舜之惟一也。顏子得一善則服膺弗失,顏子之惟一,即顏子之惟精也。

"和而不流"四句是學者一生準則。人己窮達,括盡一生事,須將此句來自反自責,看我於處衆,果能和否?即和矣,果能不流否?必和而不流,方是處衆之中庸也。我於處己,果能中立否?中立矣,果能不倚否?必中立而不倚,方是處己之中庸也。我於有道時,果能不變塞否?於無道時,果能至死不變否?必真能於有道不變塞,無道時至死不變,方是處窮處達之中庸也。然此非有以勝其人欲之私者,不能擇之精而守之,固也非強而何。

"費而隱","費是隱之流行處,隱是費之存主處。"①費即是形而下者,而形上之理,實寓於其中。故曰:"隱非費,外有隱也。"故程子曰:"體用一原,顯微無間。"②

"鳶飛魚躍"是子思子指點親切處,即鳶魚以指點道之費,舉目即是也。仰觀俯察,四時之行,百物之生,皆道之昭著也。近取吾身,視

———

① 參見《讀書録 讀書續録・讀書録》卷一。
② 參見《伊川易傳・序》。

之明,聽之聰,貌之恭,言之從,思之通,父子之親,君臣之義,夫婦之別,長幼之序,朋友之信,以至日用動靜,語默進退,皆道之昭著也。人須是事事物物各率其性,則所謂活潑潑地,方實見得。

"道不遠人",人即子臣弟友是也,道即孝弟忠信是也。孝弟忠信之道,各具於子臣弟友之人。君子之治人者此也,聖人之自責自修者此也,然其要在忠恕。道不遠人,根於心而見諸事者也。忠者,盡己之心而不欺也;恕者,推己之心以及人也。忠恕二字不相離,故曰:"無忠做恕不出。"①及至恕時,則忠行乎其間。學者須於忠恕二字實下工夫,方可近道。

"言行,君子之樞機。"②愓愓,篤實也。謂言有物,行有恒。實有是孝弟忠信之道,言行不誕妄也。

"鬼神"章,《注》云:"前三章說費之小處,言日用之間,道無不在。後三章說費之大處,言道之至近而放乎至遠。"③

文武之政章

人存政舉是此章大旨。修身屬人存,九經屬政舉。凡事以下,又詳言修身之事,能修身則是文武之人存而政自舉矣。

修身以道,道所以範圍乎身,乃修身之實也。修道以仁,仁所以貫徹乎道,乃修道之要也。仁無所不愛,而親親為大。仁必有義,義無所不宜,而尊賢為大。親親之殺,尊賢之等,皆天理自然,故曰"禮所生也",必知天則,親親尊賢。親疏大小,各得其當而不差矣。道即君臣、父子、夫婦、昆弟、朋友之道。仁即吾心之仁,知即吾心之知,仁知不息處,即勇。上文已有其意矣,而未詳其實也。故又申之曰"天下之達道五,所以行之者三""好學近知"三句,是夫子喫緊為人指示入德之方。道、德雖同而氣稟或異,故未及乎達。德者不可無,近德之方,誠能於斯三者實下工夫,其於知、仁、勇庶幾矣。九經總不外修

---

① 參見《四書講義尊聞錄》卷二《中庸》。謝良佐所言。
② 出自《周易·繫辭上》。
③ 參見《四書大全·中庸章句大全上》。

身、尊賢、親親三者。敬大臣、體群臣、自尊賢之等而推之也；子庶民、來百工、柔遠人、懷諸侯，自親親之殺而推之也。九經之事，爲天下國家者，當一一體行，則家齊國治而天下平矣。

兩所以行之者，一也。一者，誠也。道德以修身，九經以治人，總在一誠。而所謂誠者，又在素定，故曰："凡事豫則立"。素定工夫在乎明善以誠身，故下文推到誠身，又推到明善。

善字須要體認。《注》云："人心，天命之本然。"謂是人心中天所賦予的仁義禮智之性。本至善而無惡也，能察之而真知焉，則好善如好好色，惡惡如惡惡臭，而身可得而誠矣。

明此之謂明，實此之謂誠。擇者，擇此也；執者，執此也。盡性者何？性之大目不出仁義禮智，盡者，盡此而已。致曲者何？如一念發見之仁，推而極之，以至於無不仁。至於義禮智，莫不皆然，是謂致曲。

尊德性而道問學，是學聖要訣。德性者，吾心所受於天之正理。在天爲元亨利貞，在人爲仁義禮智信，此便是道體之大，無所不包，尊者所以存心而極乎。道體之大，即程子所謂"涵養"，須用敬也。道問學者，道體之細如三千三百，織悉具備，若不逐一窮究，何以能知道？問學者，所以致吾知而盡乎。道體之細，即程子所謂"進學則在致知"①也，二者不可偏廢。若尊德性而不道問學，便是異學虛寂；道問學而不尊德性，便是俗學支離。必須本末兼盡、精粗具備，方是聖賢之學。九經三重，萬世治天下之大經大法，在此有經世之責者，何必捨此而他求哉？

小德大德，玩《注》"全體之分，萬殊之本"二句，只是一箇在仲尼，即所謂"一理渾然，而泛應曲當"者是也。

《中庸》首章言"道"字，末章言"德"字。道字說得闊，德字說得較親切。道是天下公共之理，德便是自得於己。欲得於己，須是先要存

---

① 參見《二程遺書 附別錄》卷一八。程頤所言。

爲己務實之心。學者大病多是近名,若有意近名,則是僞也,如何實得於己,闇然日章,淡而不厭云云,總是不求人知,專務爲己立心,如此方好實下工夫。

"知遠之近"三句,一句親切一句,直到知微之顯,必知乎此,而從微處謹起,方是下手處,方可入德,故下文言入德之事,在謹獨。次節言無時無處而不敬信也,則其功益密矣。

"奏假"二節,遂言其效,又贊其妙,至於無聲無臭,蓋人身此德,原於天命,本無少缺欠,到此不過復還。天命之初,未嘗於性分之外有所加也,又何聲臭之可言哉?

末章先從下學立心之始說起,是子思子喫緊爲人處。

孟 子

《孟子》七篇,傳道之書也。堯、舜、禹、湯、文、武、周公之道傳之孔子,孔子傳之曾子,曾子傳之子思,子思傳之孟子,孟子接道統處,全在七篇。

七篇大指不出"性善"二字,性不外仁義禮智。孟子知性,故出口便是這箇道理。蓋緣天地間,道理止有這箇。以此存之於心,則爲天德,以此施之於政,則爲王道,則爲仁政。

讀《孟子》之書,當知孟子之心。孟子之心,仁者萬物一體之心也。① 看他對當時人君之言,無非爲生民起見,其救世苦衷,藹然天地父母之心也。

孟子言仁義,都從孔子來。孔子《論語》雖只說箇仁,然仁包四者,學者能全得仁,則義禮智在其中矣。故孔門多言求仁。

孔子贊《易》曰:"立人之道曰仁與義。"② 仁義對言,便包禮智在

---

① 後被程顥等大儒繼承發揮,形成"仁者,以天地萬物爲一體"的觀念。
② 出《周易·説卦》。

中,此孟子仁義對舉之所由來也。

朱子曰:"仁義是對立門庭。蓋仁,仁也,而禮則仁之著;義,義也,而智則義之藏。猶春夏秋冬,雖爲四時,其實不過一陰一陽而已。春夏皆陽之屬,秋冬皆陰之屬。"[1]如云春夏秋冬,有時說春秋,則冬夏便包在其中。

《大學》末章言仁義,又言以義爲利。《孟子》首章即是此意。

五常有時不言信,蓋信只是誠實,此四者猶之。五行土無定位,寄旺於四時,蓋木火金水,不能離乎土;仁義禮智,不能離乎信也。

《孟子》之言,千變萬化,總不出仁義禮智之外。

《孟子》一書,總是遏人欲、存天理。

孟子論王道,不外"教養"二字,即孔子所謂富之、教之也。

孟子告時君處,皆欲引之於唐虞三代之道,惜當時無有能行之者。

孟子當戰國時,天下諸侯只知有伯功,而不知有王道。

孟子黜伯功,崇王道,皆是爲萬世正治統處。

孟子養氣之論,發前聖所未發。前聖言理處多,言氣處少。孟子言養氣,蓋以人得天地之正氣以生,必養成此氣,方可參天地,方成箇人。

孟子知言養氣,即孔子之"博文約禮",《中庸》之"明善誠身",《大學》之"物格、知至、意誠、心正、身修"也。

知言養氣,朱子《或問》補出"敬"字,最爲緊要。必能居敬窮理,方能知言;必能主敬集義,方能養成浩然之氣。敬之一字,實貫乎二者之間。學孟子者,不可不知。

《孟子》"人皆有不忍人之心"章、"乃若其情"章,自古言心性者,無如此明白。

孟子知言,即孔子所謂"知者不惑"也。養氣,即孔子所謂"勇者

---

[1] 參見《大學衍義》卷五《格物致知之要一》。

不懼”也。

孟子浩然之氣，由集氣所生，即孔子所謂“内省不疚”，夫何憂何懼也？

孟子自言愿學孔子，誠善學孔子者也。

《孟子》“道性善”章，是言天德；“民事不可緩”章，是言王道。“離婁”章，仁政不外“民事”章所言是也。

許行并耕之説，是以其君下等於庶民，孟子力闢之，所以明君臣之義；墨者兼愛之説，是以其親下同於路人，孟子反覆救之，所以明父子之親。皆是爲萬世扶持綱常處。

立人之道曰仁與義。楊朱、墨翟、告子之流禍仁義，則人道不立，而近於禽獸矣。故孟子闢之。

孟子言心性之學甚詳。

孟子“幾希”二字，從堯舜“道心惟微”來。

孟子言存心，便是提起道心作主，而人心自退聽焉。

孟子言知性即《大學》之物格盡心，即知至也。

孟子言權字，即孔子所謂時中也。

《孟子》“孔子聖之時”章，推尊孔子處，是千古特識。

後儒謂孟子不曾言氣質之性，今讀“動心忍性”句，及“口之於味”章，乃知孟子何嘗不言氣質之性。

孟子“口之於味”章，言性命甚詳。

讀《孟子》書，看孟子是何等氣象。干戈擾攘，處士横議之時，獨能特立不拔，爲天地存正氣，爲萬世扶綱常，遏人欲於横流，存天理於既滅，其功不誠大哉？

“反經”，“經”字，《注》云“萬世不易之常道”，即末章《注》中所謂“天理民彝”是也。反者復此，知者知此而已。

《孟子》篇末歷叙堯舜以來相傳之道統，而終之以自任之意。道統者何？即天命之性，人心同具率性之道，天下共由，其大綱不外仁義禮智而已。

【校勘記】

［１］此古人修身必本於敬也：原作"此古人所以修身必本於敬也"，據《宋元學案補遺》卷九〇《魯齋學案補遺》、《御定小學集注》卷三《內篇·敬身》改。許文正公，指元代大儒許衡。
［２］物欲所生之邪穢也：原作"人欲所生之邪穢也"，據《四書大全·大學或問》、《四書或問》卷二《大學·傳十章》改。

卷之六　孝經述朱録

孝經述朱録序①

《孝經》一書,孔子親授曾子。首章統孝之始終,敷陳天子、諸侯、卿、大夫、士、庶人之孝。凡以孝道之大,天下之人皆得緣分以自盡。後遭秦火,簡編殘缺,闡述者不一家,古今文有不盡同者。至宋朱子始著《刊誤》,分爲《經》《傳》,文勢連屬,脉絡貫通。明陳恭愍公《集注》於《經》《傳》多所發明,②而章次仍依舊文。我聖祖欽定《孝經衍義》一書,經文悉遵朱子,而其衍至德要道,以及五孝之義,最爲詳盡。顧其爲書浩博,童蒙猶未易讀。寵幼尊父訓,誦習《孝經》。數十年來,心誠好之,爰述朱子《刊誤》之意,録成此篇,爲《衍義》之階梯云。

總　論

御製《孝經衍義·序》曰:"'仲尼稱至德要道,以順天下',又曰:'教之所由生,而後詳列天子、諸侯、卿大夫、士、庶人之五孝,[1]此則一經之大旨。'""是故衍至德之義,則仁義禮智信之説備矣;衍要道之義,則父子、君臣、夫婦、昆弟、朋友之倫備矣;衍教所由生之義,則禮樂政刑之屬備矣。衍五孝而皆以愛敬爲本,明貴賤之所同也。由天子之敬親推之,則郊丘宗廟典禮之義備矣;由天子之愛親推之,則仁

---

① 此序原在"卷之六"前,今依整理體例移至"卷之六"下。
② 陳恭愍公指陳選。《集注》指陳氏重訂《小學集注》。

民、育物、撫綏、愛養之義備矣。無非敬也，無非愛也，即無非孝也。遞而至於諸侯之不驕不溢，卿大夫之法服、法言、法行，士、庶人之忠順、事上、謹身、節用，何一非愛敬之義推而極之？通於神明，貫乎天地，夫寧有涯際乎哉？"

諸儒闡發大旨

宋御史中丞黃氏曰："居家不欺其親，則仕不欺君。[2]仰不欺天，俯不欺人，幽不欺神。何用求福報哉？"

程子看詳武學制添習《孝經》，或疑迂闊。曰："其添入者，欲令武勇之士能知義理，未足爲迂闊。"①

朱子七歲讀《孝經》，[3]書其上曰："若不如此，[4]便不成人。"

司馬溫公曰："聖人之德，莫加於孝。猶江河之有源、草木之有本，源遠則流大，本固則葉繁。"②

張九成曰："人各有入道處，曾子則由孝而入。"③

曹正夫曰："孝乃百行之源、[5]萬善之首，上足以感天，下足以感地，明足以感人，幽足以感神，[6]所以古之君子自生至死，頃刻而不敢忘孝也。又曰：'性有五常而仁爲首，仁兼萬善而孝爲先。蓋仁者，孝所由生，而孝者，仁所由行也。'"

薛敬軒曰："吾觀朱子《與子受之書》'念之念之，夙夜無忝所生'之言，[7]不勝感發興起，中心惻然，必欲不爲一事之惡以忝先人。"④

呂新吾曰："父母全而生之，子全而歸之。髮膚還父母之初，無些毁傷，親之孝子也。天全而生之，人全而歸之，心性還天命之初，無些欠缺，[8]天之孝子也。"

又曰："百年有限之親，一去不回之日。觀此二語，良心不悚動

---

① 參見《御定孝經衍義》卷首下。程顥所言。
② 參見《御定孝經衍義》卷首下。司馬溫公即司馬光。
③ 參見《御定孝經衍義》卷首下。
④ 參見《讀書錄 讀書續錄・讀書錄》卷三。

者,非人子也。"①

來瞿塘曰:"丈夫以天下爲一家,[9]以萬物爲一體,既不知事親從兄,則一家之中且乖戾矣,[10]況仁民愛物乎?故曰'孝弟爲仁之本。'"

陶石梁曰:"今人事事要好,却於父子兄弟間都不加意。譬如樹木,根本已槁,雖剪綵爲花,能有幾日好看?"②

耿逸庵曰:"孝之理,一仁之理;仁之理,一天之理也。是理在天爲元,賦於人爲仁,天地生物之心,元氣流行,萬物無不發生長育。人得天地生物之心,發而爲孝,由孩提愛敬之良,充其量直至胞民與物,參天地、贊化育,[11]可謂分殊而理一,用大而體約矣。"

湯潛庵曰:"天下萬善同源。[12]人能孝,則事君必忠,事長必順,交友必信,居官必廉,臨民必寬""進而暗室屋漏,必無一念自欺;推之應事接物,必無一念刻薄矣。"[13]

萬聖階曰:"立身行道四句,孔子一生之弘願也。具此弘願而一生未能遂,乃遂弘願於千百年之後"[14]"誰謂聖賢在下,獨無顯揚之事哉?[15]今由千百年之後觀之,孔子顯揚之大,千古一人而已矣。"

孝經章次依朱子《孝經刊誤》,有刪去者,悉遵原本不錄。

經文卷之一

仲尼閒居,曾子侍坐。子曰:參,先王有至德要道,以順天下。民用和睦,上下無怨。汝知之乎?

陳氏曰:"至,極也。要,約也。道、德,一也。自其得於心而言謂之德,自其行於身而言謂之道。"③

寵按:"至德要道",即指下文孝説。此天下人心之所固有者。先王順人心之固有者,以教化天下,故天下之人被服其教,自相和協而

---

① 見《存古約言》卷一。
② 陶石梁即陶奭齡。
③ 陳氏即明儒陳選,字士賢。參見《御纂孝經集注》。

親睦，上下尊卑皆有恩以相愛，有禮以相敬，無所怨惡也。

曾子避席曰：參不敏，何足以知？子曰：夫孝，德之本也，教之所由生。

陳氏曰："凡得於心者，無往非德。然一孝立而百善從，是孝爲百行之根基。故曰'德之本'。至於君子盡孝於親，而所以教家教國教天下者，又靡不自此推之，舉天下之大，事事皆從吾孝中出，故曰'教之所由生也'。"①

寵按：德莫大於仁義禮智信，而仁統四者。行仁莫先於孝親，此孝所以爲德之本。故朱子曰："以愛親而言，則爲仁之本也；其順乎親，則爲義之本也；其敬乎親，則爲禮之本也；其知此者，則爲智之本也；其誠此者，則爲信之本也。""孟子之論仁義禮智樂之實者，正爲此耳。此其所以爲至德要道也歟。"②教莫大於五倫，而父子爲先，此可見教所由生之義。故《書》曰："敬敷五教。"③孟子曰："教以人倫：父子有親，君臣有義，夫婦有別，長幼有序，朋友有信。"④朱子《中庸章句》謂教者，"禮樂刑政之屬。"寵按：禮者，履此者也。樂者，和此者也。故孟子曰："禮之實，節文斯二者是也。樂之實，樂斯二者。樂則生矣，生則惡可已也。惡可已，則不知足之蹈之，手之舞之。"⑤政者，所以正乎此者也。刑者，以其反乎此而作也。"寵按：未有不正父子，而能正其他者也。《周禮》八刑必先不孝。孔子曰："五刑之屬三千，而罪莫大於不孝。"⑥此可見政刑之所由生歟。

復坐，吾語汝。身體髮膚，受之父母，不敢毀傷，孝之始也。立身

---

① 參見《御纂孝經集注》。
② 參見《四書或問》卷六《論語‧學而第一》。
③ 出自《尚書‧堯典》。
④ 出自《孟子‧滕文公上》。
⑤ 出自《孟子‧離婁上》。
⑥ 出自《孝經‧五刑》。

行道,揚名於後世,以顯父母,孝之終也。

陳氏曰:"凡人之身,大則一身四體,細則毛髮肌膚,此皆受之於父母者也。爲人子者,愛其父母,自宜愛吾父母所遺之身,常須戰兢戒慎,[16]不敢少有毀傷,此行孝之始也。又須修身以道,卓然自立,大行於天下,聲施於後世,使萬世而下,賢其子,因推本其所生之自,而以光顯其父母,此行孝之終也。"①

竈按:不敢毀傷,自起居不慎、飲食不節、言語不謹,以及好勇鬥狠、酗酒色荒之類,凡虧體辱親者,皆毀傷也。必如曾子之生乎,戰戰兢兢,臨深履薄,直至於死而後信其得免,方可謂"不敢毀傷"。必如《小學》之敬身,方可謂"不敢毀傷其身"。故曰:"父母全而生之,子全而歸之。"竈按:立身揚名,父母生我之身,萬理皆備,形色即具天性,我不能踐形復性,雖生而無以自立於天地之間,必也真知實踐。凡吾身所具之理,無一不全,仰不愧、俯不怍,方可謂立身。由是推以及人,得位則行道於天下,不得位則明道於萬世。言爲世法,行爲世則,令名傳於後世,而父母之德譽彌彰。如孔子窮而在下啓聖王,血食萬年。他如顏曾思孟之父,以及周程朱蔡之父,②亦皆配享。其顯揚爲何如哉?至於達而在上者,不必言矣。必如此,則吾孝乃克全而有終矣。

夫孝始於事親,中於事君,終於立身。

陳氏曰:"夫所謂孝者,始於聚百順,以事親;中於盡一心,以事君;終於敦百行,以立身。""斯爲宇宙之全人而稱孝道之極也。"③

竈按:始於事親,自昏定晨省、冬温夏清、出告反面,以及凡承顏順志,諭親於道,皆始於事親之事,必如大舜之終身慕,曾子之養志,

---

① 參見《御纂孝經集注》。
② 顏曾思孟,分別指顏回、曾子、子思、孟子;周程朱蔡之父,分別指周敦頤之父周輔成,程頤、程顥之父程向,朱熹之父朱松,蔡沈之父蔡元定。
③ 參見《御纂孝經集注》。

孔子之言居則致其敬，養則致其樂，病則致其憂，喪則致其哀，祭則致其嚴，然後爲能事親。朱子《小學》"明父子之親"處，須句句實體，始得。

寵按：中於事君，即是移孝作忠，平時則盡心盡職，臨難則致身不貳，如孔子之言"進思盡忠，退思補過"，曾子之言"臨大節而不可奪"，[1]方可謂事君。朱子《小學》"明君臣之義"處，須句句實體，始得。

寵按：終於立身，必忠孝兩全，使此身成聖賢之身，爲法於天下，可傳於後世，方可謂全受全歸。無負於吾身，以無負於吾親，始完得個孝道也。

愛親者，不敢惡於人；敬親者，不敢慢於人。愛敬盡於事親，而德教加於百姓，刑於四海。蓋天子之孝。

真氏曰："孝者，不出乎愛敬而已。推愛親之心以愛人，而無所疾惡，推敬親之心以敬人，而無所慢易，則躬行於上而德教自行於下，天下之人無不皆愛敬其親矣。此大孝，尊親之事。"[2]

寵按：天子撫有四海，當合天下之孝以爲孝，必也立愛自親始，又推愛親之心，而於天下之人無不愛；立敬自親始，又推敬親之心，而於天下之人無不敬。凡子孫臣庶，皆使之遂生復性，各得其所。由是，四海之人奉爲儀型，各親其親，各長其長，而天下平矣，方不負代天子民之責，以光顯祖父之德，乃爲天子之孝。

在上不驕，高而不危；制節謹度，滿而不溢。高而不危，所以長守貴；滿而不溢，所以長守富。富貴不離其身，然後能保其社稷，而和其民人，蓋諸侯之孝。

陳氏曰："驕，矜肆也。[17]制節，自制於禮節也；謹度，謹守法度也。

---

[1] 出自《論語·泰伯》。
[2] 參見《御定小學集注》卷二《內篇·明倫第二》。真氏即宋儒真德秀。

貴爲國君，可謂高矣；富有千乘，可謂滿矣。高則易危，在上不驕，故不危；滿則易溢，制節謹度，故不溢。社，土神。稷，谷神。民謂庶民。人謂在位者。此下三節，其次弗辱之事。"①

寵按：諸侯有社稷人民，乃受之天子，傳之先君，故以保社稷和人民。爲孝必居上不驕，制節謹度，然後能不危不溢，長守富貴社稷，以此保人民，以此和矣，乃爲諸侯之孝。

非先王之法服不敢服，非先王之法言不敢道，非先王之德行不敢行。是故非法不言，非道不行；口無擇言，身無擇行。言滿天下無口過，行滿天下無怨惡，三者備矣，然後能守其宗廟，蓋卿大夫之孝也。

陳氏曰："法服，禮法之服；法言，禮法之言；德行，道德之行。先王即古之以孝治天下者。非先王之法服不敢服，惟恐服之不衷身之災也；[18]非先王之法言不敢道，惟恐言輕而招辜也；非先王之德不敢行，惟恐行輕而招辱也。服法服、言法言、行德行，斯能長守其宗廟，[19]以奉先祖之祭祀。"

寵按：卿大夫有家，家必有廟，故以保宗廟爲孝也。衣服言行，遵乎禮法，本乎道德，方能謹身寡過，上不獲罪於君，下不獲罪於民，斯可長守宗廟，以奉先祖，乃爲卿大夫之孝。

資於事父以事母，而愛同；資於事父以事君，而敬同。故母取其愛而君取其敬，兼之者父也。故以孝事君則忠，以敬事長則順。忠順不失，以事其上，然後能保其爵祿，而守其祭祀，蓋士之孝也。

陳氏曰："移事親之孝以事君則忠矣，移事親之敬以事長則順矣。士有田祿，以奉祭祀，故言守祭祀。"②

寵按：士離親入官，故以保祿位、守祭祀爲孝。必能忠事君、順

---

① 參見《御定小學集注》卷二《內篇·明倫第二》。
② 參見《御定小學集注》卷二《內篇·明倫第二》。

事長。斯可長保其祿位，永守其祭祀，乃爲士之孝。

用天之道，因地之利，謹身節用，以養父母，此庶人之孝也。

朱子曰："用天之道，因地之利，謂依時及節耕種田土。[20]謹身謂不作非爲，不犯刑憲；節用謂省使儉用，不妄耗費。如此則身安力足，有以奉養其父母，使父母安穩快樂，方是孝順。雖是父母不存，亦須如此，方能保守父母產業，不至破壞，乃爲孝順。若父母生存不能奉養，死没不能保守，便是不孝之人，天所不容，地所不載，幽爲鬼神所責，明爲官法所誅，不可不深戒也。此其下能養之事。"①

寵按：朱子論庶人之孝盡之矣。凡天子之愛敬，諸侯之不驕與制節謹度，卿大夫之法服法言德行，士之忠事君順事長，庶人之用天因地謹身節用，《衍義》記之甚詳。

故自天子以下，至於庶人，孝無終始而患不及者，未之有也。

陳氏曰："此總言以結之也。[21]孝之終始，見上文事親而不能有始有終，災及其身矣。"[22]

寵按：末言此，以深警之見，自天子以至於庶人，皆不可以不盡孝道也。

朱子曰："此一節夫子、[23]曾子問答之言，而曾氏門人之所記也。所謂《孝經》者，[24]其本文止如此，其下十四章，[25]則或者雜引傳記以釋經文，乃《孝經》之傳也。""蓋經之首，統論孝之終始，中乃敷陳天子、諸侯、卿大夫、士、庶人之孝，而末結之曰：'自天子以至於庶人，孝無終始而患不及者，未之有也。'其首尾相應，次第相承，文勢連屬，脈絡貫通，同是一時之言，無可疑者。"

---

① 參見《御定小學集注》卷二《内篇·明倫第二》、《小學句讀記》卷二《明倫第二》。

傳十四章卷之二

子曰："君子之教以孝也，非家至而日見之也。教以孝，所以敬天下之爲人父者；教以悌，所以敬天下之爲人兄者；教以臣，所以敬天下之爲人君者。《詩》曰：'愷悌君子，民之父母。'非至德，其孰能順民如此其大者乎！"

陳氏曰："君子之教人以孝也，非必家至而爲之喻，日見而爲之督也。教之以孝，使凡爲人子者，皆知盡事父之道，以敬其父，是即我之所以敬天下之爲人父者也。推而教之以悌，使凡爲人弟者，皆知盡事兄之道，以敬其兄，是即我之所以敬天下之爲人兄者也。又推而教之以臣，使凡爲人臣者，皆知盡事君之道，以敬其君，是即我之所以敬天下爲人君者也。夫致吾之敬者終有限，而能使人各自致其敬者則無窮，此孝之所以爲至德也。"①

朱子曰："此一節釋至德以順天下之意，當爲《傳》之首章。然所論至德，語意亦疏。"②

子曰："教民親愛，莫善於孝。教民禮順，莫善於弟。移風易俗，莫善於樂。安上治民，莫善於禮。禮者，敬而已矣。故敬其父則子悅，敬其兄則弟悅，敬其君則臣悅，敬一人則千萬人悅，所敬者寡而所悅者衆，此之謂要道。"

陳氏曰："孝，所以愛其親也，然欲教民以相親而愛，[26]則莫有善於孝。悌，所以敬其長也，然欲教民以有禮而順，則莫有善於悌。樂斯二者之謂樂。然欲移改民風，而變易其俗，則莫有善於樂。節文斯二者之謂禮。然欲上安其君，而下治其民，則莫有善於禮。禮之爲禮，則主於敬而已矣。"③

---

① 參見《御纂孝經集注》。
② 參見《孝經刊誤》。
③ 參見《御纂孝經集注》。

周恭良曰:"我惟有以自敬其父,則凡爲子者皆悦。推我之敬父者,以自敬其兄,則凡爲弟者皆悦。且即移我之敬其父者,以自敬其君,則凡爲臣者皆悦。所以然者,敬本人心之所自具,而由敬父以敬兄、以敬君,又爲人心之所同。然感之輒動捷於影響,故敬初只在一人,而遂至千萬人,莫不懽悦。所敬者寡,而所悦者衆,守約施博,是之謂要道也。"

朱子曰:"此一節釋要道之意,當爲《傳》之二章,但經所謂要道,[27]當自己而推之,與此亦不同也。"①

曾子曰:"甚哉,孝之大也!"子曰:"夫孝,天之經,地之義,民之行。天地之經,而民是則之。則天之明,因地之義,以順天下,是以其教不肅而成,其政不嚴而治。"以下朱子删去。

陳氏曰:"經,常也。義,宜也。言孝之爲道,雖出於人心,實天之經、地之義、民之行也。夫以孝爲天地經常之理,而民於此取法而爲行,則孝本天下人心之所本然固有者,故聖人上法天道之常明,下因地道之義利,惟順乎天下本然,愛敬之孝而導之,是以敷之以爲教,則不待戒肅而自成,發之爲政,則不假威嚴而自治也。"②

朱子曰:"此一節蓋釋以順天下之意,當爲《傳》之三章。"③

子曰:"昔者明王之以孝治天下也,不敢遺小國之臣,而况於公侯伯子男乎?故得萬國之懽心,以事其先王。治國者不敢侮於鰥寡,而况於士民乎?故得百姓之懽心,以事其先君。治家者不敢失於臣妾,而况於妻子乎?故得人之懽心,以事其親。夫然故生則親安之,祭則鬼享之,是以天下和平,灾害不生,禍亂不作,故明王之以孝治天下如此。《詩》云:'有覺德行,四國順之。'"

---

① 參見《孝經刊誤》。
② 參見《御纂孝經集注》。
③ 參見《孝經刊誤》。

真氏曰:"此章推愛親之心以愛人之意。能愛人,則人亦愛之,故天子則得萬國之懽心,諸侯、大夫亦各得其人民之懽心。人心懽悦,親心亦爲之懽悦。以奉養則親安,以祭祀則鬼享幽明,無二致也。其效至於天下,和平而無災禍之興,蓋人和則天地之和亦應。其始推愛親之心,以及人其終享愛人之福,以及親,所謂孝治天下也如此。"①

朱子曰:"此一節釋民用和睦、上下無怨之意,爲《傳》之四章。其言雖善,而亦非經文之正意。蓋經以孝而和,此以和而孝也。"②

曾子曰:"敢問聖人之德,無以加於孝乎?"子曰:"天地之性,人爲貴。人之行,莫大於孝。孝莫大於嚴父,嚴父莫大於配天,則周公其人也。昔者,周公郊祀后稷以配天,宗祀文王於明堂以配上帝,是以四海之內,各以其職來助祭。夫聖人之德,又何以加於孝乎?故親生之膝下,以養父母曰'嚴'。聖人因嚴以教敬,因親以教愛。聖人之教不肅而成,其政不嚴而治,其所因者,本也。"

陳氏曰:"天地之性,人爲貴者。謂天地生人與物,皆有一副當然之理,是之爲性。然人得其全,物得其偏,是人爲天地之心,而萬物之靈,故云然也。人之百行多端,而以孝爲本,故曰:'人之行,莫大於孝。'"③

朱子曰:"此一節釋孝德之本意,[28]《傳》之五章也。但嚴父配天,本因論文武周公之事,[29]而贊美其孝之詞,非謂凡爲孝者,皆欲如此也。又況孝之所以爲大者,本自有親切處,而非此之謂乎。若必如此,而後爲孝,則是使爲人臣子者,皆有今將之心而反陷於大不孝矣。作《傳》者,但見其論孝之大,即以附此,而不知其非,所以爲天下之通訓。讀者詳之,不以文害意焉,可也。其曰'故親生之膝下'以下意却親切,但與上文不屬,而與下章相近,故今文連下二章爲一章,但下章

---

① 參見《大學衍義》卷六《格物致知之要一·明道術》。
② 參加《孝經刊誤》。
③ 參見《御纂孝經集注》。

之首語已更端,意亦重複,不當通爲一章。此語當依古文,且附上章,或自別爲一章可也。"

子曰:"父子之道,天性,君臣之義。父母生之,續莫大焉;君親臨之,厚莫重焉。不愛其親而愛他人者,謂之悖德;不敬其親而敬他人者,謂之悖理。"

陳氏曰:"父子之道爲天性,謂父子之愛,原於天、率於性,而本於所固有,然子之事父,猶臣之事君,其尊卑之分,又自有截然不可忽者,是父子之間又有君臣之義也。續者,繼先傳後之謂也。續莫大焉,[30]父母生子,子以生孫,人倫繼續於此。微父母則吾何以生,[31]而人類幾乎滅矣。然則人倫之大,孰有大於父母者乎?厚莫重者,以父之親等君之尊,而臨乎人子,則恩義之罔極,與天同高,與地同厚,莫有重焉者矣。此可見人子愛敬之當先,所以莫有甚於父母也。"

朱子曰:"此一節釋教所由生之意,[32]《傳》之六章也。悖禮以上皆格言。"

子曰:"孝子之事親,居則致其敬,養則致其樂,病則致其憂,喪則致其哀,祭則致其嚴,五者備矣,然後能事親。事親者,居上不驕,爲下不亂,在醜不爭。居上而驕則亡,爲下而亂則刑,在醜而爭則兵。此三者不除,雖日用三牲之養,猶爲不孝也。"

陳氏曰:"致,極也。樂謂愉色惋容。人子事親之心,自始至終無一毫之不盡,可謂孝矣。""驕,矜肆。亂,悖逆。醜,同類。爭,爭鬭。亡,滅亡。刑,刑罰也。[33]兵謂以兵刃相加。除,去也。三者不除,災將及親,其爲不孝大矣。口體之養,[34]豈足贖哉?"

朱子曰:"此一節釋始於事親及不敢毀傷之意,乃《傳》之七章,亦格言也。"①

---

① 參見《孝經刊誤》。

子曰：“五刑之屬三千，而罪莫大於不孝。要君者無上，非聖人者無法，非孝者無親，此大亂之道也。”

陳氏曰：“刑所以罰惡，惡莫大於不孝，故罪亦莫大於不孝。”①

寵按：不孝則天理喪，人道滅矣。故爲大亂之道。

朱子曰：“此一節因上文不孝之云，而繫於此，乃《傳》之八章，亦格言也。”②

子曰：“君子事上，進思盡忠，退思補過，將順其美，匡救其惡，故上下能相親。《詩》曰：‘心乎愛矣，遐不謂矣。中心藏之，何日忘之。’”

真氏曰：“進謂入見其君，則思盡己之忠；退謂出適私室，則思補君之過，無一時一念之不在於君也。有善焉，承順之，使之益進於善；有惡焉，正救之，使之潛消其惡，[35]此愛君之至也。臣以忠愛而親其君，君亦諒其忠愛而親之。”

朱子曰：“此一節釋中於事君之意，當爲《傳》之九章。”③

子曰：“昔者明王事父孝，故事天明；事母孝，故事地察；長幼順，故上下治。天地明察，神明彰矣。故雖天子，必有尊也，言有父也。必有先也，言有兄也。宗廟致敬，不忘親也。修身慎行，恐辱先也。宗廟致敬，鬼神著矣。孝悌之至，通於神明，光於四海，無所不通。《詩》云：‘自西自東，自南自北，無思不服。’”

真氏曰：“父母者，子之天地；天地者，人之父母，其實一也。故事父孝，則事天之理明；事母孝，則事地之理察。明察云者，謂昭然顯著，洞悟於心也。天下之道，其妙而不可測者，謂之神；顯而不可欺

---

① 參見《御定小學集注》卷二《內篇·明倫第二》。
② 參見《孝經刊誤》。
③ 見《孝經刊誤》。句末後有雙行小注“或云宜爲十一章。”

者,謂之明。吾之事天明、事地察,則天地神明所以鑒臨。在上者,昭著而不可揜,即下文通乎神明之義也。長幼指兄弟言。孔子既言孝,又兼言弟,故謂雖天子之貴,所尊者父,而所先者兄。然自宗廟致敬以下,則惟言孝而已,未始及於弟也。蓋孝弟一心,孝既至,則弟亦至矣。天人一理,通乎神明,則亦光乎四海矣。"①

朱子曰:"此一節釋天子之孝,有格言焉,當爲《傳》之十章。"②

子曰:"君子之事親孝,故忠可移於君;事兄弟,故順可移於長;居家理,故治可移於官。是故行成於内,而名立於後世矣。"

陳氏曰:"孝弟則家齊,忠順則國治。行即孝弟,内即家也。"③

朱子曰:"此一節釋立身揚名,及士之孝,《傳》之十一章也。"④

子曰:"閨門之内具禮矣乎!嚴父嚴兄,妻子臣妾,猶百姓徒役也。"

周恭良曰:"此言孝道,先正閨門。閨門之内肅然,有父兄之當敬,具安上之理。有妻子及臣妾之難治,猶畿内之百姓,當持正御之;公門之徒役,當執法臨之,具治下之理也。"

朱子曰:"此一節因上章三'可移'而言,《傳》之十二章也。嚴父,孝也。嚴兄,弟也。妻子臣妾,官也。"⑤

曾子曰:"若夫慈愛、恭敬、安親、揚名,參聞命矣。敢問從父之令,可謂孝乎?"子曰:"是何言與!是何言與!昔者天子有爭臣七人,雖無道,不失其天下。諸侯有爭臣五人,雖無道,不失其國。大夫有

---

① 參見《大學衍義》卷六《格物致知之要一·明道術》。
② 參見《孝經刊誤》。句末後有雙行小注:"或云宜爲十二章。"
③ 參見《御定小學集注》卷二《内篇·明倫第二》。
④ 參見《孝經刊誤》。句末後有雙行小注:"或云宜爲九章。"
⑤ 參見《孝經刊誤》。句末後有雙行小注:"或云宜爲十章。"

争臣三人,雖無道,不失其家。士有争友,則身不離於令名。父有争子,則身不陷於不義。故當不義,則子不可以弗争於父,臣不可以弗争於君,故當不義則争之。從父之令,又焉得謂孝乎?"

范氏曰:"子不争,則陷父於不義;臣不争,則陷君於無道。"①

朱子曰:"此不解經而別發一義,宜爲《傳》之十三章。"

子曰:"孝子之喪親,哭不偯,禮無容,言不文,服美不安,聞樂不樂,食旨不甘,此哀戚之情。三日而食,教民無以死傷生,毀不滅性,此聖人之政。喪不過三年,示民有終。爲之棺椁衣衾而舉之,陳其簠簋而哀戚之,擗踊哭泣哀以送之,卜其宅兆而安厝之,爲之宗廟以鬼享之,春秋祭祀以時思之。生事愛敬,死事哀戚,生民之本盡矣,死生之義備矣。孝子之事親,終矣!"

陳氏曰:"孝子喪親,哀痛之極,其哭也不偯,氣竭而盡,不能委曲也。其禮也無容,觸地局蹐,不能爲容也;其言也不文,内憂無情,不能爲文也。衣服之美,[36]有所不安;聞樂之和,有所不樂;食味之旨,有所不甘。凡若此者,乃孝子自然哀戚之情,非有所勉强而爲之也。禮,人子於父母之始死也,水漿不入口者三日。然過三日,則傷生矣。教民三日而食粥,使之無以哀死而至於傷生。雖毀瘠,而不至於滅性。此聖人之爲政,所以爲生民立命也。喪則定爲三年而不過者,孝子報親之心雖無限量,聖人爲之中制,以示民有終極之期也。""當親之始死也,爲之棺以周衣,椁以周棺,衣衾以周身,然後舉而斂之。其將葬也,陳其簠簋,奠以素器,則傷痛而哀戚之。其祖餞也,女擗男踊,號哭涕泣,則悲哀而往送之。爲墓於郊,則卜其宅,兆必得吉而安厝之。四者,慎終之禮也。爲廟於家,則三年喪畢;遷主於廟,以鬼而禮享之。及其久也,寒暑變遷,益用增感,春秋祭祀,以寓時思,二者追遠之禮也。此皆聖人之政,因人之情而爲之節文者也。""又合始終

---

① 參見《御定小學集注》卷二《内篇·明倫第二》。范氏即宋儒范祖禹。

而言之,以結一書之旨,謂孝子之事親,生則事之以愛敬,死則事之以哀戚。如此生民之道,以孝爲本,於此而盡矣。養生送死,其義爲本,[37]於此而備矣。孝子事親之道,於此而終矣。"[38]

朱子曰:"此《傳》之十四章,亦不解經而別發一義,其語尤精約也。"①

【校勘記】

［1］庶人之五孝:原作"庶人之五等",據《御定孝經衍義·序》、《清文獻通考》卷二二五《經籍考十五》改。

［2］居家不欺其親,則仕不欺君:《宋史》卷三八七《列傳第一百四十六》作"居家不欺親,仕不欺君。"御史中丞黃洽所言。

［3］七歲讀《孝經》:《西山讀書記》卷三一《朱子傳授》作:"先生幼有異稟,五歲入小學,始誦《孝經》,即了其大義";"考訂朱子世家"作:"八歲通《孝經》大義"。

［4］若不如此:原作"不若是",據《西山讀書記》卷三一《朱子傳授》、《考訂朱子世家》改。

［5］百行之源:《御定孝經衍義》卷首下作"百行之原"。

［6］幽足以感神:《御定孝經衍義》卷首下作"幽足以感鬼神"。曹正夫即曹端。

［7］朱子《與子受之書》'念之念之,夙夜無忝所生'之言:《朱文公續集》卷八《與長子受之》作:"念之,念之!夙興夜寐,無忝爾所生。"

［8］心性還天命之初,無些欠缺:《呻吟語》卷一《內篇·性命》作"心性還天之初,無些缺欠"。呂新吾即呂坤。

［9］丈夫以天下爲一家:《來瞿唐先生日錄·內篇》卷五《省覺錄》作"大丈夫以天下爲一家"。來知德,號瞿唐,亦作瞿塘。

［10］一家之中:《來瞿唐先生日錄·內篇》卷五《省覺錄》作"一家之內"。

［11］贊化育:《清儒學案》卷九《潛庵學案·孝經易知自序》作"參化育"。耿逸庵即耿介。

［12］天下萬善同源:《湯子遺書 附錄·湯子遺書》卷三作"天下萬善同原"。湯潛庵即湯斌。

［13］進而暗室屋漏,必無一念自欺;推之應事接物,必無一念刻薄矣:《湯子遺書 附錄·湯子遺書》卷三作"進而言之,暗室屋漏,一念自欺非孝也;應事接物,一念怠敷、一念刻薄非孝也"。

［14］立身行道四句,孔子一生之弘願也:《聖宗集要》卷二《孔子》作"立身行道、顯親揚名四語,尤夫子一生宏願"。

────────

① 參見《孝經刊誤》。

［15］獨無顯揚之事哉：原作"獨無顯親之事業哉"，據《聖宗集要》卷二《孔子》作"獨無顯揚之事哉"及後文"顯揚之大"改。
［16］戰兢戒慎：原作"戰兢戒懼"，據《御纂孝經集注》、《孝經詳說》卷一《開宗明義第一章》改。
［17］驕矜肆也：此四字非陳氏所言。《御定小學集注》卷二《內篇·明倫第二》無此句。又據《孝經通釋》卷二："吳氏澄曰：'驕，矜肆也。'"
［18］恐服之不衷身之災：《御纂孝經集注》作"恐服之不衷爲身之災"。
［19］斯能長守其宗廟：原作"斯能保其宗廟"，據《御纂孝經集注》、《孝經詳說》卷一《卿大夫章第四》。
［20］耕種田土：原作"耕種土田"，據《御定小學集注》卷二《內篇·明倫第二》、《小學句讀記》卷二《明倫第二》改。
［21］此總言以結之也：此句《御定小學集注》卷二《內篇·明倫第二》無。
［22］灾及其身矣：《御定小學集注》卷二《內篇·明倫第二》作"灾及其身必矣"。
［23］此一節：原作"此一章"，據《孝經刊誤》、《西山讀書記》卷一一《父子》及下文行文方式改。
［24］所謂《孝經》者：《孝經刊誤》作"疑所謂《孝經》者"。
［25］其下十四章：《孝經刊誤》作"十四章"。
［26］然欲教民以相親而愛：《御纂孝經集注》作"然欲教民以相親相愛"。
［27］但經所謂要道：原作"但經文所謂要道"，據《孝經刊誤》、《孝經通釋》卷七改。
［28］孝德之本意：《孝經刊誤》作"孝德之本之意"。
［29］文武周公之事：《孝經刊誤》作"武王周公之事"。
［30］續莫大焉：《御纂孝經集注》作"繼莫大者"。
［31］吾何以生：《御纂孝經集注》作"吾何以托生"。
［32］釋教所由生之意：《孝經刊誤》作"釋教之所由生之意"。
［33］刑罰也：《御定小學集注》卷二《內篇·明倫第二》作"刑戮也"。
［34］口體之養：《御定小學集注》卷二《內篇·明倫第二》作"口體之奉"。
［35］使之潛消其惡：《大學衍義》卷十《格物致知之要一·明道術》作"使之潛銷其惡"。
［36］衣服之美：《御纂孝經集注》作"服衣之美"。
［37］其義爲本：《御纂孝經集注》作"其義爲大"。
［38］於此而終矣：《御纂孝經集注》作"於是而終矣"。

卷之七　忠經擇要集注廣義

忠經擇要序[1]

忠孝一理，乃生人大節也。昔孔子作《孝經》，聖筆如化工，極精微、極廣大。遭秦焚書，後儒遂多附會之言，以致章次雜亂，子朱子有《刊誤》一編，分爲《經》《傳》，真得先聖之心於千載之下。寵向著《孝經述朱録》，以便幼學。若夫《忠經》乃漢儒馬融所作，其徒鄭氏注之，比之《孝經》，次第未甚分明，語言亦多重複。學者於《孝經》一書，尚不能熟讀精思、身體力行。至於《忠經》，則棄而弗講矣。然而君親有同尊，忠孝無二致。世未有孝子而不爲忠臣者也，亦未有忠臣而不爲孝子者也，忠可忽乎哉？爰採馬氏要言，倣《孝經刊誤》經文之例，爲《忠經擇要》。

昔在至理，上下一德，以徵天休，忠之道也。夫忠能固君臣、安社稷、感天地、動神明，而况於人乎？

此言忠之大義，爲一篇之綱領也。至理，言極治之時也。天休，天眷也。徵，驗也。君臣同德，則天眷隆也。固君臣，上下相親也。安社稷，國祚長久也。感天地，其誠達也。動神明，其應彰也。

沉謀潜運，正君安人，[1]任賢以爲理，端委而自化，蓋冢臣之忠也。

此言宰相之忠也。沉謀潜運，格君非而不露其迹也。正君安人，

---

[1]　此序原在"卷之七"前，今依整理體例移至"卷之七"下。

上正君德,下安臣民也。任賢爲理,爲國薦賢,分理庶事也。端委自化,自始至終,皆有條理,而上下化也。

廣義

孟子曰:"人不足與適也,政不足間也,惟大人爲能格君心之非。君仁莫不仁,君義莫不義,君正莫不正,一正君而國定矣。"①

寵按:宰相事君,以格君心之非爲第一義。欲格君心之非,以勉君於學爲第一義。

漢陳平曰:"宰相者,上佐天子、理陰陽、順四時,下遂萬物之宜。外鎮撫四方諸侯,[2]内親附百姓,使卿大夫各得任其職也。"

寵按:此言深得宰相之道。

程子曰:"伊尹之耕於有莘,傅說之築於傅巖,天下之事非一一而學之,天下之人非一一而知之,[3]明其在己者而已矣。"

朱子曰:"古之大臣以身任天下之重,非以其一耳目之聰明、一手足之勤力爲能周天下之事也。其所賴以共正君心、同斷國論,必有待於衆賢之助焉。是以君子將以其身任此責者,必咨詢訪問,取之於無事之時,而參伍較量,用之於有事之日。"②

又曰:"宰相以得士爲功,下士爲難。"③

又曰:"延納賢能,退黜姦險,[4]合天下之人,以濟天下之事者,宰相之職也。"

又曰:"做宰相,只要辦一片心、一雙眼。眼明則能識得賢不肖,心公則能進退得賢不肖。"[5]

陸先生曰:"宰相,元氣也。臺諫,藥石也,調和燮理,輔元氣也。繩愆弼違,備藥石也。元氣之養貴平,藥石之用貴明,故人君者托心膂於宰相,而寄耳目於臺諫。心膂欲其平,耳目欲其明也。"④

---

① 出自《孟子·離婁上》。
② 參見《希賢錄》卷五《致治門·宰相嘉言》。
③ 參見《希賢錄》卷五《致治門·宰相嘉言》。
④ 參見《希賢錄》卷五《致治門·宰相嘉言》。

寵按：故於冢臣之後，即以諫官繼之。

諫於未形者，上也。諫於已彰者，次也。諫於既行者，下也。夫諫始於順辭，中於抗議，終於死節，以成君休，[6]**以寧社稷。蓋諫臣之忠。**

此言諫臣之忠也。消之於未形，格心之臣也。止之於已彰，以口舌爭之也。諫之於既行，欲其改圖也。止將然不若止未然，止已然又不若止將然，故云"上、中、下"也。然進諫又有道。始於順辭，謂從容婉曲巽言，以冀君之聽也。諫若不入，則中於抗議，謂慷慨激烈，犯顏極諫，以冀君之聽也。倘猶不從，則終於死節，殞身致命，以冀君之從也。凡此皆進諫之道，而其心總欲成君之休美，以安寧其社稷而已。

廣義

杜莘老曰："臺諫當論天下第一事。若有所畏，姑言其次，是欺其心不敬其君者也。"①

羅豫章曰："諫官以正直忠厚爲本。正直則朝廷無過失，忠厚則天下無怨嗟，二者不可偏也。一於正直而不忠厚，則漸入於刻；一於忠厚而不正直，則流入於懦。"②

程明道爲御史，告君曰："使臣拾遺補過則可。若搜索臣下短長以沽直名，臣不能也。"③

漢汲黯曰："天子置公卿輔弼之臣，寧令從諛承意，陷主於不義乎？且已在其位，縱愛身，奈辱朝廷何！"④

呂東萊曰："進諫之道，使君畏吾之言，不若使君信吾之言；使君信吾之言，不若使君使君樂吾之言。戒之以禍者，所以使君之畏也。喻之以理者，所以使君之信也。悟之以心者，所以使君之樂也。"[7]

---

① 參見《宋史》卷三八七《列傳第一百四十六》。
② 參見《宋史》卷四二八《列傳第一百八十七》。羅豫章即宋儒羅從彥。
③ 參見《希賢錄》卷六《致治門·臺諫嘉言》。
④ 參見《史記》卷一二〇《汲鄭列傳第六十》。

竈按：悟之以心，非有大臣格心的學問不能。

君子之事上也，入則獻其謀，出則行其政，居則思其道。動則有儀，秉職不回。蓋百工之忠。

此言百工之忠也。百工即百官也。《尚書·堯典》云"允釐百工，庶績咸熙"是也。獻謀者，嘉謀、嘉猷無不入告也。行政者，承流宣化，靖共爾位。思道者，閑居則思。所獻所行者，何以不負天子、不負所學也。動則有儀者，凡所舉動，足爲人法則也。秉職不回者，各盡職業，直道以事君也。

奉天子之命，[8]**出於四方以觀風。聽不可以不聰，視不可以不明。聰則辨於理，明則審於事。**[9]**去其私，正其色，不害理以傷物，不憚勢以舉任，惟善是與，惟惡是除，則天下敬職，萬邦以寧。蓋監司之忠。**

此言監司之忠也。監司奉天子之命而出，即天子耳目之所寄也。不聰則惑於所聞，而理不辨；不明則蔽於所見，而事不審。去私者，內絕賂賄，外絕請托也；正容者，容貌端嚴，可畏可象也。不害理以傷物，求罪惟公也；不憚勢以舉任，用人惟賢也。惟善是與，故君子効先；惟惡是除，故小人伏罪。如是則大小有司，誰敢不敬其職，而萬邦安寧矣。

廣義

朱子曰："四海之利病，繫斯民之休戚。斯民之休戚，繫守令之賢否。然而監司者，守令之綱也。監司得其人，而後列郡之得失可得而知；郡守得其人，而後屬縣之治否可得而察。夫如是，則事之所謂利，民之所謂休，將無所不舉；事之所謂病，民之所謂戚，將無所不除。"①

又曰："爲大吏須求賢才、[10]去贓吏、除暴斂、均力役，這是定格局，[11]合如此做。"[12]

在官惟明，涖事惟平，立身惟清。清則無欲，平則不曲，明能正

---

① 參見《大學衍義補》卷一《治國天下之要·正朝廷》。

俗。三者備矣，然後可以治人。[13]蓋守令之忠。

此言守令之忠也。守令爲天子牧民者也。不明，則民間利弊知之不真；不公，則紛争辨訟聽斷不當；不清，則貪財好貨，欺君虐民。故爲守令者，必清、明、公三者兼備，然後可以爲民父母，可以治人矣。

廣義

西山《政訓》一曰："律己以廉。凡居官者，[14]萬分廉潔，只是小善；[15]一點貪污，便爲大惡。不廉之吏，如蒙不潔，雖有他美，莫能自贖。"一曰："撫民以仁。爲政者，當體天地生萬物之心，與父母保赤子之心，有一毫之慘刻，非仁也；有一毫之忿疾，非仁也。"一曰："存心以公。《傳》曰：'公生明。'私意一萌，則是非易位，欲事之當理不可得也。"一曰："涖事以勤。當官者一日不勤，則下必有受其弊者。[16]古之聖賢，猶且日昃不食，坐以待旦，况其餘乎。""廉、仁、公、勤，四者乃爲政之本，[17]而崇風教、清刑獄、[18]平賦税、禁苛擾，乃其餘條目，務在力行。"

統軍之帥，[19]**仁以懷之，義以厲之，禮以訓之，信以行之，賞以勸之，刑以嚴之，行此六者謂之有制。**[20]**故三軍盡其心、**[21]**竭其力、致其命。蓋武臣之忠。**

此言武臣之忠也。王者設立武臣，原以威制四方，安輯百姓也。則統三軍之將帥，豈易易哉？必體王者之心，以制此三軍。有仁以體恤之、保護之，同其勞逸、共其饑飽焉；又有義以整齊之、激勸之，告以君父之倫，示以生死之節焉；禮以訓之，使之，作止有度，進退有方；信以行之，爲之，號令必嚴，節制不爽；賞以勸之，功小者錫以金帛，功大者請予爵土；刑以嚴之，犯禁者必誅，失伍者必去。行此六者，是謂有紀律之師，故三軍之衆得將帥之勸懲，無不盡其心、竭其力、致其命，以從事於疆埸也。

廣義

孫子曰："將者，智信仁勇嚴也。"①

----

① 參見《孫子兵法》。孫子即孫武。

岳武穆曰:"仁信智勇嚴,五者不可闕一。"①

荀子曰:"制號政令,欲嚴以威;慶賞刑罰,欲必以信;處舍收藏,欲周以固。徙舉進退,欲安以重,欲疾以速;窺敵觀變,欲潛以深,欲互以參。[22]遇敵決戰,必行吾所明,無行吾所疑。"[23]

范文正公曰:"將不識古今,[24]匹夫勇耳。"

寵按:爲將者,平居當修封疆、守要害、繕甲兵、謹禁防、嚴斥堠、明賞罰,以立威。廣儲積以足食,練士卒以蓄銳,慮無不周,備無不飭。一旦用兵,又在重國體察敵情,見可而進,知難而退。進不求名,退不避罪。若乃易敵以邀小利,貪功而昧遠圖,宜切爲戒也。

祇承君之法度,行孝弟於其家,服勤稼穡以供王賦。此庶人之忠也。[25]

庶人於人君所立之法度,敬以承之,不敢干犯;入孝出弟,以事父兄;稼穡以時,供納賦稅。庶人之忠,當如是也。

天下盡忠則淳化行,政教以之而美,禮樂以之而興,刑罰以之而清。四海之内有太平音,是故播於雅頌,傳於無窮。

此總結上文之意也。天下盡忠,謂自宰相以至於庶人,無一人不盡忠,則淳化自行矣。政教美、禮樂興、刑罰清,四海之内皆欣欣然,擊壤鼓腹有太平之音。人君以其成功告於上下,事於宗廟,播之樂章,傳於後世焉。

【校勘記】

［1］正君安人:《忠經·冢臣章第三》作"正國安人"。
［2］外鎮撫四方諸侯:《漢書》卷四〇《張陳王周傳第十》作"外填撫四夷諸侯"。
［3］天下之人:《二程遺書》卷二五《暢潛道本》作"天下之賢才"。
［4］退黜姦險:《希賢錄》卷五《致治門·宰相嘉言》作"黜退姦險"。
［5］眼明則能識得賢不肖,心公則能進退得賢不肖:《朱子語類》卷七二《易八》作"心公則

---

① 參見《金陀粹編 續編·金陀粹編》卷九《行實編年六》。岳武穆即岳飛。

能進賢退不肖,眼明則能識得那個是賢,那個是不肖。"
[6] 以成君休:原作"成君之德",據《忠經·忠諫章第十五》,及下文"成君之休美"改。
[7] 君:《左氏博議》卷一《臧僖伯諫觀魚》作"人君"。呂東萊即宋儒呂祖謙。
[8] 奉天子之命:《忠經·觀風章第九》作"惟臣以天子之命"。
[9] 聰則辨於理,明則審於事:《忠經·觀風章第九》作"聰則審於事,明則辨於理"。
[10] 爲大吏須求賢才:《朱子語類》卷九五《程子之書一》作"爲大吏便須求賢才"。
[11] 這是定格局:《朱子語類》卷九五《程子之書一》作"這個都是定底格局"。
[12] 合如此做:《朱子語類》卷九五《程子之書一》作"合當如此做"。
[13] 然後可以治人:《忠經·守宰章第五》作"然後可以理人"。
[14] 凡居官者:《寶顏堂訂正真西山政訓》作"凡名士大夫"。
[15] 只是小善:《寶顏堂訂正真西山政訓》作"止是小善"。
[16] 則下必有受其弊者:《寶顏堂訂正真西山政訓》作"下必有受其弊者"。
[17] 四者乃爲政之本:《寶顏堂訂正真西山政訓》作"四者乃爲政之本領"。
[18] 清刑獄:《寶顏堂訂正真西山政訓》作"清獄犴"。
[19] 統軍之帥:《忠經·武備章第八》作"統軍之師"。
[20] 謂之有制:《忠經·武備章第八》作"謂之有利"。
[21] 故三軍:《忠經·武備章第八》作"故得師"。
[22] 欲互以參:《荀子》卷十《議兵篇第十五》作"欲伍以參"。
[23] 必行吾所明無行吾所疑:《荀子》卷十《議兵篇第十五》作"必道吾所明,無道吾所疑"。
[24] 將不識古今:《宋史》卷二九〇《列傳第九十四》作"將不知古今"。范文正公即范仲淹。
[25] 此庶人之忠也:《忠經·兆人章第六》作"此兆人之忠也"。

卷之八　明倫録

明倫録序[①]

五倫者,天經地義,萬世不易者也。身以此修,家以此齊,國以此治,天下以此平。是以聖賢立教垂訓,無不以人倫爲兢兢,其散見於經傳者詳矣。讀者知之而不由,行之而不力,雖日在君父之前,而所以爲臣子者,不堪問焉;日處夫婦、昆弟、朋友之間,而所以爲夫婦、昆弟、朋友者,實多愧焉。余歸里後,翻閱群書,擇其明白易曉者,録成一編,以便省閱,兼於倫常有小補焉。

總　論

《書·堯典》:"舜命契曰:'百姓不親,五品不遜,汝作司徒,敬敷五教,在寬。'"

蔡氏曰:"親,相親睦也。五品,父子、君臣、夫婦、長幼、朋友也。遜,順也。司徒,掌教之官。敷,布也。五教,父子有親,君臣有義,夫婦有別,長幼有序,朋友有信。以五者當然之理而教,令也。敬,敬其事也。寬裕以待之也。蓋五者之理出於人心之本然,非有強而後能者,自其拘於氣質之偏,溺於物欲之蔽,始有昧於其理,而不相親愛,不相遜順者,於是命契爲司徒,使之敬以敷教,而又寬裕以待之,[1]使之優柔浸漬,以漸而入,則天性之真,自然呈露,不能自已矣。"

---

① 此序原在"卷之八"前,今依整理體例移至"卷之八"下。

《大學》："爲人君，止於仁；爲人臣，止於敬；爲人子，止於孝；爲人父，止於慈；與國人交，止於信。"

真氏曰："按：大學之道，在止於至善。爲人君、爲人臣，以至與國人交，各有所當止。止，云者必至於是而不遷之謂也。以君道言之，有一毫未至於仁，不可以言止。知仁當爲而或出焉，或入焉，亦不可以言止。何謂仁？克己復禮，仁之體也。愛人利物，仁之用也。爲人君者，內心有以去物欲之私，使視聽言動，無一不合於禮；外必有以廣民物之愛，使鰥寡孤獨，[2] 無一不遂其生，此所謂仁也。必有是體，然後其用行焉。故君道必主於仁，而爲仁必極其至，所謂止於至善也。以此推之，則臣之敬、子之孝、父之慈、與國人交之信，皆以極至爲當止之地。若夫以貌恭爲敬，以從令爲孝，以長惡爲慈，以小諒爲信，而曰止於是焉，則非所敢知也。"[3]

《中庸》孔子曰："君臣也，父子也，夫婦也，昆弟也，朋友之交也，五者天下之達道也。"

朱子曰："達道者，天下古今所共由之路，即《書》所謂五典，《孟子》所謂'父子有親、君臣有義、夫婦有別、長幼有序、朋友有信'是也。"

晏子曰："君令臣共，父慈子孝，兄愛弟敬，夫和妻柔，姑慈婦聽，禮也。君令而不違，臣共而不貳；父慈而教，子孝而箴；兄愛而友，弟敬而順；夫和而義，妻柔而正；姑慈而從，婦聽而婉，禮之善物也。"①

真氏曰："君令臣共以下皆禮之當然也。然君以出令爲職要，必不違於理，然後人心服而令必行；否，則言悖而出亦悖而入，未見其能令也。臣之事君以恭爲本，然必忠誠不貳，[4] 然後可貴；否，則外有事君之禮，內有慢上之心，[5] 未見其能恭也。父慈而不能教，則敗其子。子孝而不能箴，則陷父於不義。兄能愛弟矣，又必有切磋之益，如朋友之相資，不然則義揜於恩，其失爲徒愛，弟能敬兄矣，又必有和順之

---

① 參見《大學衍義》卷六《格物致知之要一·明道術》。

美，使情意相親而無間，不然禮勝則離，其失爲徒敬。夫之於婦，貴乎和協，苟不知義，則溺愛而失其剛，非夫道也，婦之於夫，貴乎柔巽，苟不由正，則狃說而流於淫，非妻道也。君臣而下皆以二德相濟，惟姑之於婦，一於慈而從；婦之於姑，一於聽而婉。蓋姑婦相與，[6]專主於和柔，而無取於剛勁，故與前四者不得不異也。禮之善物，謂八者之禮於事爲善也，不然，則得其偏而無相濟之美，其得爲善乎？"

欒共子曰：'民生於三，事之如一。父生之、師教之、君食之。非父不生、非食不長、非教不知。生之族也，故一事之，[7]惟其所在，則致死焉。'"

陳氏曰："食，養也。族，類也。君父師，皆人之所由生者，故曰'民生於三'，又曰'生之族也'。'一事之'，謂事之如一。[8]'所在致死'，謂在君爲君，在父爲父，在師爲師。"

漢《白虎通義》曰："三綱者，何謂也？謂君臣、父子、夫婦也。六紀者，何謂也？謂諸父、兄弟、族人、諸舅、師長、朋友也。故君爲臣綱、父爲子綱、夫爲妻綱。何爲綱紀？綱者，張也。紀者，理也。大者爲綱，小者爲紀。所以張理上下，[9]整齊人道也。人皆懷五常之性，有親愛之心，是以綱紀萬化，[10]若羅網之有綱紀而萬目張也。"[11]

真氏曰："天下之事，衆矣。聖人所以治之者，厥有要焉。惟先正其本而已。本者何？人倫是也。故三綱正則六紀正，六紀正則萬事皆正。猶舉綱者，提其綱紀而衆目畢張也。若綱紀不正，事事而理之，猶整亂絲，其能治乎？即三綱而言之，君爲臣綱，君正則臣亦正矣。父爲子綱，父正則子亦正矣。夫爲妻綱，夫正則妻亦正矣。故爲人君者，必正身以統其臣；爲人父者，必正身以律其子；爲人夫者，必正身以率其妻，如此則三綱正矣。"

董仲舒曰："人受命於天，固超然異於群生。入有父子兄弟之親，出有君臣上下之義，[12]會聚相遇，則有耆老長幼之施，燦然有文以相接，[13]歡然有恩以相愛，此人之所以貴也。"

陳氏《述訓》曰："今之人涉獵經史，博古通今，遂謂學問在是，而於五倫之道不講。夫學者惟學乎？人倫而止爾。明此人倫則謂之大識見，行此人倫則謂之大踐履，敷此人倫則謂之大事業。蓋五倫之外，更有何學問可言耶？"①

羅豫章曰："君明，君之福；臣忠，臣之福。君明臣忠，則朝廷治安，得不謂之福乎？父慈，父之福；子孝，子之福。父慈子孝，則家道隆盛，得不謂之福乎？俗人以富貴爲福，陋哉！"②

韋齋先生，③朱子之父也。每言父子主恩、君臣主敬，是爲天下之大義，無所逃於天地之間。

朱子曰："父子兄弟爲天屬，而以人合者居其三焉。夫婦者，天屬之所由以續者也。君臣者，天屬之所賴以全者也。朋友者，天屬之所賴以正者也。是則所以綱紀人道，建立人極，不可一日而偏廢。"④

薛敬軒曰："人之所以異於禽獸者，倫理而已。何謂倫？父子、君臣、夫婦、長幼、朋友，五者之倫序是也。何謂理？即父子有親，君臣有義，夫婦有別，長幼有序，朋友有信，五者之天理是也。於倫理明而且盡，始得稱爲人之名。苟倫理一失，雖具人之形，其實與禽獸何異哉？蓋禽獸所知者，不過渴飲饑食，雌雄牝牡之欲而已。其於倫理，則蠢然無知也。故其於飲食雌雄牝牡之欲既足，則飛鳴躑躅群游旅宿，一無所爲。若人但知飲食男女之欲，而不能盡父子君臣夫婦長幼朋友之倫理，即煖衣飽食，終日嬉游曠蕩，[14]與禽獸無別矣。聖賢憂人之陷於禽獸也，如此其得位者則修道立教，使天下後世之人皆盡此倫理；其不得位者，則著書垂訓，亦欲使天下後世之人皆盡此倫理。[15]是則聖賢窮達雖異，而君師萬世之心則一而已。"

寵按：今雖至愚極陋之人，指之曰"女禽獸"，必怫然怒。夫此怫然怒者，即羞惡之良心也。孰知其陽惡禽獸之名，而陰蹈禽獸之實

---

① 參見《希賢錄》卷三。
② 參見《希賢錄》卷三《敦倫門·總論》。
③ 參見《希賢錄》卷三《敦倫門·總論》。韋齋先生，朱子之父朱松。
④ 參見《希賢錄》卷三《敦倫門·總論》。

哉！何不返求其良心，而自盡其所爲倫理者，庶不至終陷於禽獸也。

昔有人於禪子言曰："五倫者，無論衰亂之時，暴棄之人，必不能離。汝等欲超出三界，脱離人倫畢竟脱離不得。"[16]如善知識高座，俗僧禮拜於下，叢林分職辦務，陞黜賞罰，清規極嚴。此非君臣之道乎？宗派法嗣即父子也。同門者，兄弟。遍參者，朋友。所以生育爾僧，而至今不絶者，夫婦也。無此五者，豈復成道場？復有禪宗哉？汝所脱者真五倫，而別尋假五倫。用究竟假五倫之事，[17]即真五倫之道。故曰：'脱離不得也。'"

寵按：此論真令禪家理屈辭窮，尚不知反邪歸正，非人類也。

吕新吾曰："隔之一字，人情之大患，故君臣、父子、夫婦、朋友，上下之交，務去隔。此字不去，而不怨叛者未之有也。"①

魏石生曰："凡處君臣、父子、兄弟、夫婦、朋友間，有當規正處，須以委婉開導爲善，若過於激懇，則君臣或至於離，父子或至於傷，兄弟或至於鬩牆，夫婦或至於反目，朋友或至於絶交。今人如此者多矣。然委婉開導，非積誠不能動之。"②

父　子

朱子曰："人之所以有此身者，受形於母，而資始於父。雖有強暴之人，見子則憐，至於襁褓之兒，見父則笑，果何爲而然哉？初無所爲而然，此父子之道，所以爲天性而不可解也。然父子之間或有不盡其道者，是豈爲父而天性有不足於慈？爲子而天性有不足於孝者哉？[18]人心本明，天性素具，但爲物欲所昏，利害所蔽，故小則傷恩害義而不可開，大則滅天亂倫而不可救。"

寵按：此言父子所以當親之故與所以不相親之由也。所以當親

---

① 參見《呻吟語》卷一《内篇·性命》。吕新吾即明儒吕坤。
② 參見《静怡齋約言録》卷二《内篇》。魏石生即清儒魏裔介。

者，蓋父母生子，子受生於父母，慈孝之心根於天性，不假強爲者也；所以不相親者，由於爲物欲所昏、利害所蔽而然也。爲父子者，誠能返求其本心而克去其昏蔽，庶不至於傷恩害義、滅天亂倫矣。

《內則》曰"事父母"云云。《內則》，《禮記》篇名。今其文俱載《小學》。此人子事親，一日不可廢者。慎勿以爲小節而忽之也。

寵按：《內則》大略謂子事父母，當早起，衣服冠而適往也。父母之所，所寢室也。下氣怡聲，問衣寒燠。燠，熱也。低下其氣，怡悅其聲。問衣之燠，將減之也；問衣之寒，將加之也。及父母起，問所欲而敬進之。所欲，意之所欲食者。敬進，進必加敬也。有命應唯敬對，進退周旋慎齊。應唯，應以速也。敬對，對以敬也。進退周旋慎齊，一進一退之時，周回旋轉之際，必謹慎齊莊也。

司馬溫公曰："凡子受父母之命，必籍記而佩之，時省而速行之。事畢則返命焉，或所命有不可行者，則和色柔聲，具是非利害而白之，待父母之許，然後改之。若不許，苟於事無大害者，必當曲從。"①

《曲禮》曰："凡爲人子之禮：冬溫而夏凊，昏定而晨省；出必告，反必面；所游必有常，所習必有業。"②

陳氏曰："溫以致其煖，如溫被之類；凊以致其涼，如扇枕之類。定以安其寢，省以問其安。告，啓也；反，還也；面，猶見也。遊有常，[19]身不他往也。習有業，[20]心不妄用也。"

《禮記》曰："孝子之有深愛者，必有和氣；有和氣者，必有愉色；有愉色者，必有婉容。嚴威儼恪，非所以事親也。"③

真氏曰："愛根於中者，深然後發於氣、動於色、見於容者。如此非可以僞爲也。嚴威儼恪，居上臨下之容，施之親則厲矣，故曰'非所以事親'。"④

《曲禮》曰："爲人子者，視於無形，聽於無聲。"

---

① 參見《御定小學集注》卷五《外篇》。司馬溫公即宋儒司馬光。
② 出《禮記·曲禮上》。
③ 出《禮記·祭義》。
④ 參見《大學衍義》卷六《格物致知之要一·明道術》。

真氏曰:"孝子之心,惟恐纖介之差、須臾之失,故其潛觀嘿察如此,非誠於事親,豈能若是乎?"[21]

曾子曰:"孝子之養老也,樂其心,不違其志。樂其耳目,安其寢處,以其飲食忠養之。是故父母之所愛亦愛之,父母之所敬亦敬之。至於犬馬盡然,而況於人乎?"①

陳氏曰:"'老'及四'其'字,皆指親而言。樂其心,怡悦其心也。不違其志,承順其志也。"[22]方氏曰:"怡聲以問,所以樂其耳;柔色以温,所以樂其目;昏定所以安其寢,晨省所以安其處;忠者,盡己之心也。"②陳氏曰:"父母所愛之,犬馬猶愛之,而況於人乎?"[23]

楊氏曰:"若兄若弟,吾父母之所愛也,吾豈可以不愛乎?若薄之,是薄吾父母也。若親若賢,吾父母之所敬也,吾其可以不敬乎?若慢之,是慢吾父母也。推類而長,莫不皆然者也。"③

公明儀問於曾子曰:"夫子可以爲孝乎?"曾子曰:"君子之所謂孝也者,先意承志,諭父母於道。參直養而已,安得爲孝乎?"[24]

真氏曰:"父母之意未形,而能逆之於其先;逆,迎也。[25]父母之志已形,而能承之於其後,非深於孝愛,以父母之心爲心者不能。諭者,開說曉譬之謂。爲人子者,平時能以義理開曉其親,[26]置之於無過之地也。"

吕氏曰:"人心喜則志氣暢達,[27]飲食多進而不傷,血氣冲和而不鬱,自然無病而體充身健,安得不壽?故孝子之於親也,終日乾乾,惟恐有一毫不快事到父母心頭。自家既不惹起,外觸又極防閑。無論貧富、貴賤、常變、順逆,只是以悦親爲主。蓋'悦'之一字,乃事親第一傳心口訣也。即不幸而親有過,亦須在'悦'字上用工夫。幾諫極

---

① 出《禮記·内則》。
② 參見《御定小學集注》卷二《内篇·明倫第二》。方氏即宋儒方慤。
③ 楊氏即宋儒楊復。關於此論所出有二:一是真德秀,二是楊復。真德秀《大學衍義》卷六《格物致知之要一·明道術》、《禮記集說》卷七一等皆言真氏;《性理群書大全》卷一九《家禮二》、《圖書編》卷一一一《司馬氏居家雜儀》等言爲楊復。

誠,[28]耐煩留意委曲方略,自有回天妙用。若直諫以甚其過,[29]暴棄以增其怒,不悅莫大焉,故曰:'不順乎親,不可以爲子。'"此以上皆言人於事親之常道也。

虞舜父頑、母嚚、象傲,克諧以孝烝烝,乂不格姦。①

蔡氏曰:"舜父號瞽瞍,心不則德義之經曰頑。[30]母,舜後母也,口不道忠信之言爲嚚。象,舜異母弟名。傲,驕慢也。克,能也。諧,和也。烝,進也。乂,治也。格,至也。言舜不幸遭此,而能和以孝,使之進進,以善自治而不至於大爲姦惡也。"

韓氏曰:"父慈而子孝,此常事不足道。獨父母不慈,而子不失孝,此古今所以推大舜也。"②

楊子曰:"事父母自知不足者,其舜乎。不可得而久者,事親之謂也。孝子愛日。愛日者,惜此日之易過,懼來日之無多,而不得久事其親也。"③

子曰:"天之所生,地之所養,惟人爲大。父母全而生之,子全而歸之,可謂孝矣。不虧其體,不辱其身,[31]可謂全矣。故君子頃步而不敢忘孝也。大猶貴也。一舉足爲頃,再舉足爲步。"

方氏曰:"不虧其體,所以全其形;不辱其身,所以全其德。"④此言人子當守身以盡孝也。

許氏曰:"事親大節,自是養志、養體、致愛、致敬。四事中,致愛、致敬尤急。"⑤

曹氏曰:"父母者,子之天地也。子若欺父母,即欺天地;慢父母,即慢天地。人而欺慢天地,莫大之罪也。爲人子者,可不深省而切責之乎?"⑥

---

① 出自《尚書·堯典》。
② 參見《希賢錄》卷三《敦倫門·父子》。韓氏即宋儒韓琦。
③ 參見《揚子法言》卷十。楊子即揚雄,又作楊雄。
④ 參見《御定小學集注》卷四《內篇·右立教》。方慤所言。
⑤ 參見《魯齋遺書》卷一《語錄上》。許衡所言。
⑥ 參見《御定孝經衍義》卷八《衍要道之義·父子》。曹端所言。

子曰："事父母,幾諫,見志不從,又敬不違,勞而不怨。幾,微也。"①

曾子曰："父母愛之,喜而弗忘;父母惡之,懼而無怨。父母有過,諫而不逆。"②

朱子曰："諫而不逆,謂委曲作道理以諫,不唐突以觸父母之怒也。"③

《內則》曰："父母有過,下氣怡色,柔聲以諫。諫若不入,起敬起孝,悅則復諫;下、怡、柔,皆和順之意。蓋諫易至於犯,故欲其和順也。不悅,與其得罪於鄉黨州閭,寧熟諫;不悅而撻之流血,不敢疾怨,起敬起孝。熟諫謂純熟殷勤而諫疾惡也。諫,而父母不悅,其罪輕;不諫,而父母得罪於人,其罪重。二者之間,寧可熟諫。"④

《曲禮》曰："子之事親也,三諫而不聽,則號泣而隨之。"

陳氏曰："將以感動親心,庶或能聽也。"⑤

寵按:以上人子事親。遇父母有過,當如此。

《曲禮》曰："親有疾,飲藥,子先嘗之。嘗,謂度其所堪。醫不三世,不服其藥。"

黃氏曰："飲藥必先嘗,用醫必慎擇,孝子之愛親,無所不用其心也"。郝氏曰："三世亦言屢世,業精非定,[32]祖、考、身,三也。"

司馬溫公曰："父母舅姑有疾,子婦無故不能離親側,親調嘗藥餌而供之。父母有疾,子色不滿容,不戲笑,不宴游,舍置餘事,專以迎醫、檢方、合藥為務,疾已復初。"⑥

以上人子事親,遇父母有疾當如此。

---

① 出自《論語·里仁》。
② 參見《御定小學集注》卷二《內篇·明倫第二》。
③ 參見《御定小學集注》卷二《內篇·明倫第二》。
④ 參見《御定小學集注》卷二《內篇·明倫第二》。
⑤ 參見《御定小學集注》卷二《內篇·明倫第二》。
⑥ 參見《白鹿洞規條目》卷一《父子有親》。司馬溫公即宋儒司馬光。

子曰："孝子之喪親也，哭不偯，氣竭而息，聲不委屈。禮無容、不爲容儀。言不文，服美不安，聞樂不樂，食旨不甘，此哀慼之情也。三日而食，教民無以死傷生。此聖人之政也。喪不過三年，示民有終也。爲之棺槨衣衾而舉之，陳其簠簋而哀慼之，擗踊哭泣，哀以送之；卜其宅兆，而安厝之；爲之宗廟，以鬼享之；春秋祭祀，以時思之。生民之本盡矣，死生之義備矣，孝子之事親終矣。"①

真氏曰："經傳之言喪親，惟此爲略備。居喪者當深體焉。"②

子曰："子生三年，然後免於父母之懷。夫三年之喪，天下之通喪也。"③

孟子曰："三年之喪，齊疏之服，飦粥之食，自天子達於庶人，三代共之。"④

曾子曰："慎終追遠，民德歸厚矣。"⑤

朱子曰："慎終者，喪盡其禮。追遠者，祭盡其誠。"⑥

《禮記》曰："霜露既降，君子履之，必有悽愴之心，非其寒之謂也；春，雨露既濡，君子履之，必有怵惕之心，如將見之。履，踐也。悽愴，悲傷貌。濡，沾濕也。怵惕，驚動貌。見之，謂見其親。"⑦

真氏曰："孝子無一念不在其親，故因霜露之降而感焉，因雨露之濡而感焉。若將見之，此誠之極、孝之至也。"⑧

《祭義》曰："致齊於內，散齊於外。齊之日：思其居處，思其笑語，思其志意，思其所樂，思其所嗜。齊三日，乃見其爲齊者。"⑨

陳氏曰："齊之爲言齊也，所以齊不齊而致其齊也。致齊於內，若

---

① 出自《孝經·喪親章》。
② 參見《大學衍義》卷六《格物致知之要一·明道術》。
③ 出自《論語·陽貨》。
④ 參見《四書章句集注·孟子集注》卷五《滕文公章句上》。
⑤ 出自《論語·學而》。
⑥ 參見《四書章句集注·論語集注》卷一《學而第一》。
⑦ 出《禮記·祭義》。
⑧ 參見《大學衍義》卷六《格物致知之要一·明道術》。
⑨ 出自《禮記·祭義》。

心不苟慮之類；散齊於外，若不飲酒、不茹葷之類。樂，好也。嗜，欲也。五'其'字及所爲皆指親而言。"

"祭之日，入室，僾然必有見乎其位；周還出户，肅然必有聞乎其容聲，[33]出户而聽，愾然必有聞乎其嘆息之聲。"

陳氏曰："入室，入廟室也。僾然，彷彿之貌。見乎其位，如見親之在神位也。周旋出户，謂薦俎酌獻之時，行走周旋之間，或自户内而出也。肅然，儆惕之貌。[34]容聲，[35]舉動容止之聲也。出户而聽，祭畢而出，聽也。愾然，太息之聲也。"

"是故，先王之孝也，色不忘乎目，聲不絕乎耳，心志嗜欲不忘乎心。致愛則存，致愨則著。著存不忘乎心，夫安得不敬乎？"①

輔氏曰："先王能存其心，故親之容色自不忘乎目，親之聲音自不絕乎耳，親之心志嗜欲自不忘乎心。"②陳氏曰："致愛者，[36]極其愛親之心也。致愨者，[37]極其敬親之誠也。存，以上文三者不忘而言；著，以上文見乎其位以下三者而言。""著存不忘乎心，則洋洋乎如在其上，如在其左右，夫安得不敬乎？"

程子曰："家必有廟，廟必有主。月朔必薦新，時祭用仲月。冬至祭始祖，陽生之始。立春祭先祖，物生之始。季秋祭禰，物成之始。禰，父廟也。忌日遷主祭於正寢，忌日，親之死日。凡事死之禮，當厚於奉生者。人家能存得此等事數件，雖幼者可使漸知禮義。"③

以上喪祭大略。若夫情文備至，有《文公家禮》在焉，爲子者當遵而行之。

《孝經》曰："孝子之事親，居則致其敬，養則致其樂，病則致其憂，

---

① 出自《禮記·祭義》。
② 參見《御定小學集注》卷六。輔廣所言。
③ 參見《御定小學集注》卷五《外篇》。程子指程頤。

喪則致其哀，祭則致其嚴。五者備矣，然後能事親。致，極也。樂，謂愉色婉容。"①

陳氏曰："人子事親之心，自始至終無一毫之不盡，可謂孝矣。"②

以上子事父母之義。

程子曰："善養子者，當其嬰孩，鞠之，使得所養，全其和氣，乃至長而性美。"③"古人生子能食能言，而教之大學之法，[38] 以豫爲先。人之幼也，知思未有所主，[39] 便當以格言至論日陳於前。雖未曉知，且當薰聒，使盈耳充腹，久自安習，若固有之。雖以他言惑之，不能入也。""父子之間，大率以情勝禮，以恩奪義。惟剛立之人，能不以私愛失其正理。"④

張子曰："爲人父者，當修身以率其子弟。身修則將有不言而威、不令而從者矣。"⑤

朱子曰："父兄有愛其子弟之心者，[40] 當爲求明師良友，[41] 使之究義理之指歸，[42] 而習爲孝弟馴謹之行，以諴其身而已。爵祿之不至、[43] 名譽之不聞，非所憂也。"

劉忠肅公教子孫，先行實，後文藝。每曰："士當以器識爲先，一號爲文人，無足觀矣。"⑥

《自警編》云："養子弟如養芝蘭，既積學以培植之，又積善以滋潤之。父子之間，不可溺於小慈。自小律之以嚴，繩之以理，[44] 則長無不肖之悔。"

---

① 出自《孝經·紀孝行章》。
② 參見《御定小學集注》卷二。
③ 參見《二程遺書》卷二下《附東見錄後》。程頤所言。
④ 參見《周易程氏傳》卷三《周易下經上》。程頤所言。
⑤ 參見《希賢錄》卷三《敦倫門》。張栻所言。
⑥ 參見《宋史》卷三四〇《列傳第九十九》、《自警編》卷三《齊家類》。劉忠肅公即劉摯。

以上父教子之義。

君　臣

朱子曰："君臣父子之大倫，天之經地之義，而所謂民彝也。"①

寵按：有天地即有君臣，其分定於天，而不可易；其理出於性，而不可解。所謂天經地義，所謂民彝也。

子曰："君使臣以禮，臣事君以忠。"②

朱子曰："二者皆理之當然，各欲自盡而已。"③

子曰："君子之事上也，[45]進思盡忠、退思補過，將順其美、匡救其惡，故上下能相親。"

真氏曰："進，謂入見其君，則思盡己之忠；退，謂出適私室，則思補君之過。無一時一念之不在君也。有善焉，承順之，使之益進於善；有惡焉，正救之，使之潛消其惡。[46]此愛君之至也。[47]臣以忠愛而親其君，君亦諒其忠愛而親之。"[48]

孟子曰："人不足與適也，政不足間也。惟大人爲能格君心之非。君仁莫不仁，君義莫不義，君正莫不正。一正君而國定矣。適，過也。間，非也。格，正也。"④

朱子曰："人君用人之非，不足過讁；行政之失，不足非間。惟有大人之德，則能格其君心之不正以歸於正，而國無不治矣。大人者，大德之人，正己而物正者也。"⑤

程子曰："天下之治亂，繫乎人君之仁與不仁耳。心之非，即害於政，不待乎發之於外也。昔者孟子三見齊王而不言事，門人疑之。孟

---

① 參見《晦庵集》卷七五《戊午讞議序》。
② 出自《論語・八佾》。
③ 參見《四書章句集注・論語集注》卷二《八佾第三》。
④ 出自《孟子・離婁上》。
⑤ 參見《四書章句集注・孟子集注》卷七《離婁章句上》。

子曰：'我先攻其邪心，心既正，而後天下之事可從而理也。'夫政事之失，用人之非，知者能更之，直者能諫之。然非心存焉，則事事而更之，後復有其事，將不勝其更矣；人人而去之，後復用其人，將不勝其去矣。是以輔相之職，必在乎格君心之非，然後無所不正；而欲格君心之非者，非有大人之德，亦莫之能也。"

寵按：格君心之非，是人臣事君第一義。

孟子曰："責難於君謂之恭，陳善閉邪謂之敬。吾君不能謂之賊。"①

范氏曰："人臣以難事責於君，使其君爲堯舜之君者，尊君之大也；開陳善道以禁閉君之邪心，惟恐其君或陷於有過之地者，敬君之至也；謂其君不能行善道而不以告者，賊害其君者也。"[49]

子路問事君。子曰："勿欺也，而犯之。"②

朱子曰："犯，謂犯顏諫爭。"③

真氏曰："僞言不直謂之欺，直言無隱謂之犯。欺與犯正相反，故夫子之告子路，使勿欺而犯之，以全其事君之直，戒其事君之僞也。[50]《禮記》謂：'事君有犯而無隱。'④與此略同。"

曾子曰："可以托六尺之孤，可以寄百里之命，臨大節而不可奪也。"⑤

朱子曰："其才可以輔幼君、攝國政。其節至於死生之際而不可奪，可謂君子矣。"⑥

寵按：才本於學，節由於守，必其人平日有學，臨事方能知明而處當。平日有守，臨事方能志定而不移。若平日無學無守，一旦遺大投艱，而始求才節，難矣！

---

① 出自《孟子·離婁上》。
② 出自《論語·憲問》。
③ 參見《四書章句集注·論語集注》卷七《憲問第十四》。
④ 出自《禮記·檀弓上》。
⑤ 出自《論語·泰伯》。
⑥ 參見《四書章句集注·論語集注》卷四《泰伯第八》。

子曰："所謂大臣者，以道事君，不可則止。"①

朱子曰："以道事君者，不從君之欲。不可則止者，必行己之志。"②又曰："不可則止，謂不合，則去也。"③

孟子曰："有官守者，不得其職，則去；有言責者，不得其言，則去。"④

朱子曰："官守，以官爲守者；言責，以言爲責者。"⑤

王蠋曰："忠臣不事二君，烈女不更二夫。"⑥

陳氏曰："忠義之臣，始終一心。貞烈之女，始終一志。不以利害易，不以死生變。"[51]

兄　弟

張子曰："生有先後，所以爲天序。人之生也，先者爲長，後者爲幼，此所謂得於天者，自然之倫序。天之生物也有序，上天生物，皆有不可易之序。知序然後經以正。知長幼之序，則大經以正。"⑦

寵按：長幼之序得於天，失序則違天矣。

孟子曰："孩提之童，無不知愛其親也，及其長也，無不知敬其兄也。"⑧

寵按：知愛知敬，本然之良心也。蔽於欲則失其本心矣。

許氏曰："兄弟同受父母一氣所生，骨肉之至親也。今人不明義理，悖逆天性，生雖同胞，情同吳越，居雖同室，迹如路人。以至計分毫之利，[52]信妻子之言，而結爲死怨，豈知兄弟之義哉？"

---

① 出自《論語·先進》。
② 參見《四書章句集注·論語集注》卷六《先進第十一》。
③ 參見《御定小學集注》卷二《內篇·明倫第二》。
④ 出自《孟子·公孫丑下》。
⑤ 參見《四書章句集注·孟子集注》卷四《公孫丑章句下》。
⑥ 參見《御定小學集注》卷二《內篇·明倫第二》。
⑦ 參見《性理群書句解》卷一二。
⑧ 出自《孟子·盡心上》。

曹氏曰：“人不愛兄弟，是不以父母之心爲心也。苟體父母愛子之心，則於兄弟自不容於不愛矣。”[53]

張子曰：“《斯干》詩《斯干》，《小雅》篇名。‘兄及弟矣，式相好矣，無相猶矣’，言兄弟宜相好，不要相學。猶，似也。人情大抵患在施之不見報，則輟。輟，止也。故恩不能終，不要相學，已施之而已。”①

朱子曰：“不要相學，是不要相學其不好處。如兄能友其弟，[54]弟却不恭其兄，兄豈可學弟之不恭而遂忘其友，但當盡其友而已。如弟能恭其兄，兄却不友其弟，弟豈可學兄之不友而遂忘其恭，但當盡其恭而已。”

顔氏曰：“二親既没，[55]兄弟相顧，當如形之與影，聲之與響，愛先人之遺體，惜己身之分氣，非兄弟何念哉？兄弟之際，異於他人，望深則易怨，地親則易狎。”[56]

寵按：惟易怨，故怨不可宿，惟易狎，故敬不可弛。

馮氏曰：“兄弟之間，凡事讓一步便是堯舜道理。故曰：‘徐行後長謂之弟。’”②又曰：“堯舜之道，孝弟而已矣。”③

袁氏曰：“骨肉之失歡，有始於至微，[57]而終至不可解者。止！由失歡之後，各自負氣，不肯先下氣耳！[58]朝夕群居，不能無相失。相失之後，有一人能先下氣，與之話言，則彼此酬復，遂如平時矣。宜深思之。”

寵按：兄弟之間，或語言不合，或財利相爭，以致失歡，細想都是没要緊事，故曰“至微”，以至微之事而失骨肉之歡，奚可哉！

程子曰：“今人多不知兄弟之愛，且如閭閻小人，閭閻，里巷之門也。得一食，必先以食父母，夫何故？以父母之口重於己之口也。得一衣，必先以衣父母，夫何故？以父母之體重於己之體也。至於犬馬亦然。待父母之犬馬，必異乎己之犬馬也。獨愛父母之子，却輕於己之子，甚者至若仇敵，舉世如此，惑之甚矣。仇敵，仇人相敵也。惑，謂蔽而不知輕重也。”④

---

① 參見《近思錄》卷六《家道》。
② 參見《少墟集》卷三《語錄》。馮氏即馮從吾。
③ 參見《少墟集》卷三《語錄》。
④ 參見《二程遺書》卷一八《劉元承手編》。程子即程頤。

萬章問曰："象日以殺舜爲事,立爲天子,則放之,何也?"放,猶置也。孟子曰："封之也,或曰放焉。"言舜實封之,而或者誤以爲放也。①"仁人之於弟也,不藏怒焉,不宿怨焉,親愛之而已矣。"藏怒,謂藏匿其怒;宿怨,謂留宿其怨。[59]

寵按:舜,大聖人也,必無怨怒於其弟。至其弟,不但怨怒,而且終日欲殺己,猶然不藏不宿,親之愛之。象不惟不能害舜,而反見化於舜,後之處兄弟者,試思己果如舜乎?兄弟果如象乎?己不如舜,兄弟不如象,而又何必藏怒宿怨者?

伯夷、叔齊,孤竹君之二子也。父欲立叔齊,及父卒,叔齊讓伯夷。伯夷曰："父命也。"遂逃去。叔齊亦不立而逃之。[60]國人立其中子。孤竹,國名。

朱子曰："伯夷以父命爲尊,叔齊亦天倫爲重。"②

寵按:夷、齊兄弟,讓國者也。夫人君之尊,一國之富,非小利也。兩人者,一以父命爲尊,一以天倫爲重,視棄國若敝蹝,然今人因區區小利而失兄弟之歡,哀哉!

夫　婦

王吉曰："夫婦,人倫大綱。"③
《内則》曰："禮始於謹夫婦。"
陳氏曰："夫婦,人倫之始。禮爲人倫而設,故始於謹夫婦。"④
司馬光曰："婦者,家之所由盛衰也。"⑤
王通曰："古者,男女之族,各擇德焉,不以財爲禮。"⑥

---

① 參見《四書章句集注·孟子集注》卷九《萬章章句上》。
② 參見《四書章句集注·論語集注》卷四《述而第七》。
③ 參見《希賢錄》卷四《敦倫門·夫婦》。
④ 參見《御定小學集注》卷二《内篇·明倫第二》。
⑤ 參見《御定小學集注》卷五《外篇》。
⑥ 參見《御定小學集注》卷五《外篇》。

《禮記》曰："夫昏禮，[61]萬世之始也。取於異姓，所以附遠厚別也。幣必誠，辭無不腆，告之以直信。信，事人也。信，婦德也。一與之齊，終身不改。"附，托也。托於遠，嫌之義，厚別，[62]重其有別之禮，不欲相襲也。幣，所以將意辭，所以道情。腆，猶善也。信者，事人之道，婦人之德，故以是告戒之。信而無偽，則直在其中矣。[63]齊，謂共牢而食，合卺而酳。不改，謂不改而他適。

"男子親迎。男先於女，剛柔之義也。天先乎地，君先乎臣，其義一也。先，倡道也。執摯以相見，敬章別也。男女有別，然後父子親。父子親，然後義生。義生，然後禮作。禮作，然後萬物安。無別無義，禽獸之道也。昏禮，摯用雁。章，明也。摯雁以相見，行敬以明別也。"①

陳氏曰："有夫婦，然後有父子。父子，所以傳世，故曰'萬世之始'。""男先於女者，剛先於柔之義也，豈獨婚姻之際？如此天造始而地代終，君主倡而臣主和，亦此義也。""男女無別，則淫僻之罪多，而父子之恩薄，故必男女有別，然後父子親。父子親，則義生、禮作，措之家國天下，而萬物各安其所矣。"②

朱子曰："男女居室，人事之至近，而道行乎其間，此君子之道所以費而隱也。然幽闇之中、衽席之上，人或褻而慢之，則天命有所不行矣。此君子之道，所以造端乎夫婦之微密，而極其至，[64]則察乎天地之高深也。然非知幾、謹獨之君子，[65]其孰能體之。《知言》亦曰：'道存乎飲食男女之事，而溺其流者，不知其精。'又曰：'接而知有禮焉，交而知有道焉，惟敬者能守而勿失耳。'[66]亦此義也。"[67]

又曰："陰陽和而後雨澤降，如夫婦和而後家道成。故為夫婦者，當黽勉以同心，而不宜至於有怒。"③

《易‧象》曰："夫妻反目，不能正室也。"④

程子曰："反目，謂怒目相視，不順其夫，而反制之。未有夫不失

---

① 參見《御定小學集注》卷二。
② 參見《御定小學集注》卷二《內篇‧明倫第二》。
③ 參見《詩經集傳》卷二《匏有苦葉四章章四句》。
④ 出自《周易‧小畜》。

道而妻能制之者也。由夫自處不以道，故不能正其室家，而致反目也。"①

《易·象》曰："歸妹，天地之大義也。妹，少女之稱。歸，嫁也。此卦震上兌下。震，長男，兌，少女也。故曰歸妹。天地不交，則萬物不興。歸妹，人之終始也。説以動，所歸妹也。歸妹，卦體長男在上，少女在下，若得其正者。然震，動也。兌，説也。以説而動，未有不失正者。'征凶'位不當也；'無攸利'，柔乘剛也。乘者，陵跨之謂。柔乘剛，婦乘夫，此逆理亂常之事。"②

程子曰："男女有尊卑之序，夫婦有倡隨之禮，此常理也。苟不由常正之道，狥情肆欲，惟説是動，則夫婦瀆亂，男牽欲而失其剛，婦狃説而忘其順，如歸妹之乘剛是也，所以凶，無所往而利也。夫陰陽之配合、男女之交遇，[68]理之常也。然從欲而流放，不由義理，則淫邪無所不至，傷身敗德，豈常理哉？[69]歸妹之所以凶也。"

孔子曰："婦人伏於人也，伏，屈伏也。是故無專制之義，有三從之道：在家從父，適人從夫，夫死從子，無所敢自遂也。自遂，[70]即下文所謂擅爲獨成也。教令不出閨門，事在饋食之間而已矣。饋食，供饋酒食也。已，止也。是故女及日乎閨門之内，及日猶言終日。不百里而奔喪。事無擅爲，行無獨成，參知而後動，參，使人相參也。可驗而後言。驗，證據也。畫不游庭，夜行以燭，[71]所以正婦德也。"

顏氏曰："婦主中饋，居中饋食，婦人主之。惟事酒食衣服之禮耳。國不可使預政，預，干也。家不可使幹蠱。蠱，事也。幹，猶主也。[72]如有聰明才智，識達古今，正當輔佐君子，勸其不足。必無牝雞鳴晨，[73]以致禍也。牝雞鳴晨，婦人預政，幹蠱之喻也。婦人預政幹蠱，則有敗之禍矣。"[74]或有孤孀貧窮，[75]無托者可再嫁否？[76]無夫曰孀。程子曰："只是後世怕寒餓死，故有是説。然餓死事極小，失節事極大。"

真氏曰："夫之道在敬身以帥其婦，婦之道在敬身以承其夫。故

---

① 參見《伊川易傳》卷一《周易上經》。程頤所言。
② 參見《大學衍義》卷九《格物致知之要一·明道術》。真德秀所言。

父之醮子，必曰'勉帥以敬'；送女，[77]必曰'敬之戒之'。夫婦之道盡於此矣。"

朋　友

黃氏曰："朋友者，人類之中志同而道合者也。故曰：'天叙有典'，豈人力也哉？君臣、父子、夫婦、長幼一失其叙，[78]則天典不立；[79]朋友道絶，則雖欲各居其分，[80]不可得也。善而莫予告也，過而莫予規也。觀感廢而怠心生，講習疏而實理晦，則五常百行顛倒錯亂，[81]而不可勝救矣。然則朋友者，列於人倫，而又所以綱紀人倫者。"

朱子曰："朋友之間，[82]責善所以盡吾誠，取善所以益吾德，非以相爲賜也。各盡其道而無所苟焉，[83]則麗澤之益，自有不能已者。"麗澤，見《易》。二澤相附，麗也。兩澤相麗，交相浸潤，互有滋益之象。①

孔子曰："無友不如己者。"②

范氏曰："與賢己者處，則自以爲不足；與不及己者處，則自以爲有餘。自以爲不足則日益，自以爲有餘則日損。"③

曾子曰："君子以文會友，以友輔仁。"④

朱子曰："講學以會友，則道益明；取善以輔仁，則德日進。"⑤

子貢問友。孔子曰："忠告而善道之，不可則止，無自辱焉。"⑥

朱子曰："友所以輔仁，故盡其心以告之。善其説以道之。然以義合者也，故不可則止。若以數而見疏，則自辱矣。"⑦

孔子曰："益者三友，損者三友。友直、友諒、友多聞，益矣。友便

---

① 注文參見《伊川易傳》卷四《周易下經》，程頤所言。
② 出自《論語・學而》。
③ 參見《御定孝經衍義》卷一二《衍要道之義・朋友》。范氏即范祖禹。
④ 出自《論語・顔淵》。
⑤ 參見《四書章句集注・論語集注》卷六《顔淵第十二》。
⑥ 同上。
⑦ 同上。

辟、友善柔、友便佞，損矣。"諒，信實也。善，工也。便，習熟也。①

朱子曰："友直，則聞其過。友諒，則進於誠。友多聞，則進於明。便辟，謂習於威儀而不直。善柔，謂工於媚悅而不諒。便佞，謂習於口語，而無聞見之實。三者損益，正相反也。"②

孟子曰："不挾長、不挾貴、不挾兄弟而友。友也者，友其德也，不可以有挾也。"③

朱子曰："挾者，兼有而恃之之稱。"④陳氏曰："有挾，則取友之意不誠。"⑤

《曲禮》曰："君子不盡人之歡，不竭人之忠，以全交也。"竭，亦盡也。⑥

呂氏曰：[84]"歡，謂好於我。忠，謂盡心於我。不過望於人，則交道可全矣。"

孔子曰："朋友信之。"⑦

朱子曰："朋友之不善，情意自是當疏，但疏之以漸。若無大故，則不必峻絶之。所謂'親者毋失其爲親，故者毋失其爲故也'。"⑧

張子曰："今之朋友，擇其善柔以相與，拍肩執袂以爲氣合。[85]一言不合，怒氣相加。朋友之際，欲其相下不倦，故於朋友之間，主其敬者，日相親與，得效最速。"

程子曰："朋友講習，更莫如相觀而善工夫多。"[86]近世淺薄，以相歡狎溺爲相與，以無圭角爲相歡愛，如此者，安能久？若要久，須是恭敬。君臣、朋友，皆當以敬爲主也。

---

① 參見《四書章句集注·論語集注》卷八《季氏第十六》。
② 同上。
③ 出自《孟子·萬章下》。
④ 參見《四書章句集注·論語集注》卷八《季氏第十六》。
⑤ 參見《御定小學集注》卷二。陳氏指陳櫟。
⑥ 出自《禮記·曲禮上》。
⑦ 出自《論語·公冶長》。
⑧ 參見《朱子語類》卷一三《學七》。"親者毋失其爲親，故者毋失其爲故也"，出自《禮記·檀弓下》。

寵按：五倫皆當以敬爲主。爲人子而能敬，則凡所以事其親者，自無敢慢矣；爲人臣而能敬，則凡所以事其君者，自無敢慢矣；爲人弟而能敬，則凡所以事其兄者，自無敢慢矣；夫婦而能敬，則夫婦之道全；朋友而能敬，則朋友之義盡。天地間只此父子、君臣、夫婦、昆弟、朋友，於此五者能敬，則自然和樂，便是太和景象。雖唐虞三代之治，何以異哉？

師弟子附

韓子曰："古之學者必有師。師者，所以傳道、受業、解惑也。"①

周子曰："師道立，則善人多。善人多，則朝廷正，而天下治矣。"②

《學記》曰："師嚴，然後道尊；道尊，然後民知敬學。"③

程子曰："學者必求其師。記問文章不足以爲人師，以所學者外也。故求師不可不慎。所謂師者何也？謂理也，義也。"④

《弟子職》曰："先生施教，弟子是則。溫恭自虛，所受是極。"則，效也。溫，和也，恭，遜也。自虛，心不自滿也。⑤

朱子曰："所受是極，謂受業須窮究道理到盡頭處也。"[87]

《禮記》曰："事師無犯無隱，左右就養無方，服勤至死，心喪三年。"⑥

劉氏曰："師者，道之所在。諫必不見，拒不必犯也。過則當疑問，不必隱也。心喪者，身無衰麻之服，而心有哀戚之情也。"⑦

余著《明倫錄》，蓋欲行之，非徒知之已也。每於日夜頻自點檢，

---

① 參見《御選古文淵鑒》卷三五《唐·韓愈·師説》。韓子即韓愈。
② 參見《周元公集》卷一《師第七章》。周子即周敦頤。
③ 出自《禮記·學記》。
④ 參見《二程遺書》卷二五《暢潛道本》。程子指程頤。
⑤ 出自《管子·弟子職》。
⑥ 出自《禮記·檀弓上》。
⑦ 參見《御定小學集注》卷二。劉氏，據《檀弓通·檀弓考工二通序》，號恒軒，其餘信息爲墨丁。

覺此中有多少不慊心處。《書》曰："非知之艱，行之維艱。"①豈其然乎？孔子曰："所求乎子，以事父未能也；所求乎臣，以事君未能也；所求乎弟，以事兄未能也；所求乎朋友，先施之未能也。"②大聖人且然，而況吾輩乎？

【校勘記】

［1］又寬裕以待之：原作"又寬以待之"，據《書經集傳》卷一《舜典》及前文"寬裕以待之"補。蔡氏即宋儒蔡沈。

［2］使鰥寡孤獨：《大學衍義》卷六《格物致知之要一·明道術》作"鰥寡孤獨"。

［3］則非所敢知也：《大學衍義》卷六《格物致知之要一·明道術》作"非臣之所敢知也"。

［4］忠誠不貳：《大學衍義》卷六《格物致知之要一·明道術》作"忠誠不二"。

［5］慢上之心：《大學衍義》卷六《格物致知之要一·明道術》作"嫚上之心"。

［6］姑婦相與：《大學衍義》卷六《格物致知之要一·明道術》作"婦姑相與"。

［7］故一事之：《國語》卷七《晉語一》作"故壹事之"。

［8］謂事之如一：《御定小學集注》卷二《內篇·明倫第二》作"即事之如一"。

［9］張理上下：《白虎通義》卷下《三綱六紀》作"疆理上下"。

［10］綱紀萬化：《白虎通義》卷下《三綱六紀》作"紀綱萬化"。

［11］羅網之有綱紀：《白虎通義》卷下《三綱六紀》作"羅網之有紀綱"。以上三條謝氏引文同真氏《大學衍義》，與《白虎通義》略有異，疑謝氏轉引自真書，而非直引自《白虎通義》。

［12］君臣上下之義：《漢書》卷五六《董仲舒傳第二十六》作"君臣上下之誼"。

［13］燦然有文：《漢書》卷五六《董仲舒傳第二十六》作"粲然有文"。

［14］嬉游曠蕩：《敬軒文集》卷一二《戒子書》作"嬉戲游蕩"。

［15］欲使天下後世之人：《敬軒文集》卷一二《戒子書》作"欲天下後世之人"。

［16］脫離人倫：《大呼集》卷八《古宜梁顯祖艮夫氏彙編》作"故求脫離倫物事理之障"，此段呂留良所言。

［17］究竟假五倫之事：《大呼集》卷八《古宜梁顯祖艮夫氏彙編》作"究竟假五倫之理"。

［18］爲子而天性有不足：《御纂朱子全書》卷五《學五·教人人倫師友》作"亦豈爲子而天性有不足"。

---

① 出自《尚書·商書·說命中》。
② 出自《中庸》。

[19] 遊有常：《御定小學集注》卷二《內篇·明倫第二》作"遊必有常"。
[20] 習有業：《御定小學集注》卷二《內篇·明倫第二》作"習必有業"。
[21] 豈能若是乎：《大學衍義》卷六《格物致知之要一·明道術》作"其能若是乎"。
[22] 承順其志也：原作"順承其志也"，據《御定小學集注》卷二《內篇·明倫第二》、《小學句讀記》卷二《明倫第二》改。
[23] 而況於人乎：《御定小學集注》卷二《內篇·明倫第二》作"而況父母所愛敬之人乎"。
[24] 安得爲孝乎：《大學衍義》卷六《格物致知之要一·明道術》作"安能爲孝乎"。
[25] 逆迎也：《大學衍義》卷六《格物致知之要一·明道術》作"逆猶迎也"。
[26] 能以義理開曉其親：《大學衍義》卷六《格物致知之要一·明道術》作"能以理開曉其親"。
[27] 志氣暢達：《呻吟語》卷一《内篇·性命》作"志意暢達"。呂氏即呂坤。
[28] 幾諫極誠：《呻吟語》卷一《内篇·性命》作"幾諫積誠"。
[29] 若直諫：《呻吟語》卷一《内篇·性命》作"若直靜"。
[30] 曰頑：《御定小學集注》卷四《内篇·右立教》作"爲頑"。蔡氏即宋儒蔡沈。
[31] 不辱其身：原作"不辱其親"，據《御定小學集注》卷四《内篇·右立教》及下文方氏所言"不辱其身，所以全其德"改。
[32] 業精非定：《禮記通解》卷二《曲禮下第二》作"精業非定"。郝氏即明儒郝敬。
[33] 容聲：原作"聲容"，據《禮記注疏》卷四七《禮記·祭義》改。
[34] 微惕之貌：《御定小學集注》卷二《内篇·明倫第二》作"敬惕之貌"。
[35] 容聲：原作"聲容"，據《御定小學集注》卷二《内篇·明倫第二》及《禮記注疏》卷四七《禮記·祭義》改。
[36] 致愛者：《御定小學集注》卷二《内篇·明倫第二》作"致愛"。
[37] 致愨者：《御定小學集注》卷二《内篇·明倫第二》作"致愨"。
[38] 而教之大學之法：原作"而教之小學之法"，據《二程文集》卷七《伊川文集二》、《宋文鑑》卷五八《奏疏》及文意改。
[39] 知思未有所主：《宋文鑑》卷五八《奏疏》作"知思未有所至"。
[40] 父兄有愛其子弟之心者：原作"父母有愛其子弟之心者"，據《御纂朱子全書》卷五《學五》、《性理大全書》卷五一《學九》改。
[41] 當爲求明師良友：《御纂朱子全書》卷五《學五》作"其爲求明師良友"，《性理大全書》同《反經錄》。
[42] 使之究義理之指歸：原作"使之知義理之指歸"，據《御纂朱子全書》卷五《學五》、《性理大全書》卷五一《學九》改。
[43] 爵祿之不至：《御纂朱子全書》卷五《學五》作"禄爵之不至"，《性理大全書》同《反經錄》。
[44] 繩之以理：《自警編》卷三作"繩之以禮"。家頤所言。

［45］君子之事上也：原作"君子之事君也"，據《孝經·事君章》改。
［46］使之潛消其惡：《大學衍義》卷十《格物致知之要一·明道術》作"使之潛銷其惡"。
［47］此愛君之至也：《大學衍義》卷十《格物致知之要一·明道術》作"此愛君之至者也"。
［48］君亦諒其忠愛而親之：原作"君亦諒其忠孝而親之"，據《大學衍義》卷十《格物致知之要一·明道術》及文意改。
［49］賊害其君者也：《四書章句集注·孟子集注》卷七《離婁章句上》作"賊害其君之甚也"。范祖禹所言。
［50］戒其事君之偽也：《大學衍義》卷十《格物致知之要一·明道術》作"戒其欺君之偽也"。
［51］不以死生變：《御定小學集注》卷二《內篇·明倫第二》作"不以生死變"。
［52］以至計分毫之利：《魯齋遺書》卷一《語錄上》作"以至計分毫之利，而棄絕至恩"。許氏即許衡。
［53］自不容於不愛矣：《御定孝經衍義》卷十《衍要道之義·兄弟》作"自不容不愛矣"。曹氏即曹端。
［54］友其弟：《御定小學集注》卷五《外篇》作"愛其弟"。下文四"友"處，亦作"愛"。
［55］二親既没：《顏氏家訓》卷上《兄弟篇第三》作"二親即殁"。顏氏即顏之推。
［56］地親則易狎：《顏氏家訓》卷上《兄弟篇第三》作"地親則易弭"。
［57］有始於至微：《袁氏世範》卷上《睦親》作"有本於至微"。袁氏即袁采。
［58］不肯先下氣耳：《袁氏世範》卷上《睦親》作"不肯先下爾"。
［59］謂留宿其怨：《四書章句集注·孟子集注》卷九《萬章句上》作"謂留蓄其怨"。
［60］叔齊亦不立而逃之：《史記》卷六一《伯夷列傳第一》作"叔齊亦不肯立而逃之"。
［61］夫昏禮：原作"昏禮"，據《禮記正義》卷二六《郊特牲》改。
［62］厚別：據《御定小學集注》卷二《內篇·明倫第二》及文意補。
［63］信而無偽，則直在其中矣：此句《御定小學集注》卷二《內篇·明倫第二》在本段末。
［64］而極其至：《御纂朱子全書》卷五《學五·答胡伯逢》作"而語其極"。
［65］謹獨之君子：《御纂朱子全書》卷五《學五·答胡伯逢》作"慎獨之君子"。
［66］惟敬者能守而勿失耳：《御纂朱子全書》卷五《學五·答胡伯逢》作"惟敬者能守而不失耳"。
［67］亦此意也：《御纂朱子全書》卷五《學五·答胡伯逢》作"亦此義也"。
［68］男女之交遇：《伊川易傳》卷四《周易下經》作"男女之交媾"。
［69］豈常理哉：《伊川易傳》卷四《周易下經》作"豈人理哉"。
［70］自遂：《御定小學集注》卷二《內篇·明倫第二》作"專制自遂"。
［71］夜行以燭：《御定小學集注》卷二《內篇·明倫第二》作"夜行以火"。
［72］蠱事也幹猶主也：《御纂朱子全書》卷五《學五·右廣立教》作"幹猶主也蠱事也"。
［73］牝雞鳴晨：《御纂朱子全書》卷五《學五·右廣立教》作"牝雞晨鳴"。
［74］敗之禍：《御纂朱子全書》卷五《學五·右廣立教》作"敗亡之禍"。

[75] 或有：原作"或問"，據《御定小學集注》卷五《學五·右廣立教》、《二程遺書》卷二二下《附雜錄後》改。程頤所言。

[76] 無托者：原作"無可托者"，據《御定小學集注》卷五《學五·右廣立教》、《二程遺書》卷二二下《附雜錄後》改。

[77] 送女：《西山讀書記》卷一三《夫婦》作"親之送女"。

[78] 一失其叙：《勉齋集》卷二一《輔仁錄序》作"一失其序"。

[79] 天典不立：《勉齋集》卷二一《輔仁錄序》作"天典不立，而人道化爲物類矣"。

[80] 則雖欲各居其分：《勉齋集》卷二一《輔仁錄序》作"則此四者，雖欲各居其分"。

[81] 顛倒錯亂：《勉齋集》卷二一《輔仁錄序》作"顛倒錯謬"。

[82] 朋友之間：《晦庵集》卷八一《跋方伯謨家藏胡文定公帖》作"朋友之交"。

[83] 各盡其道：《晦庵集》卷八一《跋方伯謨家藏胡文定公帖》作"然各盡其道"。

[84] 吕氏：原作"陳氏"，據《御定小學集注》卷二《內篇·明倫第二》、《禮記大全》卷一《曲禮上第一》、《永樂大典》卷一〇四八四《禮》改。

[85] 以爲氣合：原作"以爲契合"，據《御定小學集注》卷五《外篇》、《張子全書》卷五《禮樂》、《永樂大典》卷一二〇一六《友》改。

[86] 更莫如相觀而善工夫多：原作"莫如相觀而善工夫多"，據《希賢錄》卷四《敦倫門》、《二程遺書》卷二上《元豐己未吕與叔東見二先生語》補。程子指程顥。

[87] 盡頭處也：《御定小學集注》卷一《內篇》作"盡處也"。

卷之九　理學入門録

理學入門録序[1]

　　學也者,所以變化氣質,而復其性也。自虞廷精一以開先,而詳於説命;至吾孔子集大成,而顔子、曾子、子思、孟子繼其統;閱數代,後宋儒周子,心造獨得,而二程子廣其業;至朱子,又集諸儒之大成。此皆正學相傳,爲天地立心、爲生民立命、爲往聖繼絶學、爲萬世開太平者也。後之學者不入,於虚無寂滅,以傷敗彝倫,則流於記誦詞章,以希世取榮,究之於身心何益哉?於天下國家何補哉?然欲求聖人之學,未有不得其門而能升堂入室者也。寵未知學,爰尊朱子著述,録其大略,俛焉日有孜孜意者,入門之要其在斯乎?願折衷於大賢君子。

　　爲學先要得其門而入,方能循序漸進,以底於成。
　　朱子曰:"俗儒記誦辭章之學,其功倍於小學而無用;異端虚無寂滅之教,其高過於大學而無實。"
　　此兩條説盡學術之弊。
　　爲學須從《小學》起,《小學》是做人的根基。《小學》既成,然後從事於《大學》,以盡窮理正心、修己治人之道,方是聖賢之學。
　　朱子曰:"方其幼也,不習之於《小學》,則無以收其放心、養其德性,而爲大學之基本。[1]及其長也,不進之於《大學》,則無以察夫義

---

[1]　此序原在"卷之九"前,今依整理體例移至"卷之九"下。

理、措諸事業,而收《小學》之成功。"

《小學》之書最切於日用。首立教,次明倫,次敬身,三者《小學》之綱也。明倫之目有五:父子之親、君臣之義、夫婦之別、長幼之序、朋友之交是也。敬身之目有四:心術之要、威儀之則、衣服之制、飲食之節是也。立教者教此,爲學者學此也。

《大學》之書是修己治人之大道,其綱領有三:明明德、新民、止至善是也。其條目有八:格物、致知、誠意、正心、修身、齊家、治國、平天下是也。《大學》一書是萬書之總會處,千古帝王、聖賢修己治人的道理包括在內。

《大學》一書,天德王道,一以貫之。

《小學》《大學》只是一事。《小學》是學明倫敬身的事,《大學》是就上面講究其所以然,由己而推之於人也。

《小學》《大學》只是盡其性而已。

薛氏曰:"《小學》一書,不出父子、[2]君臣、夫婦、長幼、朋友之五倫。五倫不出乎仁義禮智信之性,是則性也者,其《小學》之樞紐也與。"

朱子曰:"《大學》之書,古之大學所以教人之法也。蓋自天降生民,莫不與之以仁義禮智之性矣。[3]然其氣質之稟或不能齊,是以不能皆有以知其性之所有而全之也。一有聰明睿智能盡其性者出於其間,則天必命之以爲億兆之君師,使之治而教之,以復其性。此伏羲、神農、黃帝、堯、舜所以繼天立極,而司徒之職、典樂之官所由設也。三代之隆,其法寖備,然後王宮、國都以及閭巷,莫不有學。人生八歲,則自王公以下,至於庶人之子弟,皆入小學,而教之以灑掃應對進退之節,禮樂射御書數之文。及其十有五年,則自天子之元子、衆子,以至公、卿、大夫、元士之適子,與凡民之俊秀,皆入大學,而教之以窮理、正心、修己、治人之道。此又學校之教、大小之節所以分也。夫以學校之設,其廣如此,教之之術,其次第節目之詳又如此,而其所以爲教,則又皆本之人君躬行心德之餘,[4]不待求之民生日用彝倫之外,是以當世之人無不學。其學焉者，無不有以知其性分之所固有，職分之所當爲，而各俛焉以盡其力。此古昔盛時，所以治隆於上，俗美於下，而非後世之所能及也！"

《大學》八條目必自"格物、致知"始。

格物要先從切近處格起，然后推類，以及其餘。

朱子曰："天道流行，造化發育，凡有聲色貌象而盈於天地之間者，皆物也。既有是物，則其所以爲是物者，莫不各有當然之則，而自不容已，是皆得於天之所賦，而非人之所能爲也。今且以其至切而近者言之，則心之爲物，實主於身，其體則有仁義禮智之性，其用則有惻隱、羞惡、恭敬、是非之情，渾然在中，隨感而應，各有攸主而不可亂也。次而及於身之所具，則有口、鼻、耳、目、四肢之用。又次而及於身之所接，則有君臣、父子、夫婦、長幼、朋友之常。是皆必有當然之則，而自不容已，所謂理也。外而至於人，則人之理不異於己也。遠而至於物，則物之理不異於人也。極其大，則天地之運、古今之變不能外也；盡於小，則一塵之微、一息之頃不能遺也。是乃上帝所降之衷，烝民所秉之彝，劉子所謂'天地之中'，夫子所謂'性與天道'，子思所謂'天命之性'，孟子所謂'仁義之心'，程子所謂'天然自有之中'，張子所謂'萬物之一原'，邵子所謂'道之形體者'。"①

心者，身之主，統性情者也。

性者，仁義禮智信是也。

情者，惻隱、羞惡、恭敬、是非是也。

有此身即有此心，有此心即具此性，有此性便有此情，此皆自然而然者。

耳、目、口、鼻、四肢，乃吾身所具之物，各有其則。口容止，口之則也；氣容肅，鼻之則也；聽思聰、視思明，耳目之則也；非禮勿動，四肢之則也。

---

① 參見《四書或問》卷二《大學》。劉子，謚康公，周頃王季子。邵子，邵雍。

父子、君臣、夫婦、長幼、朋友乃吾身所接之物，各有其則。父子有親，是父子之則；君臣有義，是君臣之則；夫婦有別，是夫婦之則；長幼有序，是長幼之則；朋友有信，是朋友之則。

推而至於人，則人之理不異於己也。

天所賦爲命，人所受爲性，行此之爲道，得此之爲德。以之修己則爲天德，以之治人則爲王道。教者舍是無以爲教，學者舍是無以爲學。

工夫總括處則在主敬。

朱子曰："敬之一字，聖學之所以成始而成終者也。爲小學者，不由乎此，則無以涵養本原，[5]而謹夫灑掃、應對、進退之節，與夫六藝之教。爲大學者，不由乎此，亦無以開發聰明，敬德修業，而致夫明德新民之功也。"

主敬用力處有方。

朱子曰："程子嘗以'主一無適'言之矣。[6]嘗以'整齊嚴肅'言之矣。至其門人謝氏之說，則又有所謂'常惺惺法'者焉。尹氏之說則又有所謂'其心收斂，不容一物'者焉。觀此數語，[7]足以見其用力之方矣。"①

主敬之功，貫始終一，動靜合內外，小學、大學皆不可無也。

朱子曰："修身大法小學備矣！"②

程子曰："《大學》，孔氏之遺書，而初學入德之門也。於今可見古人爲學次第者，獨賴此篇之存，而《論》《孟》次之。學者必由是而學焉，則庶乎其不差矣。"③斯言也，雖聖人復起，豈能易哉？

君子學以復性。性有五常，而仁爲首。孔孟教人，皆以求仁爲急，《論語》《孟子》所載詳矣。蓋全乎仁，則義禮智在其中，故朱子曰：

---

① 門人謝氏，謝良佐。尹氏，尹焞。
② 參見《朱子語類》卷一〇五《朱子二·論自注書》。
③ 參見《四書章句大全·大學章句大全》。

"仁固仁之本體也,義則仁之斷制,[8]禮則仁之節文,智則仁之分別也。"録《仁圖》并《仁説》。①

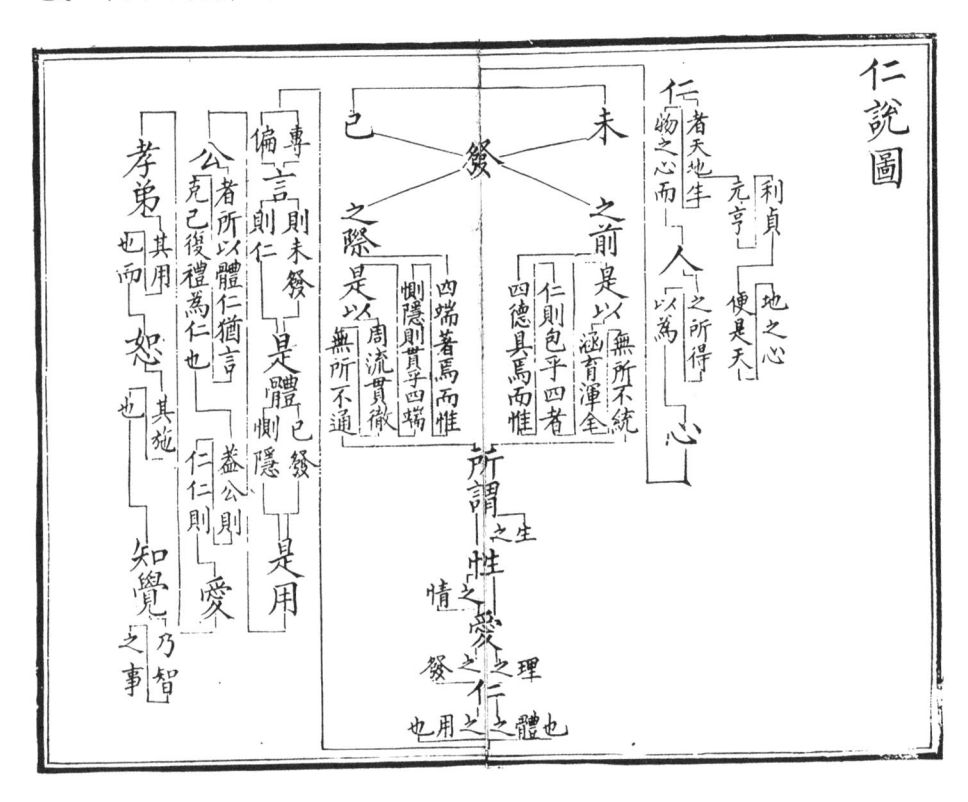

仁　説

朱子曰:"天地以生物爲心者也,而人物之生,又各得夫天地之心以爲心者也。故語心之德,雖其總攝貫通,無所不備,然一言以蔽之,曰仁而已矣。[9]蓋天地之心,其德有四,曰元亨利貞,而元無所不統。其運行焉,則爲春夏秋冬之序,而春生之氣無所不通。故人之爲心,其德亦有四,曰仁義禮智,而仁無所不包。其發用焉,則爲愛恭宜別之情,而惻隱之心無所不貫。故論天地之心者,則曰'乾元''坤元',則四德之體用不待悉數而足。論人心之妙者,則曰'仁,人心也',則

---

① 圖參見《朱子語類》卷一〇五《朱子二·論自注書》。

四德之體用亦不待遍舉而該。蓋仁之爲道,乃天地生物之心,即物而在。情之未發,而此體已具;情之既發,而其用不窮。誠能體而存之,則衆善之源、百行之本,莫不在是。此孔門之教所以必使學者汲汲於求仁也。其言有曰:'克己復禮爲仁。'言能克去己私,復乎天理,則此心之體無不在,而此心之用無不行也。又曰:'居處恭,執事敬,與人忠。'則亦所以存此心也。又曰:'事親孝,事兄弟,及物恕。'則亦所以行此心也。又曰:'求仁得仁。'則以讓國而逃、諫伐而餓,爲能不失乎此心也。又曰:'殺身成仁。'則以欲甚於生、惡甚於死,爲能不害乎此心也。[10]此心何心也?在天地則藹然生物之心,[11]在人則溫然愛人利物之心,包四德而貫四端者也。"

孟子曰:"盡其心者,知其性也。知其性,則知天矣。"①蓋以人之一心,具衆理與天同其體,應萬事與天同其用。性分之中,萬物皆備,苟不知性,則無以盡乎。此心體用之全而與天理隔絶矣。知性則心盡而天即在是矣。録《心説》。

心　説

陳淳曰:[12]"維天之命,於穆不已",所以爲生物之主者,天之心也。人受天命而生,因全得夫天之所以生我者,以爲一身之主,渾然在中,虛靈知覺,常昭昭而不昧,生生而不可已。是乃所謂人之心,其體則即所謂元亨利貞之道具,[13]而爲仁義禮智之性;其用則即所謂春夏秋冬之氣發,[14]而爲惻隱羞惡辭讓是非之情,[15]故體雖具於方寸之間,而其所以爲體,則實與天地同其大,萬理蓋無所不備,[16]而無一物出乎是理之外。用雖發乎方寸之間,[17]而其所以爲用,則實與天地相流通,萬事蓋無所不貫,而無一理不行乎事之中。[18]此心之所以爲妙,貫動静、[19]一顯微、徹表裏,始終無間者也。人惟拘於陰陽五行所

---

① 出自《孟子·盡心上》。

值之不純,而又重以耳、目、口、鼻、四肢之欲爲之累,[20]於是心始牿於形器之小,不能廓然大同無我,而其靈亦無以主於心矣。[21]人之所以欲全體此心而常爲一身之主者,必致知之力到,而主敬之功專,使胸中光明瑩净,超然於氣稟物欲之上,而吾本然之體所與天地同大者,[22]皆有以周徧昭晰而無一理之不明。本然之用與天地流通者,[23]皆無所隔絶間斷,而無一息之不生,是以方其物之未感也,則此心澄然惺惺,如鑑之虛,如衡之平。蓋真對越乎上帝,而萬理皆有定於其中矣。及夫物之既感也,則妍媸高下之應,皆因彼之自爾,[24]而是理固周流該貫,莫不各止其所。如乾道變化,各正性命,自無分數之差,而亦未嘗與之俱往矣。静而天地之體存,一本而萬殊;動而天地之用達,萬殊而一貫。體常涵用,用不離體。體用渾淪,純是天理。日常呈露於動静間,夫然後向之所以得全於天者在我。[25]真有以復其本而維天於穆之命,亦與之爲不已矣。此人之所以存夫心之大略也。[26]所謂體與天地同其大者,①以理言之耳。蓋通天地間,惟一實然之理而已。爲造化之樞紐,古今人物之所同得,但人爲物之靈,極是體而全得之,總會於吾心,即所謂性。雖會在吾之心,爲我之性,而與天固未嘗間,此心之所謂仁,即天之元;此心之所謂禮,即天之亨;此心之所謂義,即天之利;此心之所謂智,即天之所謂貞,其實一致,[27]非引而譬之也。天道無外,[28]此心之理亦無外。天道無限量,此心之理亦無限量。天道無一物之不體,而萬物無一之非天,此心之理亦無一物之不體,而萬物無一之非吾心。[29]天下豈有性外之物而不統於吾心是理之中也哉?但以理言,則爲天地公共,[30]不見其切於己,謂之吾心之體,則即理之在我,有統屬主宰而其端可尋也,此心所以至靈至妙。凡理之所至,其思隨之,無所不至。大極於無際而無不通,細入於無倫而無不貫。前乎千古後乎萬世,[31]而無不徹;近在跬步,遠在萬里,而無不同。[32]雖至於位天地育萬物,亦不過充吾心體之

---

① 按:此句《反經録》接上而録,《北溪大全集》卷一一以此句之下録爲《心體用説》。

本然而非外爲者,此張子所謂"有外之心不足以合天心者也"。[33] 所謂"用與天地相流通者",以是理之流行言之耳。[34] 蓋是理在天地間流行圓轉,無一息之停。凡萬事萬物小大精粗,[35] 無一非天理流行。吾心全得是理,而天理之在吾心,亦本無一息不生,[36] 生而不與天地相流行。人惟欲净情達不隔其所流行,然後常與天地流通耳。[37] 且如惻隱一端,近而發於親親之間,親之所以當親,是天命流行者然也。吾但與之流行而不虧其所親者耳。一或少有虧焉,則天理隔絶於親親之間,[38] 而不流行矣。次而及於仁民之際,如老者之所以當安,少者之所以當懷,入井者之所以當怵惕,亦皆天命流行者然也。吾但與之流行而不失其所懷、所安、所怵惕者耳。一或少有失焉,[39] 則天理便隔絶於仁民之際,而不流行矣。又遠而及於愛物之際,如方長之所以不折,胎之所以不殺,夭之所以不殀,[40] 亦皆天命流行者然也。[41] 吾但與之流行而不害其所長、所胎、所夭者耳。[42] 一或少有害焉,則天理便隔絶於愛物之際,而不流行矣。凡日用間,四端所應皆然,但一事不到,則天理便隔絶於一事之下;一刻不貫,則天理便隔絶於一刻之中。惟其千條萬緒皆隨彼,天則之自爾,而心爲之周流貫通,[43] 無人欲之間焉。然後與元亨利貞流行於天地之間者,[44] 同一用矣。此程子所以指天地變化,草木蕃,[45] 以形容恕心,充擴得去之氣象也。[46] 然亦必有是天地同大之體,然後有是天地流通之用,亦必有是天地流通之用,然後有是天地同大之體,[47] 則其實又非兩截事也。

《説命》曰:"惟學遜志,務時敏。"①孔子本生知安行之聖,其自言生平進德之序,由十五至七十,蓋無日而不學也。朱子善學孔子者也,録《朱子學譜》。

---

① 出自《尚書·説命下》。

朱子學譜

黄勉齋曰：先生年十有四，慨然有求道之志，博求之經傳，遍交當世有識之士，累年精思實體而學之，所造者益深矣。其爲學也，窮理以致其知，反躬以踐其實，居敬者所以成始成終也。謂致知不以敬，則昏惑紛擾，無以察義理之歸；躬行不以敬，則怠惰放肆，無以致義理之實。持敬之方，莫先主一。既爲之箴以自儆，[48]又筆之書，以爲《小學》《大學》，皆本於此。終日儼然，端坐一室，討論典訓，未嘗稍輟。[49]自吾一心一身，以至萬事萬物，莫不有理。[50]存此心於齋莊靜一之中，窮此理於學問思辨之際，皆有以見其所當然而不容已，與其所以然而不可易。然充其知而見於行者，未嘗不反之於身也。不睹不聞之前，所以戒懼者愈嚴愈敬；隱微幽獨之際，所以省察者愈精愈密。思慮未萌而知覺不昧，事物既接而品節不差。[51]無所容乎人欲之私，而有以全乎天理之正。不安於偏見，不急於小成，而道之正統在是矣。其爲道也，有太極而陰陽分，有陰陽而五行具。稟陰陽之氣以生，則太極之理各具於其中。天所賦爲命，人所受爲性。感於物爲情，統性情爲心。根於心，則爲仁義禮智之德；發於情，則爲惻隱羞惡辭讓是非之端；形於身，則爲手足耳目口鼻之用；見於事，則爲君臣父子夫婦兄弟朋友之常；求諸人，則人之理不異於己；參諸物，則物之理不異於人。貫徹古今，充塞宇宙，無一息之間斷，無一毫之虛闕。[52]莫不析之，極其精而不亂，然後合之，盡其大而無餘。先生之於道，可謂建諸天地而不悖，質諸鬼神而無疑矣，[53]故其得於己而爲德也。以一心而窮造化之原，盡性情之妙，達聖賢之蘊；以一身而體天地之運，備事物之理，任綱常之責。明足以察其幾，健足以致其決，弘足以任其重，毅足以致其遠。[54]其存之也，虛而靜，其發之也，果而確，其用之也，應事接物而不窮，其守之也，歷變履險而不易。本末粗精不見其或遺，表裏初終不見其或異。至養深積厚，[55]矜持者純熟，嚴厲者和平。心不待操而存，義不待索而精，猶以爲義理無窮，歲月有限，常歉然有不足之義。[56]蓋有日新、又新所不能已者,而非後學之所可擬議也。其可見之行則脩諸身者,其色莊,其言厲,其行舒而恭,其坐端而直。其閒居也,未明而起,深衣幅巾方履,拜於家廟以及先聖。退坐書室,几案必正,書籍器用必整。其飲食也,羹食行列有定位,匕箸舉措有定所。倦而休也,瞑目端坐。休而起也,整步徐行。中夜而寢,既寢而寤,則擁衾而坐,或至達旦。威儀容止之則,自少至老,祁寒盛暑,造次顛沛,未嘗有須臾之離也。行於家者,奉親極其孝,撫下極其慈。其祭祀也,事無鉅細,[57]必誠必敬。死喪之際,[58]哀戚備至,飲食衰絰,各稱其情。賓客往來,無不延遇,稱家有無,常盡其歡。於親故,雖疏遠必致其愛;於鄉閭,雖微賤必致其恭。吉凶慶弔,禮無所遺,賙恤問遺,恩無所闕。其自奉,則衣取蔽體,食取充腹。居止取足以障風雨,人不能堪,而處之裕如也。若其措諸事業,則州縣之施設、立朝之言論,經綸規畫,正大宏偉,亦可概見。雖達而行道,不能施之一時,然退而明道,足以傳之萬代。謂聖賢道統之傳,散在方册,聖賢之旨不明,[59]則道統之傳始晦,於是竭其精力,以研窮聖賢之經訓。於《大學》《中庸》,則補其闕遺,別其次第綱領條目,粲然復明。於《論語》,[60]則深原當時問答之意,使讀而味之者,如親見聖賢而面命之。於《易》與《詩》,則求其本義,攻其末失,深得古人遺意。於數千載之上,凡數經者,見諸傳注。[61]其關於天命之微、人心之奧,入德之門、造道之閾者,既已極深研幾,探賾索隱,發其旨趣,而無所遺矣。於《書》則疑今文之艱澀,反不若古文之平易。於《春秋》則疑聖心之正大,決不類《傳》《注》之穿鑿。於《禮》則病王安石廢罷《儀禮》而《傳》《記》獨存。於《樂》則憫後世律呂既亡,[62]而清濁無據。是數經者亦嘗討論本末,雖未能著爲成書,然其大旨,固已獨得之矣。若歷代史記,則又考論西周以來,至於五代,取司馬公編年之書,輯以春秋紀事之法。[63]綱舉而不繁,目張而不紊。國家之理亂,臣君之得失,如指諸掌。周、程、張、邵之書,所以繼孔孟道統之傳,歷世未久,[64]微言大義,鬱而未章,[65]先生爲之裒集發明,[66]而後得以盛行於世。至若求道而過者,以爲不立文字可以識心見性，不假修爲可以造道入德。守虛靈之識而昧天理之真，借儒者之言，以文佛老之説。先生力排之，俾不至亂吾道以惑天下。教人以《大學》《語》《孟》《中庸》，[67]爲入道之序，而後及諸經。以爲不先乎《大學》，則無以提綱挈領，而盡《語》《孟》之精微，[68]不參之《論》《孟》，[69]則無以融會貫通而極《中庸》之旨趣。然不會其極於《中庸》，則又何以建立大本，經綸大經，而讀天下之書、論天下之事哉！其於讀書也，必使之辨其音釋，正其章句，玩其詞，求其義，研精覃思以求其所難，[70]平心易氣以聽其所自得。然爲己務實，辨別義利，毋自欺，謹其獨之戒，未嘗不三致意焉。繼往聖將微之緒，開來賢未發之機。[71]辨諸儒之得失，闢異端之訛謬。明天理，正人心。事業之大，又孰有加焉者……是殆天所以相斯文，篤生哲人以大斯道之傳也。

　　先生平居惓惓，無一念不在於國，聞時政之闕失，則戚然有不豫之色，語及國勢之未振，則感慨以至泣下。然謹難進之禮，則一官之拜，必抗章而力辭；厲易退之節，則一語不合，必奉身而亟去。其事君也，不貶道以求售；其愛民也，不徇俗以苟安，故與世動輒齟齬，[72]自筮仕以至屬纊，五十年間歷仕四朝，[73]仕於外者僅九考，立於朝者四十日，道之難行也。如此然紹道統，立人極，爲萬世宗師，則不以用舍爲加損也。

【校勘記】

［１］而爲大學之基本：原作"而爲大學之根本"，據《四書大全·大學或問》、《四書或問》卷一《大學》改。

［２］不出父子：《讀書錄　讀書續錄·讀書續錄》卷二作"不出乎父子"。

［３］莫不與之：《四書章句集注·大學章句序》作"則既莫不與之"。

［４］心德之餘：《四書章句集注·大學章句序》作"心得之餘"。

［５］則無以涵養本原：《四書或問》卷一《大學》作"固無以涵養本原"。

［６］程子嘗以：《四書或問》卷一《大學》作"程子於此嘗以"。

卷之九　理學入門録　233

[7] 觀此數語:《四書或問》卷一《大學》作"觀是數説"。
[8] 仁固仁之本體也義則仁之斷制:原作"仁則仁之本體也義則仁之裁制",據《御纂朱子全書》卷四八《性理七》、《西山讀書記》卷五《元亨利貞》、《御定孝經衍義》卷一《衍至德之義》改。
[9] 曰仁而已矣:《御纂朱子全書》卷四七《性理六·仁》作"則曰仁而已矣,請試詳之"。
[10] 爲能不害乎此心也:《御纂朱子全書》卷四七《性理六·仁》作"而能不害乎此心也"。
[11] 藹然生物之心:《御纂朱子全書》卷四七《性理六·仁》作"块然生物之心"。
[12] 陳淳曰:原作"朱子曰"。按,本篇録自《北溪大全集》卷一一《心説》及《心體用説》,據改。
[13] 其體則即所謂元亨利貞之道具:《北溪大全集》卷一一《説·心説》作"其體則即所得元亨利貞之道具"。
[14] 其用則即所謂春夏秋冬之氣發:《北溪大全集》卷一一《説·心説》作"其用則即所得春夏秋冬之氣發"。
[15] 惻隱羞惡辭讓是非之情:原作"惻隱辭讓羞惡是非之情",據《北溪大全集》卷一一《説·心説》、《御纂朱子全書》卷四四《性理三·心》改。
[16] 萬理蓋無所不備:原作"萬物蓋無所不備",據《北溪大全集》卷一一《説·心説》,《御纂朱子全書》卷四四《性理三·心》改。
[17] 用雖發乎方寸之間:《北溪大全集》卷一一《説·心説》作"用雖發於方寸之間"。
[18] 不行乎事之中:《北溪大全集》卷一一《説·心説》作"不行乎其事之中"。
[19] 貫動靜:原作"具動靜",據《北溪大全集》卷一一《説·心説》、《御纂朱子全書》卷四四《性理三·心》改。
[20] 四肢之欲:《御纂朱子全書》卷四四《性理三·心》作"四支之欲"。
[21] 無以主於心矣:《北溪大全集》卷一一《説·心説》作"無以主於身矣"。
[22] 所與天地同大者:原作"所謂與天地同大者",據《北溪大全集》卷一一《説·心説》、《御纂朱子全書》卷四四《性理三·心》改。
[23] 本然之用與天地流通者:《北溪大全集》卷一一《説·心説》作"本然之用所與天地流通者"。
[24] 皆因彼之自爾:原作"因彼之自爾",據《北溪大全集》卷一一《説·心説》、《御纂朱子全書》卷四四《性理三·心》改。
[25] 得全於天者在我:《北溪大全集》卷一一《説·心説》作"所以得全於天者在我",《御纂朱子全書》卷四四《性理三·心》作"所以全得於天者在我"。
[26] 所以存天之大略也:原作"所以常存天之大略也",據《北溪大全集》卷一一《説·心説》、《御纂朱子全書》卷四四《性理三·心》改。
[27] 其實一致:《北溪大全集》卷一一《説·心體用説》作"真實一致"。
[28] 天道無外:《北溪大全集》卷一一《説·心體用説》作"故天道無外"。

[29] 此句《御纂朱子全書》卷四四《性理三·心》下有雙行小注"那箇不是心做那箇道理,不具於心"。
[30] 則爲天地公共:《北溪大全集》卷一一《説·心體用説》作"則爲天地間之所公共"。
[31] 前乎千古後乎萬世:《北溪大全集》卷一一《説·心體用説》作"前後乎萬古",《御纂朱子全書》卷四四《性理三·心》作"前乎上古,後乎萬古"。
[32] 無不同:《北溪大全集》卷一一《説·心體用説》作"無不周"。
[33] 張子所謂:《北溪大全集》卷一一《説·心體用説》作"張子《正蒙》謂"。
[34] 以是理之流行:《北溪大全集》卷一一《説·心體用説》作"以是理之流行者"。
[35] 萬事萬物小大精粗:原作"萬物萬事大小精粗",據《北溪大全集》卷一一《説·心説》,《御纂朱子全書》卷四四《性理三·心》改。
[36] 一息不生:《北溪大全集》卷一一《説·心體用説》作"一息之不生"。
[37] 與天地流通耳:《北溪大全集》卷一一《説·心體用説》作"與天通耳"。
[38] 則天理隔絕於親親之間:《北溪大全集》卷一一《説·心體用説》作"則天理便隔絕於親親之間"。
[39] 一或少有失焉:原作"或少有失焉",據《北溪大全集》卷一一《説·心體用説》、《御纂朱子全書》卷四四《性理三·心》改。
[40] 夭之所以不殀:《北溪大全集》卷一一《説·心體用説》作"殀之所以不夭"。
[41] 亦皆天命流行者然也:《北溪大全集》卷一一《説·心體用説》作"亦皆天理之流行者然也"。
[42] 所夭者耳:《北溪大全集》卷一一《説·心體用説》作"所殀者耳"。
[43] 而心爲之周流貫通:《北溪大全集》卷一一《説·心體用説》作"而吾心爲之周流貫匝",《御纂朱子全書》卷四四《性理三·心》作"而心爲之周流貫匝"。
[44] 流行於天地之間:《北溪大全集》卷一一《説·心體用説》作"流行乎天地之間"。
[45] 草木蕃:《北溪大全集》卷一一《説·心體用説》作"草木蕃蕃"。
[46] 氣象也:《北溪大全集》卷一一《説·心體用説》作"氣象者也"。
[47] 有是天地:《北溪大全集》卷一一《説·心體用説》作"爲是天地"。
[48] 以自儆:《勉齋集》卷三六《行狀》作"以自警"。
[49] 未嘗稍輟:《勉齋集》卷三六《行狀》作"未嘗少輟"。
[50] 莫不有理:《勉齋集》卷三六《行狀》作"莫不存理"。
[51] 事物既接:《勉齋集》卷三六《行狀》作"事物相接"。
[52] 無一毫之虛闕:《勉齋集》卷三六《行狀》作"無一毫之空闕"。
[53] 質諸鬼神而無疑:《勉齋集》卷三六《行狀》作"質諸聖賢而無疑"。
[54] 明足以察其幾,健足以致其決,弘足以任其重,毅足以致其遠:《勉齋集》卷三六《行狀》作"明足以察其微,剛足以任其重,弘足以致其廣,毅足以極其常"。
[55] 至養深積厚:《勉齋集》卷三六《行狀》作"至其養深積厚"。

[56] 不足之義：《勉齋集》卷三六《行狀》作"不足之意"。
[57] 事無鉅細：《勉齋集》卷三六《行狀》作"事無纖鉅"。
[58] 死喪之際：《勉齋集》卷三六《行狀》作"死喪之禮"。
[59] 聖賢之旨：《勉齋集》卷三六《行狀》作"聖經之旨"。
[60] 於《論語》：《勉齋集》卷三六《行狀》作"於《論語》《孟子》"。
[61] 見諸傳注：《勉齋集》卷三六《行狀》作"見之傳注"。
[62] 律呂既亡：《勉齋集》卷三六《行狀》作"律尺既亡"。
[63] 輯以春秋紀事之法：《勉齋集》卷三六《行狀》作"繩以春秋紀事之法"。
[64] 歷世未久：《勉齋集》卷三六《行狀》作"歷時未久"。
[65] 鬱而未章：《勉齋集》卷三六《行狀》作"鬱而不章"。
[66] 先生爲之裒集發明：《勉齋集》卷三六《行狀》作"爲之裒集發明"。
[67]《大學》《語》《孟》《中庸》：原作"《大學》《中庸》《語》《孟》"，據《勉齋集》卷三六改。下文所序四書，按《大學》《語》《孟》《中庸》，《勉齋集》卷八《書》亦言"四子之序，以《大學》《語》《孟》《中庸》爲次"。
[68]《語》《孟》：《勉齋集》卷三六《行狀》作"《論》《孟》"。
[69] 不參之：《勉齋集》卷三六《行狀》作"不參之以"。
[70] 求其所難：《勉齋集》卷三六《行狀》作"究其所難知"。
[71] 開來賢未發之機：《勉齋集》卷三六《行狀》作"啓前賢未發之機"。
[72] 故與世：《勉齋集》卷三六《行狀》作"故其與世"。
[73] 五十年間歷仕四朝：《勉齋集》卷三六《行狀》作"五十年間歷事四朝"。

卷之十　知性録 附道統并先儒贊、箴、銘

理　氣

朱子曰："天地之間，有理有氣。理也者，形而上之道也，生物之本也；氣也者，形而下之器也，生物之具也。是以人物之生，必禀此理，然後有性；必禀此氣，然後有形。""理氣本無先後之可言，然必欲推其所從來，則須説先有是理。然理又非别有一物，即存乎是氣之中，無是氣則是理亦無掛搭處。氣則爲金木水火，理則爲元亨利貞。"[1]"不可説是今日有是理，明日却有是氣。"①

勉齋黄氏曰："天道是理，陰陽五行是氣。合而言之，氣即是理，一陰一陽之謂道也；分而言之，理自爲理，氣自爲氣，形而上下是也。"②

太　極

朱子曰："太極只是一箇'理'字。""太極非是别爲一物，即陰陽而在陰陽，即五行而在五行，即萬物而在萬物。只是一箇理而已。因其極至，故名曰太極。""太極未動之前便是陰，陰静之中，自有陽之根，陽動之中，又有陰之根。動之所以必静者，根乎陰故也；静之所以必動者，根乎陽故也。"③

西山真氏曰："萬物各具一理，萬物同出一原。所謂萬物一原者，

---

① 參見《御纂朱子全書》卷四九《理氣一》。
② 參見《性理大全書》卷二六《理氣一》。
③ 參見《御纂朱子全書》卷四九《理氣一·太極》。

太極也。太極者,乃萬理總會之名。有理即有氣,分而爲二,[2]則爲陰陽;分而爲五,[3]則爲五行。萬物萬事皆原於此,[4]人與物得之則爲性。性者,即太極也。仁義即陰陽也。仁義禮智信即五行也。萬物各具一理,是物物一太極也;萬理同出一原,是萬物統體一太極也。太極非有形有氣之物,[5]只是理之至者,故曰'無極而太極'。"①

性 命

程子曰:"在天曰命,在人曰性,循性曰道。"②"天之賦予謂之命,[6]禀之在我謂之性,見於事物之謂理。[7]三者未嘗有異,窮理則盡性,盡性則知天命矣。"③

陳氏曰:"性之大目只是仁義禮智四者而已。得天命之元,在我謂之仁;得天命之亨,在我謂之禮;得天命之利,在我謂之義;得天命之貞,在我謂之智。性與命本非二物,故文公曰:'元亨利貞,天道之常。仁義禮智,人性之綱。'"④"命一字有二義,有以理言者,有以氣言者。如'五十知天命',此等'命'字,皆是專指理而言;如清濁厚薄、長短貧富、貴賤壽夭所謂'莫非命也'之'命',此等皆是以氣言。"⑤

性

朱子曰:"有天地之性,有氣質之性。天地之性,則太極本然之妙,萬殊之一本也。氣質之性,則二氣交運而生,一本而萬殊也。"⑥"性即理也,在心唤做性,在事唤做理。""生之理謂性。""性是實理,仁義禮智皆具。"⑦

---

① 參見《西山文集》卷三〇《問答·問致知格物》。
② 參見《二程文集》卷十《伊川文集·書啓·與吕大臨論中書》。程子指程頤。
③ 參見《二程遺書》卷二一下《附師説後》。
④ 參見《性理大全書》卷二《通書一》。陳氏指陳淳。文公指朱熹。
⑤ 參見《北溪字義》卷上《命》。
⑥ 參見《西山讀書記》卷二《氣質之性》。
⑦ 參見《朱子語類》卷五《性理二》。

真氏曰："仁義禮智信之性，古人謂之五常。君臣、父子、夫婦、昆弟、朋友之道，古人亦謂之五常。以性之體而言，則曰仁義禮智信；以性之用而言，則曰君臣之義、父子之仁、夫婦之別、長幼之序、朋友之信，實則一而已。[8]天下豈有性外之物哉？"①

人物之性

朱子曰："論萬物之一原，則理同而氣異；觀萬物之異體，則氣猶相近，而理絕不同。""方付與萬物之初，[9]以其天命流行，只是一般，故理同。以其二五之氣，有清濁純駁，故氣異。氣相近，如知寒煖，識饑飽，好生惡死。人與物都一般，理不同。如蜂蟻之君臣，只是他義上有一點子明，虎狼之父子，只是他仁上有一點子明，其他更推不去。""得其正且通者為人，得其偏且塞者為物。""以氣言之，則知覺運動，人與物若不異；[10]以理言之，則仁義禮智之稟，非物之所能全也。"②

氣質之性

程子曰："論性不論氣，不備；論氣不論性，不明。二之則不是。"③

張子曰："形而後有氣質之性，善反之則天地之性存焉。故氣質之性，君子有弗性者焉。"④

真氏曰："性之不能離乎氣，猶水之不能離乎土也。性雖不離乎氣而氣汩之，[11]則不能不惡矣；水雖不離乎土而土汩之，[12]則不能不濁矣。然清者其先，而濁者其後也；善者其先，而惡者其後也。先善者，本然之性也；後惡者，形而後有也。[13]故所謂善者超然於降衷之初，而所謂惡者雜出於有形之後，其非相對而并出也。昭昭矣！"⑤

---

① 參見《西山讀書記》卷一一《父子》。
② 參見《御纂朱子全書》卷四二《性理一》。
③ 參見《御纂朱子全書》卷四二《性理一》。程子指程顥。
④ 參見《張子全書》。
⑤ 參見《西山讀書記》卷二《氣質之性》。

心

程子曰："心，一也。有指體而言者，寂然不動是也；有指用而言者，感而遂通天下之故是也。"①

張子曰："心，統性情者也。"②

朱子曰："心者，氣之精爽。"[14] "心之理是太極，心之動靜是陰陽。"③ "有主於中，外邪不能入，便是虛；有主於中，理義甚實，便是實。"④ "心主於身，其所以爲體者，性也，所以爲用者，情也，是以貫乎動靜而無不在焉。"⑤

朱子曰："仁義禮智，性也。惻隱羞惡辭讓是非，情也。以仁愛，以義惡，以禮讓，以智知者，心也。性者，心之理也。情者，性之動也。[15]心者，性情之主也。"⑥

真氏曰："大舜十六字，開萬世心學之源。後之聖賢，更相授受，雖若不同，然大抵教人守道心之正而遏人心之流焉耳。孟子於仁義之心，則欲其存而不放，本心欲其勿喪，赤子之心欲其不失，凡此皆所謂守道心之正也。《易》言'懲忿窒慾'，孔子言'克己'，《大學》言'好樂憂患'，則不得其正。孟子言'寡欲'，以小體之養爲戒，以飢渴之害爲喻，凡此皆所以遏人心之流也。心一而已爾，由義理而發，無以害之，可使與天地參；由形氣而發，無以檢之，至於違禽獸不遠。始也特毫末之間，[16]終焉有霄壤之隔。此精一之功，所以爲理學之要歟。"

---

① 參見《二程文集》卷十《伊川文集·書啓》。原書"寂然不動是也""感而遂通天下之故是也"均爲雙行小注。
② 參見《張子全書》卷一四《性理拾遺》。
③ 參見《朱子語類》卷五《性理二》。
④ 參見《朱子語類》卷九六《程子之書二》。
⑤ 參見《性理大全書》卷三二《性理四》。
⑥ 參見《御纂朱子全書》卷四五《性理四》。

意志氣

朱子曰:"意者,心之所發也。"①"心之所之謂之志。"②

陳氏曰:"在内主宰者是心;動出來或喜或怒是情;裏面有箇物,能動出來的是性;[17]運用商量,要喜那人要怒那人是意;心向那所喜所怒之人是志;喜怒之中節處又是性中道理流出來,即其當然之則處是理;其所以當然之根原處是命。"

程子曰:"志御氣則治,氣役志則亂。人忿欲勝志者有矣,以義理勝氣者鮮矣。"③

道理德

朱子曰:"道,則人倫日用之間所當行者是也。"④又曰:"事物當然之理。"⑤

程子曰:"道之外無物,物之外無道。即父子而父子在所親,即君臣而君臣在所嚴,[18]以至爲夫婦、爲長幼、爲朋友,無所爲而非道。此道所以不可須臾離也。"

朱子曰:"道是統名,[19]理是細目。"又曰:"'道'字包得大,理是'道'字裏面許多理脈。"⑥

"君臣有君臣之理,父子有父子之理。"⑦以至夫婦、長幼、朋友,有夫婦、長幼、朋友之理。

凡日用事物,莫不各有當然之理。

朱子曰:"天理只是仁義禮智之總名,仁義禮智便是天理之

---

① 參見《四書章句集注·大學章句》。
② 參見《四書章句集注·論語集注》卷一《爲政第二》。
③ 參見《二程粹言》卷下《心性篇》。
④ 參見《四書章句集注·論語集注》卷四《述而第七》。
⑤ 參見《四書章句集注·論語集注》卷二《八佾第三》。
⑥ 參見《朱子語類》卷六《性理三》。
⑦ 參見《朱子語類》卷六《性理三》。

件數。"[20]

程子曰:"德者,得也,須是實到這裏始得。"[21]

朱子曰:"德之爲言,得也,行道而有得於心也。"①

陳氏曰:"德是行是道而實有得於吾心者……何謂行是道而實有得於吾心?如實能事親,便是此心實得這孝;實能事兄,便是此心實得是弟。大概'德'之一字,是就人做工夫已到處論。"②

又曰:"道與德不是判然二物。道是公共的,[22]德是實得於身,爲我所有的。"[23]

仁義禮智

程子曰:"心如穀種,仁則其生之性是也。"③"四德之元,猶五常之仁。偏言則一事,專言則包四者。"④

朱子曰:"仁者,心之德、愛之理。義者,心之制,事之宜也。禮者,天理之節文、人事之儀則;智則心之神明,妙衆理而宰萬事者也。"⑤

張子曰:"仁不得義則不行,不得禮則不立,不得智則不知,不得信則不能守。此致一之道也。"⑥

朱子曰:"一心之中,仁義禮智各有界限,而其性情體用又自各有分別,須是見得分明。然後就此四者之中,又自見得'仁義'兩字是箇大界限。如天地造化、四序流行,而其實不過一陰一陽而已。[24]於此見得分明,然後就此又自見得'仁'字是箇生底意思,通貫周流於四者之中。仁固仁之本體也,義則仁之斷制也,禮則仁之節文也,智則仁

---

① 參見《御定小學集注》卷五《外篇》。
② 參見《北溪字義》卷下《德》。
③ 參見《西山讀書記》卷三《心》。
④ 參見《西山讀書記》卷五《元亨利貞》。
⑤ 參見《四書蒙引 附別錄·四書蒙引》卷一《仁義禮智四字之義》。此段非朱子一時之言,乃後人述朱子解仁、義、禮,集說而成。智乃胡炳文取朱子之意補之。
⑥ 參見《張子全書》卷六《義理》。

之分別也,正如春之生氣,貫徹四時。春則生之生也,夏則生之長也,秋則生之收也,冬則生之藏也。"

陳氏曰:"仁者,心之全德,兼統四者。義禮智信,無仁不得。蓋仁是心中箇生理,常流行生生不息,[25]徹終始無間斷。苟無這生理,心便死了,[26]其待人接物,[27]恭敬何自而發?必無所謂禮。處事之際,必不能裁制,[28]而無所謂義。其於是非也,亦頑然無所知覺,[29]而無所謂智。既無是四者,又焉有所謂實理哉?""就事物言,父子有親便是仁,君臣有義便是義,夫婦有別便是禮,長幼有序便是智,朋友有信便是信。此是豎觀底意。"[30]"若橫而言之,[31]以仁言,則所謂親、義、別、序、信,皆莫非此心天理流行,又是仁。以義言,則只那合當親、合當義、合當別、合當序、合當信底,皆各當乎理之宜,又是義。以禮言,則所行乎親、義、別、序、信中之節文,[32]又是禮。以智言,則所以知是五者,當然而不昧,又是智。以信言,則所以實是五者,誠然而不妄,又是信。""若又錯而言之,親親,仁也。所以愛親之誠,則仁之仁也;所以諫乎親,則仁之義也;所以溫凊定省之節文,則仁之禮也;自良知無不知是愛,則仁之智也;所以爲事親之實,則仁之信也。從兄,義也。所以愛兄之誠,則義之仁也;所以常敬在兄,[33]則義之義也;所以徐行後長之節文,則義之禮也;自良知無不知是敬,則義之智也;所以爲從兄之實,則義之信也。敬賓,禮也。所以懇惻於中,則禮之仁也;所以接待之宜,則禮之義也;所以周旋之節文,則禮之禮也;所以酬酢而不亂,則禮之智也;所以敬賓之實,則禮之信也。察物,智也。是是非非之懇惻,則智之仁也;是是非非之得宜,則智之義也;是是非非之中節,則智之禮也;是是非非之一定,則智之智也;所以爲是非之實,則智之信也。復言信也。[34]由乎天理之公,則信之仁也;發而皆天理之宜,則信之義也;出而中節,則信之禮也;所以有條而不紊,則信之智也;所以爲是言之實,則信之信也。"又曰:"四者端緒,日用常常發見,[35]只是人看理不明,故茫然不知得。且如一事到面前,便自有箇是,有箇非,須是知得此便是智。既知得是非已明,便須判斷,只當如此做,不當如彼做,有可否從違,便是義。既斷定了只如此做,便看此事如何是太過,如何是不及,做得正中恰好,有箇節文,無過無不及,此便是禮。做事既得中,更無些子私意夾雜其間,都純是天理流行,[36]此便是仁。事做成了,從頭至尾皆是此心真實所爲,[37]便是信。此是從下說上去。若從上說下來,且如與賓客相接,[38]初間纔聞之,[39]便自有箇懇惻之心,怛然動於中,是仁。此心即怛然動於中,便肅然起敬去接見他,[40]是禮。既接見畢,便須合作,[41]如何待,輕重厚薄處之合宜,[42]便是義。[43]或輕或重、或厚或薄,明白一定,是智。從首至末皆真實,是信。此道理循環無端,若見得熟,則大用小用皆宜,橫説豎説皆通。"

誠

程子曰:"無妄之謂誠,不欺其次也。"①

誠之爲言實而已矣。②

朱子曰:"真實無妄之謂誠。"③

忠　信

程伊川曰:"盡己之謂忠,以實之謂信。"④

盡己是盡自家心裏面,以所存主者而言,須是無一毫不盡,方是忠。

"以實"是就言上説。有話只據此實物説,無便曰無,有便曰有。若以有爲無,以無爲有,[44]便是不以實,不得謂之信。忠信非判然二物。從内面發出,無一不盡是忠,發出外來,皆以實是信。

明道曰:"發己自盡爲忠,循物無違爲信。從己心中發出,無一不

---

① 參見《二程遺書》卷六。程頤所言。
② 參見《四書或問》卷五《中庸》。朱子所言。
③ 參見《北溪字義》卷上《誠》。
④ 參見《二程遺書》卷一一《師訓》。

盡是忠,循物之實而言,[45]無些子違背他,如是便曰是,不與是底相背。非便曰非,不與非底相背,便是信。"

信有就言上説,是發言之實;有就事上説,是做事之實。有以實理言,有以實心言。"忠信"兩字近"誠"字。忠信只是實,誠也只是實,但誠是自然實的,忠信是做工夫實的。[46]誠是就本然天賦真實道理上立字,忠信是就人做工夫上立字。

五常之信,以心之實理而言。忠信之信,以言之實理而言。須是逐一看得透徹。①

忠　恕

謝氏曰:[47]"忠恕猶形影也。無忠做恕不出。"

侯氏曰:"無恕不見得忠,無忠做不出恕來。誠有是心之謂忠,見於功用之謂恕。"②

朱子曰:"主於內爲忠,見於外爲恕。忠是無一毫自欺處。恕是稱物平施處。"③

忠因恕見,恕由忠出。

有天地之忠恕,至誠無息而萬物各得其所是也;有聖人之忠恕,吾道一以貫之是也;有學者之忠恕,己所不欲,勿施於人是也。[48]皆理一而分殊。

真氏曰:"忠者,盡己之心也。恕者,推己之心以及人也。忠盡乎內者也,恕形於外者也。己之心,既無一毫之不盡,則形之於外亦無一毫之不當。有忠而後有恕。忠者,形也;恕者,影也。"④

---

① 參見《北溪字義》卷上《忠信》。
② 參見《性理大全書》卷三七《性理九・忠恕》。侯氏指宋儒侯仲良。
③ 參見《性理大全書》卷三七《性理九・忠恕》。
④ 參見《西山文集》卷三一《問答》。

恭　敬

程子曰："發於外者謂之恭,有諸中者謂之敬。"①

朱子曰："恭敬二字如忠信。"②

恭是主容貌而言,貌曰恭,手容恭。敬是主事而言。執事敬,事思敬。敬是就心上說,[49]恭是對人而言。

陳氏曰："身體嚴整,容貌端莊,此是恭底意思。[50]但恭是敬之見於外者,敬是恭之存於中者。[51]敬與恭不是二物,如形影。然未有內無敬而外能恭者,未有外能恭而內不敬者,[52]此與忠信、忠恕相關一般。"

道　統

朱子曰："道之在天下者未嘗亡,惟其托於人者或絶或續,故其行於世者有明有晦,是皆天命之所爲,非人智力之所能及也。[53]夫天高地下,而二氣五行紛紜錯糅,[54]升降往來於其間,其造化發育,品物散殊,莫不有同然之理。[55]而其最大者,則仁義禮智之性,君臣、父子、昆弟、夫婦、朋友之倫是已。而其周流充塞,無所虧間,夫豈以古今治亂爲存亡者哉?[56]然氣之運也,則有醇漓判合之不齊;人之禀也,則有清濁昏明之或異。是以道之所以托於人而行於世者,惟天所畀,乃得與焉。《河圖》出而八卦畫,《洛書》呈而九疇叙,而孔子於斯文之興喪,亦未嘗不推之於天。自周衰,孟軻氏没,[57]而此道之傳不屬。至宋受命,[58]五星集奎,開文明之運,而周子出焉。[59]不由師傳,默契道體,建《圖》屬《書》,根極領要。當時見而知之有程氏者,遂擴大而推明之,而周公、孔子、孟氏之傳煥然復明於時,[60]非天所畀,其孰能與

---

① 參見《二程遺書》卷六。程頤所言。
② 參見《朱子語類》卷六《性理三》。

於此。"①

勉齋黃氏曰:"道原於天,具於人心,著於事物,載於方策,明而行之,存乎其人。聖賢迭興,體道經世,三綱既正,九疇既叙,則安且治;聖賢不作,道術分裂,邪說誣民,充塞仁義,則危且亂。世之有聖賢其所關繫者甚大。生而榮,死而哀,秉彝好德之良心,所不能自已也。堯、舜、禹、湯、文、武、周公生,而道始行;孔子、孟子生,而道始明。孔孟之道,周、程、張子繼之。周、程、張子之道,文公朱先生又繼之,此道統之傳。歷萬世而可考也。"②

"有太極而陰陽分,有陰陽而五行具。太極二五妙合而人物生。賦於人者秀而靈,精氣凝而爲形,魂魄交而爲神,五常具而爲性,感於物而爲情,措諸用而爲事。物之生也,雖偏且塞,而亦莫非太極二五之所爲。此道原之出於天者然也。聖人者,又得其秀之秀而最靈者焉,[61]於是繼天立極,而得道統之傳,故能參天地、贊化育,而統理人倫,使人各遂其生,各全其性,[62]其所以發明道統以示天下,後世者皆可考也。堯之命舜則曰'允執厥中'。中者,無所偏倚,無過不及之名也。存諸心而無偏倚,措之世而無過不及,[63]則合乎太極矣。此堯之得於天者,舜之得統於堯也。舜之命禹則曰:'人心惟危,道心惟微,惟精惟一,允執厥中。'舜因堯之命,而推其所以執中之由,以爲人心,形氣之私也。道心,性命之正也。精以察之,一以守之,則道心爲主,而人心聽命焉。則存之心,措之事,信能執其中矣。曰'精'、曰'一',此又舜之得統於堯,禹之得統於舜者也。其在成、湯,則曰:'以義制事,以禮制心。'此又因堯之'中'、舜之'精一',而推其制之之法。制心以禮,制事以義,則道心常存,而中可執矣。曰'禮'、曰'義',此又湯之得統於禹者也。其在文王則曰'不顯亦臨,無射亦保',此湯之以禮制心也;'不聞亦式,不諫亦入',此湯之以義制事也,此文王之得統

---

① 此節選自《江州重建濂溪先生書堂記》。
② 此節選自《徽州朱文公祠堂記》。

於湯者也。其在武王受丹書之戒，則曰'敬勝怠者吉，義勝欲者從'，周公繫《易》爻之辭曰'敬以直内，義以方外'。曰敬者，文王之所以制心也；曰義者，文王之所以制事也，此武王、周公之得統於文王者也。[64]至於夫子，則曰'博學於文，約之以禮'，又曰'文行忠信'，又曰'克己復禮'。其著之《大學》曰'格物、致知、誠意、正心、修身、齊家、治國、平天下'，亦無非數聖人制心制事之意焉，此又孔子得統於周公者也。顏子得於'博文約禮''克己復禮'之言，曾子得之《大學》之義，故其親受道統之傳者。如此至於子思，則先之以戒懼謹獨，次之以知仁勇，而終之以誠。至於孟子則先之以求放心，而次之以集義，[65]終之以擴充，此又孟子得統於子思者然也。及至周子，則以誠爲本，以欲爲戒，此又周子繼孔孟不傳之緒者也。至二程子則曰'涵養須用敬，進學則在致知'，又曰'非明則動無所之，非動則明無所用'，而爲《四箴》，以著克己之義焉，此二程得統於周子者也。先師文公之學，見之《四書》，而其要則尤以《大學》爲入道之序，蓋持敬也。自格物、致知、誠意、正心、修身，[66]而見於齊家、治國、平天下，外有以極其規模之大，而内有以盡其節目之詳，此又先師之得其統於二程者也。聖賢相傳，垂世立教，燦然明白，若天之垂象昭昭然而不可易也。故嘗撮其要指而明之，居敬以立其本，窮理以致其知，克己以滅其私，存誠以致其實，以是四者而存諸心，則千聖萬賢所以傳道而教人者，不越乎此矣。"①

理學贊、箴、銘

心經贊　西山真氏

舜禹授受，十有六言，萬世心學，此其淵源。人心伊何？生於形氣，有好、有樂、有忿、有懥，[67]惟慾易流，是之謂危。須臾或放，衆慝

---

①　此節選自《勉齋集》卷三《聖賢道統傳授總叙説》。

從之。道心伊何？根於性命，曰義、曰仁、[68]曰中、曰正，惟理無形，[69]是之謂微，毫芒或失，其存幾希，二者之間曾弗容隙。察之必精，如辨白黑，知及仁守，相爲始終。惟精惟一，[70]惟一故中，戒懼慎獨，[71]閑邪存誠，曰忿、曰慾，必窒、必懲，四非當克，如敵斯攻。四端既發，皆擴而充，[72]克治存養，交致其功。舜何人哉？期與之同。

敬齋箴　朱子

正其衣冠，尊其瞻視。潛心以居，對越上帝。足容必重，手容必恭。擇地而蹈，折旋蟻封。出門如賓，承事如祭。戰戰兢兢，罔敢或易。守口如瓶，防意如城。洞洞屬屬，毋敢或輕。不東以西，不南以北。當事而存，靡他其適。勿貳以二，毋參以三。惟精惟一，萬變是監。從事於斯，是曰持敬。動靜弗違，表裏交正。須臾有間，私欲萬端。不火而熱，不冰而寒。毫厘有差，天壤易處。三綱既淪，九法亦斁。於乎小子，念哉敬哉。墨卿司戒，敢告靈臺。①

主一箴　南軒張氏

人禀天性，其生也直。克慎厥彝，[73]則靡有忒。事物之感，紛綸朝夕。[74]動而無節，生道或息。惟學有要，持敬勿失。驗厥操舍，乃知出入。曷爲其敬，妙在主一。曷爲其一，惟以無適。居無越思，事靡他及。涵泳於中，匪忘匪亟。斯須造次，是保是積。既久而精，乃會於極。勉哉勿倦，聖賢可則。

夜氣箴　西山真氏

子盍觀夫冬之爲氣乎？[75]木歸其根，蟄坯其封。[76]凝然寂然，不見兆朕。而造化發育之妙，實胚胎乎其中。[77]蓋闔者闢之基，貞者元之本，[78]而艮所以爲物之始終。[79]夫一晝一夜者，[80]三百六旬之積，

---

① 參見《性理大全書》卷七〇《文·箴》。

故冬四時之夜,[81]而夜乃一日之冬。天壤之間,群動俱聞,音貴。窈乎如未判之鴻濛。維人之身,[82]嚮晦晏息,亦當以造物而爲宗,必齋其心,必肅其躬,不敢弛然自放於牀簀之上,使慢易非辟得以賊吾之衷。[83]雖終日乾乾,靡容一息之間斷,[84]而昏冥易忽之際,尤當致戒謹之功。[85]蓋安其身所以爲朝聽晝訪之地,而夜氣深厚,則仁義之心亦浩乎其不窮。本既立矣,而又致察於事物周旋之頃,敬義夾持,動靜交養,則人欲無隙之可入。[86]天理皦乎昭融,[87]然知及之,而仁弗能守之,亦空言其奚庸,[88]爰作《箴》以自砭,常凛凛而瘝恫。[89]

自修銘　臨川吳氏①

養天性,治天情,正天官,盡天倫。奚而養?奚而治?奚而正?奚而盡?未知之,則究之;既知之,則踐之。究者何?窮其理。踐者何?履其事。若何而爲仁義禮智之道?[90]若何而爲喜怒哀懼愛惡之節?若何而爲耳目鼻口四肢之則?[91]若何而爲君臣父子夫婦長幼朋友之常?探其所以然,求其所當然,[92]是之謂窮其理。存之於心則如此,見之於事則如此,行之於身則又如此;内而施之於家則如此,外而推之於人則如此,大而措之於天下則又如此。躬行之焉,力踐之焉,是之謂履其事。然則其先如之何?曰"立誠而居敬"。

和　銘②

和而不流,訓在《中庸》。顔之豈弟,[93]孔之溫恭。孔顔往矣,孰繼遐蹤。卓彼先覺,元公淳公。[94]元氣之會,淳德之鍾。[95]瑞日祥雲,霽月光風。庭草不除,意思冲冲。天地生物,氣象融融。萬物静觀,境與天通。四時佳興,樂與人同。泯若圭角,春然心胸。如玉之潤,

---

① 臨川吳氏即元儒吳澄。
② 吳澄所作。

如酒之醲。晬面盎背,辭色雍容。待人接物,德量含洪。和粹之氣,涵養之功,敢以此語,佩於厥躬。

【校勘記】

[1] 理則爲元亨利貞:《御纂朱子全書》卷四九《理氣一》作"理則爲仁義禮智"。
[2] 分而爲二:《西山文集》卷三〇《問答‧問致知格物》作"分而二"。
[3] 分而爲五:《西山文集》卷三〇《問答‧問致知格物》作"分而五"。
[4] 萬物萬事:《西山文集》卷三〇《問答‧問致知格物》作"萬事萬物"。
[5] 有形有氣之物:《西山文集》卷三〇《問答‧問致知格物》作"有形有器之物"。
[6] 天之賦予謂之命:《宋元學案》卷一五《伊川學案上》作"天之賦與謂之命"。
[7] 見於事物謂之理:《宋元學案》卷一五《伊川學案上》作"見於事業謂之理"。
[8] 實則一而已:《西山讀書記》卷一一《父子》作"其實則一而已"。
[9] 方付與萬物之初:原作"方賦予萬物之初",據《御纂朱子全書》卷四二《性理一》、《朱子語類》卷四《性理一》改。
[10] 人與物若不異:《御纂朱子全書》卷四二《性理一》作"人物若不異"。
[11] 性雖不離乎氣而氣汩之:《西山讀書記》卷二《氣質之性》作"雖不離乎氣而氣汩之"。
[12] 水雖不離乎土而土汩之:《西山讀書記》卷二《氣質之性》作"雖不離乎土而土汩之"。
[13] 形而後有也:《西山讀書記》卷二《氣質之性》作"形而後有者也"。
[14] 氣之精爽:原作"氣之精英",據《朱子語類》卷五《性理二》、《御纂朱子全書》卷四四《性理三》改。
[15] 性之動:《御纂朱子全書》卷四五《性理四》作"心之用也",《性理大全書》書三三《性理五》同《反經錄》。
[16] 特毫末之間:《性理大全書》卷三二《性理四》作"特毫毛之間"。
[17] 能動出來的:《北溪字義》卷上《意》作"能動出來底"。陳淳所言。
[18] 在所嚴:《二程遺書》卷四《游定夫所錄》"在所嚴"後有"一作敬"雙行小字。程顥所言。
[19] 道是統名:原作"道是總名",據《性理大全書》卷三四《性理六》、《朱子語類》卷六《性理三》改。
[20] 天理只是仁義禮智之總名:原作"天理是仁義禮智之總名",據《御纂朱子全書》卷四六《性理五》、《性理大全書》卷三四《性理六》改。
[21] 須是實到這裏始得:《性理大全書》卷三四《性理六》、《二程遺書》卷二上《元豐己未呂與叔東見二先生語》均作"須是實到這裏須得"。《西山讀書記》卷一五《道》作"須是實到這裏方得"。
[22] 道是公共的:《北溪字義》卷下《德》作"大抵道是公共底"。

卷之十　知性録　251

[23] 爲我所有的：《北溪字義》卷下《德》作"爲我所有底"。
[24] 其實不過一陰一陽而已：《御纂朱子全書》卷四八《性理七》作"其實不過於一陰一陽而已"。
[25] 常流行生生不息：《北溪字義》卷上《仁義禮知信》作"常行生生不息"。
[26] 心便死了：《北溪字義》卷上《仁義禮知信》作"則心便死了"。
[27] 其待人接物：《北溪字義》卷上《仁義禮知信》作"其待人接賓"。
[28] 必不能裁制：《北溪字義》卷上《仁義禮知信》作"必不解裁斷"。
[29] 亦頑然：《北溪字義》卷上《仁義禮知信》作"亦必頑然"。
[30] 此是豎觀底意：《北溪字義》卷上《仁義禮知信》作"此又是豎觀底思"。
[31] 若橫而言之：《北溪字義》卷上《仁義禮知信》作"若橫而觀之"。
[32] 中之節文：《北溪字義》卷上《仁義禮知信》作"之中節文"。
[33] 常敬在兄：《北溪字義》卷上《仁義禮知信》作"庸敬在兄"。
[34] 復言信也：《北溪字義》卷上《仁義禮知信》作"復斯言也"。
[35] 日用常常發見：《北溪字義》卷上《仁義禮智信》作"日用間常常發見"。
[36] 都純是天理流行：《北溪字義》卷上《仁義禮知信》作"便都純是天理流行"。
[37] 皆是此心：《北溪字義》卷山《仁義禮知信》作"皆此心"。
[38] 且如與賓客相接：《北溪字義》卷上《仁義禮知信》作"且如與箇賓客相接"。
[39] 初間纔聞：《北溪字義》卷上《仁義禮知信》作"初纔聞之"。
[40] 去接見他：《北溪字義》卷上《仁義禮知信》作"去接他"。
[41] 便須合作：《北溪字義》卷上《仁義禮知信》作"便須商量合作"。
[42] 處之合宜：《北溪字義》卷上《仁義禮知信》作"處之得宜"。
[43] 便是義：《北溪字義》卷上《仁義禮知信》作"是義"。
[44] 以有爲無，以無爲有：《北溪字義》卷上《忠信》作"以無爲有，以有爲無"。
[45] 循物之實而言：《北溪字義》卷上《忠信》作"循那物之實是信"。
[46] 誠是自然實的，忠信是做工夫實的：《北溪字義》卷上《忠信》作"誠是自然實底，忠信是做工夫實底"。
[47] 謝氏：原作"程子"，據《性理大全書》卷三七《性理九·忠恕》、《四書纂疏·中庸纂疏》卷二《朱子章句》、《三魚堂四書大全·中庸或問》改。此言出自上蔡謝氏，即謝良佐。《三魚堂四書集注大全·中庸或問》作"程子曰：'忠恕兩字要除一箇，除不得。'上蔡謝氏曰：'忠恕猶形影也，無忠做恕不出來。'"
[48] 勿施於人：《性理大全書》卷三七《性理九·忠恕》作"勿論於人"。
[49] 敬是就心上說：《性理大全書》卷三七《性理九·忠恕》作"問敬是就心上說"。
[50] 此是恭底意思：《北溪字義》卷上《恭敬》作"此是恭底意"。
[51] 但恭是敬之見於外者，敬是恭之存於中者：《北溪字義》卷上《恭敬》作"但恭只是敬之見於外者，敬只是恭之存於中者"。

[52] 内不敬者：《北溪字義》卷上《恭敬》作"内無敬者"。

[53] 非人智力所能及也：原作"非人智所及也"，據《性理大全書》卷三八《道統》、《御纂朱子全書》卷五二《道統一》改。

[54] 紛紜錯糅：原作"紛紜錯雜"，據《性理大全書》卷三八《道統》、《御纂朱子全書》卷五二《道統一》改。

[55] 莫不有同然之理：《性理大全書》卷三八《道統》作"莫不有同然之理"，《御纂朱子全書》卷五二《道統一》作"莫不各有固然之理"。

[56] 存亡者哉：原作"存亡哉"，據《性理大全書》卷三八《道統》、《御纂朱子全書》卷五二《道統一》改。

[57] 孟軻氏沒：原作"孟子沒"，據《性理大全書》卷三八《道統》、《御纂朱子全書》卷五二《道統一》改。

[58] 至宋受命：《御纂朱子全書》卷五二《道統一》作"至於我有宋聖祖受命"。《性理大全書》同《反經錄》。

[59] 而周子出焉：《御纂朱子全書》卷五二《道統一》作"而先生出焉"。《性理大全書》同《反經錄》。

[60] 復明於時：《御纂朱子全書》卷五二《道統一》作"復明於當世"。《性理大全書》同《反經錄》。

[61] 又得其秀之秀而最靈者焉：《勉齋集》卷三《聖賢道統傳授總叙説》作"又得人中之秀而最靈者焉"。

[62] 各全其性：《勉齋集》卷三《聖賢道統傳授總叙説》作"各全其性者"。

[63] 措之世：《性理大全書》卷三八《道統》作"措之事"。

[64] 此武王、周公之得統於文王者也：《勉齋集》卷三《聖賢道統傳授總叙説》作"此武王之得統於文王者"。

[65] 而次之以集義：原作"而次之以知言集義"，據《性理大全書》卷三八《道統》、《勉齋集》卷三《聖賢道統傳授總叙説》改。

[66] 自格物、致知、誠意、正心、修身：《勉齋集》卷三《聖賢道統傳授總叙説》作"誠意、正心、修身"。

[67] 有好、有樂、有忿、有懥：原作"曰聲、曰色、曰貨、曰利"，據《性理大全書》卷七〇《文·贊》、《文章類選》卷一七《贊類》、《白鹿洞規條目》卷一四、《性理會通》卷七〇改。

[68] 曰義、曰仁：原作"曰仁、曰義"，據《性理大全書》卷七〇《文·贊》、《文章類選》卷一七《贊類》、《白鹿洞規條目》卷一四《窒欲》改。

[69] 惟理無形：《性理大全書》卷七〇《文·贊》作"惟是無形"，《文章類選》《白鹿洞規條目》同《反經錄》。

[70] 惟精惟一：《文章類選》卷一七《贊類》作"惟精故一"，《性理大全書》《白鹿洞規條目》同《反經錄》。

[71] 戒懼慎獨：《性理大全書》卷七〇《文·贊》、《文章類選》卷一七《贊類》均作"戒懼謹獨"，《白鹿洞規條目》卷一四《窒欲》作"戒慎謹獨"。
[72] 皆擴而充：《性理大全書》卷七〇《文·贊》、《文章類選》卷一七《贊類》作"皆廣而充"。《白鹿洞規條目》同《反經錄》。
[73] 克慎厥彝：《南軒集》卷三六《箴》作"克順厥彝"。
[74] 紛綸朝夕：原作"紛紜朝夕"，據《性理大全書》卷七〇《文·箴》、《南軒集》卷三六《箴》改。
[75] 子盍觀夫冬之爲氣乎：原作"子盍觀夫冬之爲夜乎"，據《性理大全書》卷七〇《文·箴》、《西山文集》卷三三改。
[76] 蟄坯其封：《西山文集》卷三三《箴》作"蟄坏其封"。《性理大全書》同《反經錄》。
[77] 實胚胎乎其中：原作"實胚胎於其中"，據《性理大全書》卷七〇《文·箴》、《西山文集》卷三三《箴》改。
[78] 貞者元之本：《性理大全書》卷七〇《文·箴》作"正者元之本"，《西山文集》同《反經錄》。
[79] 爲物之始終：原作"爲萬物之始終"，據《性理大全書》卷七〇《文·箴》、《西山文集》卷三三改。
[80] 夫一晝一夜者：《西山文集》卷三三《箴》作"夫一晝夜者"。《性理大全書》同《反經錄》。
[81] 冬四時之夜：《性理大全書》卷七〇《文·箴》作"冬四時之分"。《西山文集》同《反經錄》。
[82] 維人之身：原作"維人之心"，據《性理大全書》卷七〇《文·箴》、《西山文集》卷三三《箴》改。
[83] 使慢易非辟得以：原作"使慢易匪僻得以"，據《性理大全書》卷七〇《文·箴》、《西山文集》卷三三《箴》改。
[84] 靡容一息之間斷：《西山文集》卷三三《箴》作"靡容不息之間斷"。《性理大全書》同《反經錄》。
[85] 致戒謹之功：《性理大全書》卷七〇《文·箴》作"致謹戒之功"。《西山文集》同《反經錄》。
[86] 則人欲無隙之可入：原作"斯人欲無隙之可入"，據《性理大全書》卷七〇《文·箴》、《西山文集》卷三三改。
[87] 皦乎昭融：《西山文集》卷三三《箴》作"皦乎其昭融"。《性理大全書》同《反經錄》。
[88] 空言其冥庸：《西山文集》卷三三《箴》作"空言其冥容"。《性理大全書》同《反經錄》。
[89] 常凜凜而瘝恫：原作"常凜凜而瘝痌"，據《性理大全書》卷七〇《文·箴》、《西山文集》卷三三改。
[90] 仁義禮智之道：《性理大全書》卷七〇《文·銘》作"仁義理智之道"。《草廬吳先生輯粹》同《反經錄》。

[91] 耳目鼻口四肢：《性理大全書》卷七〇《文·銘》作"耳目鼻口四支"。《草廬吳先生輯粹》卷四《銘》作"耳目口鼻手足四肢"。

[92] 探其所以然，求其所當然：原作"求其所當然，探其所以然"，據《性理大全書》卷七〇《文·銘》、《草廬吳先生輯粹》卷四《銘》改。

[93] 顏之豈弟：《草廬吳先生輯粹》卷四《銘》作"顏之愷悌"。

[94] 元公淳公：原作"惟我淳公"，據《性理大全書》卷七〇《文·銘》、《草廬吳先生輯粹》卷四《銘》改。元公指周敦頤，淳公指程顥。

[95] 淳德之鍾：原作"龍德之正"，據《性理大全書》卷七〇《文·銘》、《草廬吳先生輯粹》卷四《銘》改。

卷之十一　尋孔顏樂處

子曰："飯疏食飲水,曲肱而枕之,樂亦在其中矣。不義而富且貴,於我如浮雲。"①

朱子曰："聖人之心,渾然天理。雖處困極,而樂亦無不在焉。其視不義之富貴如浮雲之無有,漠然無所動於其中也。"②

薛文清曰："聖人天理爛熟,自無不樂。"③"仁義禮智,天理也。樂天即循天理而樂也。"④

寵按:天理者,天然自有之條理,即仁義禮智信,散而爲萬善是也。孔子生知安,行而又好學,是以天理爛熟而無適不樂。顏子從事於博文約禮之教,至於卓爾之時,是真能尋到孔子樂處。

子曰："賢哉,回也! 一簞食,一瓢飲,在陋巷,人不堪其憂,回也不改其樂。賢哉,回也!"⑤

周子曰："富貴,人所愛也。顏子不愛不求,而樂乎貧者,獨何心哉?""天地間自有至富至貴可愛可求,[1]而異乎彼者,見其大而忘其小焉。[2]見其大,則心泰;心泰,則無不足;無不足,則富貴貧賤處之一也。"⑥

程子曰："顏子之樂,非樂簞瓢陋巷也。不以貧窶累其心,[3]而改

---

① 出自《論語・述而篇》。
② 參見《四書章句集注・論語集注》卷四《述而第七》。
③ 參見《讀書録 讀書續録・讀書續録》卷四。
④ 參見《讀書録 讀書續録・讀書續録》卷五。
⑤ 出自《論語・雍也篇》。
⑥ 參見《周元公集》卷一《顏子第二十三章》。

其所樂也。"又曰:"簞瓢陋巷非可樂,蓋自有其樂耳。"又曰:"'其'字當玩味。"又曰:"昔受學於周茂叔,每令尋仲尼、顏子樂處,所樂何事?"①

朱子曰:"程子之言引而不發,蓋欲學者深思而自得之,今亦不敢妄爲之説。學者但當從事於博文約禮之誨,至於欲罷不能而竭其才,則庶乎有以得之矣。"②又曰:"人之所以不樂者,有私意耳。克己之私則樂矣。故程子云:'人能克己則心廣體胖,仰不愧、俯不怍,其樂可知。'"③又曰:"不要去孔顏身上問,只去自家身上討。"④"博文約禮見得天理分明,日用間義理純熟,不被人欲來苦楚,自恁地快活。"⑤

真西山曰:"博文者,格物致知之事也;約禮者,克己復禮之事也。内外精粗,二者并進,則此心此身皆與理爲一,從容游泳於天理之中。雖簞瓢陋巷不知其爲貧,萬鍾九鼎不知其爲富。此顏子之樂也。"[4]

寵按:顏子克己復禮,是以私欲盡去,天理流行,日用動静之間,從容自得,而無適不樂。固非樂簞瓢陋巷,亦不待以道爲可樂然後樂也。欲尋顏子之樂,須學顏子之學。"好學"二字,孔子惟自許,許顏子,須知孔子、顏子所好何學。孔子之學即"十五志學之學",《大學》"明明德、新民、止至善"是也。顏子之學,程子《好學論》盡之。欲尋孔顏之樂,當從此尋。

程子曰:"天地儲精,得五行之秀者爲人。其本也真而静。其未發也五性具焉,曰仁義禮智信。形既生矣,外物觸其形而動於中矣。其中動而七情出焉,曰喜怒哀懼愛惡欲。情既熾而益蕩,其性鑿矣。故學者約其情使合於中,正其心、養其性而已。然必先明諸心,格物致知。⑥知所往,然後力行,克己復禮也。以求至焉。若顏子之非禮勿視、

---

① 參見《四書章句集注·論語集注》卷三《雍也第六》。
② 參見《四書章句集注·論語集注》卷三《雍也第六》。
③ 參見《朱子語類》卷三一《論語十三·雍也篇二》。
④ 同上。
⑤ 同上。
⑥ 此雙行小字爲謝王寵所注,下句同。

聽、言、動,不遷怒、不貳過者,[5]則其好之,篤而學之,得其道也。"

　　寵按:此尋顏子樂處實在工夫。

【校勘記】

[1] 天地間自有至富至貴可愛可求:《周元公集》卷一《顏子第二十三章》作"天地間有至貴至愛可求"。
[2] 忘其小焉:《周元公集》卷一《顏子第二十三章》作"忘其小焉爾"。
[3] 不以貧窶累其心:原作"不以貧窶動其心",據《四書章句集注·論語集注》卷三《雍也第六》、《程氏經説》卷七《論語説·雍也》改。程頤所言。
[4] 此顏子之樂也:《西山文集》卷三一《問答》作"此乃顏子之樂也"。
[5] 不遷怒不貳過:《四書章句集注·論語集注》卷三《雍也第六》作"不遷怒貳過"。

卷之十二　易學指要

孔子曰："加我數年，五十以學《易》，可以無大過矣。"①

朱子曰："學《易》，則明乎吉凶消長之理、進退存亡之道，故可以無大過。"②

程子曰："易，變易也，隨時變易，以從道也。其爲書也，廣大悉備，將以順性命之理、通幽明之故、盡事物之情，而示開物成務之道也。"③

"知時識勢，學《易》之大方也。"④

"諸卦二五雖不當位，多以中爲美。三四雖當位，或以不中爲過。中常重於正也。蓋中則不違於正，正不必中也。天下之理，莫善於中，於九二、[1]六五可見。正者，天下之定理。中者，時措之宜也。正者有時而失其中，中則隨時而得其正也。"⑤

"看《易》且要知時。凡六爻，人人有用。聖人自有聖人用，賢人自有賢人用，衆人自有衆人用，學者自有學者用；君有君用，臣有臣用，無所不通。因問坤卦是臣之事，人君有用處否？先生曰：是何無用？如'厚德載物'，人君安可不用？"⑥

薛敬軒曰："六十四卦，只是一奇一偶，但所遇之時、[2]所居之位

---

① 出自《論語·述而》。
② 參見《四書章句集注·論語集注》卷四《述而第七》。
③ 參見《伊川易傳·序》。程頤所言。
④ 參見《伊川易傳》卷三《周易下經》。
⑤ 參見《伊川易傳》卷四《周易下經》。《伊川易傳》無雙行小字注，《近思錄》卷三《致知》有。
⑥ 參見《二程遺書》卷一九《楊遵道録》。程頤所言。

不同,故有無窮之事變。如人只是一動一静,但因時、位不同,故有無窮之道理,此所以爲易也。"

"先儒謂學《易》,欲人恐懼修省,循之吉,違之凶。"①

"無卜筮而知吉凶,最宜詳翫。人所爲順理,即所謂'惠迪,吉',又何必卜筮而知吉乎？人所爲悖理,即所謂'從逆,凶',又何必卜筮而知凶乎？"②

孔子《説卦傳》曰:"窮理盡性,以至於命。"

薛敬軒曰:"自一身言之,耳有耳之理,目有目之理,口鼻有口鼻之理,手足有手足之理；以身之所接而言,父子有父子之理,君臣有君臣之理,夫婦、長幼、朋友有夫婦、長幼、朋友之理,以至萬物有萬物之理。凡此衆理,莫不窮而通之,所謂'窮理'也；既知其理,於一身之理必有以踐之,於人倫之理必有以行之,於萬物之理必有以處之,所謂'盡性'也；能盡其性,則理所自出之天命,莫不有以造極一原,所謂'至命'也。理也,性也,命也,雖同爲一理,初無本末精粗之殊,而窮也,盡也,至也,略有淺深之序,學者不可不察。"③

朱子曰:"大概看《易》,須謹守《彖》《象》之言,聖人自解得精密平易。"④

熊敬修曰:"自其乾坤而言,謂之理；自其陰陽而言,謂之氣；自其天地而言,謂之象；自其一二而言,謂之數。理也,氣也,象也,數也,合之則不能,分之則不可者也。故聖賢言理而數在其中,言數而理在其中。至誠之道,可以前知,不過曰'吉凶悔吝',可斷之以理而已。大《易》爲前民利用之書,亦惟曰'陰陽剛柔''貴得其中''進退存亡,不失其正'而已矣。至所云'卜筮',[3]亦不過決疑之一事。《尚書·禹謨》有曰'朕志先定,詢謀僉同,鬼神其依,龜筮協從',《洪範》七

---

① 參見《讀書録 讀書續録·讀書續録》卷三。
② 參見《讀書録 讀書續録·讀書續録》卷一一。
③ 參見《讀書録 讀書續録·讀書續録》卷四。
④ 參見《朱子語類》卷七三《易九》。

《稽疑》首曰'謀及乃心,謀及卿士,謀及庶人,而後謀及卜筮'。然則設蓍卜筮,決非古人之所首重。聖賢舉事,豈肯舍自然之理、當然之事,而漫求諸冥漠不可知之地哉?"①

陳眉公曰:"《易》之諸爻,安排一定而不可易,非易也,數也。觀其占之吉凶,而以時消息焉。此真《易》也,其理則在我者也。故善《易》者,求《易》之理於我,而不求於數。理變而數亦與之俱變矣。此以義立命,而以人勝天之説也。"②

薛敬軒曰:"人之所從,不可不慎。觀諸卦爻,或吉或凶,多係於所從。"③"學《易》最要知時識勢,不然茫然不知吉凶悔吝之機。"④

李中孚曰:"今且不必求《易》於《易》,而求《易》於己。人當未與物接,一念不起,即此便是'無極而太極';及事至,念起惺惺處,即此便是'太極之動而陽';一念知斂處,即此便是'太極之静而陰'。無時無刻而不以去欲存理爲務,即此便是'天行健,君子以自强不息'。人欲净盡而天理流行,即此便是'乾之剛健中正,純粹精';希顔之愚,效曾之魯,斂華就實,一味韜晦,即此便是'歸藏於坤'。親師取友,麗澤求益,見善則遷,如風之疾,有過則改,如雷之勇,時止則止,時行則行,見險而進,知難而退,動静不失其時,繼明以照四方,則兑、巽、震、艮、坎、離,一一在己,而不在《易》矣!"⑤

王爾緝曰:"學《易》可以無大過,這是孔子明得《易》之切於人身如此。此韋編之所以三絶,而不能自已也。"⑥

"四聖人殷切闡《易》之旨,總是教人觀象惕心,讀《易》反身得占決疑,時時寡過自新的意思。"⑦

---

① 參見《學統》卷一九《翼統·邵康節先生》。熊敬修指熊賜履。
② 參見《狂夫之言》卷一。陳眉公指明儒陳繼儒。
③ 參見《讀書録 讀書續録·讀書録》卷六。
④ 參見《讀書録 讀書續録·讀書續録》卷一。
⑤ 參見《二曲集》卷五《錫山語要》。李中孚指李顒。
⑥ 參見《豐川易説》卷首《通論》。王而緝指清儒王心敬。王心敬,鄠縣人,李顒弟子。
⑦ 參見《豐川易説》卷首《通論》。

"《易》之爲書,是四聖人教人趨吉避凶之道,而吉凶只關於動之善、不善。趨避亦只於爲善去惡之間。"[4]

"四聖人只因'時中'二字,活潑潑現於目前,而難於發端。故借六十四卦,三百八十四爻,發明出'時中'二字活象,[5]使人因象通義,因義體行,神明默成,以期崇德寡過耳。"[6]

"六十四卦是天地間陰陽消長、五行順逆的疏義,文王之《彖》是六十四卦的疏義,孔子之《彖傳》是文王《彖擊》的疏義,《大象》又是孔子總觀全象、學《易》寡過的疏義,周公《小象》是三百八十四爻的疏義,《小象傳》是孔子細翼爻象的疏義。至於文言,則所以發《傳》中未盡之義。《繫辭》二卷,又所以明作《易》之淵源、示象之本旨、卦爻之來歷吉凶之緣由。"①

"讀此卦明,得此卦之所由吉凶,便要反上身來:我現在所居之位、所行之事,與此有相應者否？讀此爻明,得此爻之所由吉凶,便要反上身來:我現在所居之位、所行之事,與此有相應者否？即《大易》變遷之位,[7]一一反觀於身,又即吾身所宜由之義,一一印合於《易》,方是善讀《易》者。"[8]

"盡人生,動靜、語默、行藏、取與,無處非易;盡人生,思慮、計度、籌畫、經營,無念非占。明於變易從道之旨,即《易》不在設蓍數策,而在我。《易》不在占卦占爻,而在占心矣!"②

"凡書皆以凡例首篇,所以明一書之規模。《周易》孔子之二《繫》,乃讀《易》之凡例,《序卦傳》尤爲讀《易》之先務。[9]蓋二《繫》作《易》、讀《易》、用《易》之法,而《序卦傳》則《周易》所由,更定夏商《連山》《歸藏》之序,而自爲次序之由也。"③

寵按:學《易》當先讀《序卦傳》,以明六十四卦之次序。次讀二

---

① 參見《豐川易説》卷首《通論》。
② 參見《豐川易説》卷首《通論》。
③ 參見《豐川易説》卷首《通論》。

《繫》,以明作《易》、用《易》之義。次讀《程傳》,①以明六十四卦、三百八十四爻之名義、義理。次讀《啓蒙》《本義》,②以明《圖》《書》卦畫由來。卜筮本義反復參訂體驗,知《易》理不外吾心,皆造化自然。聖人心通造化,不過因其自然者而畫出示人耳。

以上明《易》之爲教,并讀《易》之法。

易　理

孔子"十翼"至矣,盡矣! 邵子得先天之易,有功於《易》之象數;程子得孔子之《易》,有功於《易》之義理;朱子明邵子之象數,兼程子之義理。《啓蒙》《本義》至明至備,不可以有加矣。在學者深造而自得之耳。③

程子曰:"有理而後有象,有象而後有數。《易》因象以明理,由象而知數,得其義則象、數在其中矣。"④

朱子曰:"《易》之爲書,文字之祖,義理之宗。"⑤"易有兩義。一是變易,是流行底;[10]一是交易,是對待底。"[11]伏羲畫八卦,只此數畫,該盡天下萬物之理。⑥

薛敬軒曰:"《河圖》乃萬數、萬理、萬象、萬化之源。"⑦

"《河圖》虛其中者,太極也;奇數二十,偶數二十者,兩儀也;一六、二七、三八、四九者,四象也;四實四空者,八卦也。夫子'《易》有太極,是生兩儀,兩儀生四象,四象生八卦'之言,蓋本於此。"⑧

---

① 指程頤所作《伊川易傳》,即《程傳》。
② 指朱子所作《周易啓蒙》《周易本義》。
③ 參見《理學正宗》卷一五《薛子》。
④ 參見《二程文集》卷十《伊川文集·書啓》。程頤所言。
⑤ 參見《大學衍義補》卷七三《治國平天下之要·崇教化》。
⑥ 參見《朱子語類》卷六六《易二》。
⑦ 參見《讀書錄 讀書續錄·讀書錄》卷三。
⑧ 參見《讀書錄 讀書續錄·讀書錄》卷一一。

"《河圖》一六水,二七火,三八木,四九金。奇數二十,偶數二十,虛中五以象太極,是即'五行一陰陽,陰陽一太極'也。"①

"羲皇雖未畫卦,而天地自然之易已著,邵子所謂'畫前之易'。'畫前之易'即太極也。"②

"卦之六爻皆陰陽自然之數。如一年有十二個月,自十一月一陽生,至四月六陽滿,五月一陰生,至十月六陰滿,十一月又一陽生;如日有十二時,子時一陽生,至巳時六陽滿,午時一陰生,至亥時六陰滿,子時又一陽生。大而一年,小而一日之運,六爻無不包括,故六爻添一爻亦不成造化,減一爻亦不成造化,是皆陰陽自然之數。聖人不過因而重之耳。"[12]

"交易爲體,以定位而言,天地上下四方是也,在圓圖上即乾坤坎離之定位;變易爲用,以流行而言,晝夜寒暑往來是也,在圓圖上即卯酉子午之流行。"③

"圓圖定位流行之易,模寫天地間定位流行之易。"④

熊敬修曰:"六十四卦,只是一箇陰陽消長之理。以先天圓圖言之,自復至乾,陽之進,陰之退;自姤至坤,[13]陰之進,陽之退。然陰陽之進退,皆有其漸,莫不始緩終速,始少終多。如陽始復之初九,十六變而爲二陽臨,又八變而爲三陽泰,又三變而爲四陽大壯,又一變而爲五陽夬,而極而爲乾,此陽之進也。陽之進,即是陰之退。陰始於姤之初二,[14]十六變而爲二陰遯,又八變而爲三陰否,又三變而爲四陰觀,又一變而爲五陰剝,而極而爲坤,此陰之進也。陰之進,即是陽之退。陽之進數,即陰之退數;陰之進數,即陽之退數。此長則彼消,此消則彼長,一定之勢必然之理也。"

---

① 參見《讀書録 讀書續録·讀書録》卷一一。
② 參見《讀書録 讀書續録·讀書録》卷三。
③ 參見《讀書録 讀書續録·讀書録》卷六。
④ 同上。

【校勘記】

［１］於九二：《伊川易傳》卷四《周易下經》作"於六二"；《近思録》卷三《致知》作"於九二"，同《反經録》。
［２］但所遇之時：《讀書録 讀書續録・讀書録》卷八作"但因所遇之時"。
［３］卜筮：《學統》卷一九《翼統・邵康節先生》作"占卜筮龜"。
［４］趨避亦只於爲善去惡之間：《豐川易説》卷首《通論》作"趨避亦只在於爲善去惡之一念"。
［５］二字活象：《豐川易説》卷首《通論》作"二字的活象"。
［６］以期崇德寡過耳：《豐川易説》卷首《通論》作"以崇德寡過耳"。
［７］即大易變遷之位：《豐川易説》卷首《通論》作"即大易卦爻變遷之位"。
［８］方是善讀易者：《豐川易説》卷首《通論》作"此初學讀易之要"。
［９］序卦傳尤爲讀易之先務：《豐川易説》卷首《通論》作"尤當以序卦傳冠繫爲當"。
［10］是流行底：《大學衍義補》卷七三《治國平天下之要・崇教化》作"是流行者"。
［11］是對待底：《大學衍義補》卷七三《治國平天下之要・崇教化》作"是對待者"。
［12］重之耳：《讀書録 讀書續録・讀書録》卷六作"畫之耳"。《理學正宗》卷一五《讀書録摘録》同《反經録》。
［13］自姤至坤：原作"自垢至坤"，據《下學堂劄記》卷一及卦名改。熊敬修指熊賜履。
［14］陰始於姤之初二：原作"陰始於垢之初六"，據《下學堂劄記》卷一改。

卷之十三　善利圖説補

馮少墟先生善利圖序

今試語人曰："汝當爲聖人。"則必駭然曰："聖人，我所望而震也，何敢爲？"又試語人曰："汝盜蹠也，禽獸也。"則必怫然曰："我縱不肖，何至爲盜蹠禽獸不知？"人生斯世，止有兩途：利則蹠，善則舜。出善入利，間不容髮，故處而孳孳爲利，則儒冠而盜蹠禽獸；出而孳孳爲利，則軒冕而盜蹠禽獸。彼其心已爲盜蹠禽獸矣，而猶不自知也，方且揚揚得意焉。昔孟氏深爲不求放心者哀，人而爲盜蹠禽獸也，寧不爲孟氏之所哀乎？哀之而欲警之，故爲之説，曰："欲知舜與蹠之分，無他，利與善之間也。"馮先生推廣孟氏之意而立之《圖》，翼聖一見之而惕然，再玩之而醒然，三復之而豁然。夫孟氏利善之説何始乎？此虞廷所謂"道心""人心"也，發端僅分於一念。而善之積也，則由有恒而善人，而君子，即聖人可到焉；利之積也，則由斧斤而牛羊，而牿之反覆，去禽獸不遠焉。善之積也，則文學功名盡爲舜用，而以才濟其美；利之積也，則文學功名盡爲蹠用，而以才濟其惡。嗟嗟！流芳百世，誰不願之？遺臭萬年，誰則甘之？乃一披《圖》而所謂流芳者始自何念？遺臭者又始自何念？昭然若指諸其掌，則利與善之間可不畏哉？可不畏哉？乃世之自諉者則曰："我已爲蹠矣，難復爲舜矣。"即安於放縱可也。不知孟子曰："雖有惡人，齋戒沐浴亦可以祀上帝。"《易》之復卦，五爻皆陰，一爻獨陽，固静極而動，亦惡極而善也。一爻之善兆而爲七日之復，故曰："復，其見天地之心乎。"剛長不已，復且變而爲乾矣,純乎天矣。向也蹠,今也舜矣。《圖》曰:"從此回心猶可向道。"此先生示人以復機也。世之善人君子或自滿曰:"吾道德修矣,聲望著矣,聖域難到,姑寬假可也。"俄而,利心忽入,人品心術頓非其初。在《易》之姤,[1]五陽之下忽生一陰,陰之浸長不盡。剝,五陽不止也。《書》曰"惟聖罔念作狂",既已爲聖,一或罔念,即流爲狂。向也舜,今也蹠矣。《圖》又曰:"未成一簣,半途而廢。"此先生示人以詣極也。世之人又或曰:"吾爲善無近舜,爲利無近蹠,柴立乎中央,則亦已矣。"不知人心無中立之理,半善而半利,終是一利。半舜而半蹠,終是一蹠。譬之過橋者,不在橋上則在水底,橋水之間,應無駐足處。《圖》又曰:"若要中間立,終爲蹠路人。"此先生示人以決斷也。然則利轉爲善,而善必造於聖,蹠轉爲舜,而舜則不復爲蹠。如是而後不受孟氏之哀,如是而後無負先生立《圖》之意乎!且《圖》之意何祖也?伏羲則有《八卦圖》,惟文、周、孔子能會之;大禹則有《洛書圖》,惟箕子、武王能會之;周濂溪崛起而接聖脉,則有《太極圖》,惟二程、張、朱能會之。此三《圖》者,非聖賢莫能解也。先生《善利之圖》,故聖賢之秘旨,而實愚不肖所共醒惕也。天下之善人少,而不善人多,則先生之醒惕天下也廣,而其善天下也多。假令伏羲、大禹、濂溪復生斯世,寧不謂今之《圖》與昔之《圖》若合符節哉?翼聖謹書諸紳,將終身佩焉,尤願先生勒此《圖》於關中書院,以詔來學,故爲之序。

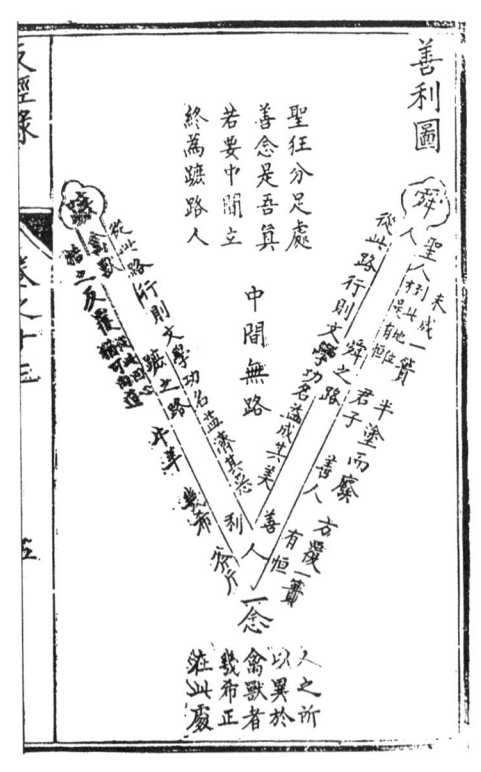

善利圖

萬曆癸丑陝西提學副使新安洪翼聖撰。[2]

善利圖説　長安馮從吾著

或問："孟子，願學孔子者也。孔子論人，有聖人、君子、善人、有恒之別，而孟子乃獨以善利一念分舜、蹠兩途，何也？"曰："此正孟子善學孔子處。孔子以聖人、君子、善人、有恒列爲四等，正所以示入舜之階基，恐學者躐等而進耳。世之學者，徒知以舜、蹠分究竟，而不知以善利分舜、蹠。若曰：'聖人至舜，極矣！學者何敢望舜？下聖人一等，吾寧爲君子已耳。'或者又曰：'君子，我亦不敢望，吾寧爲善人已耳。'或者又曰：'善人，我亦不敢望，吾寧爲有恒已耳。'上之縱不能如舜，下之必不至如蹠，何苦呶呶然曰吾爲舜、吾爲蹠哉？以彼其心，不過以爲聖人示人路徑甚多，或亦可以自寬自便耳。不知發端之初，一念而善便是舜，一念而利便是蹠。出此入彼，間不容髮，非舜與蹠之間，復有此三條路也。君子、善人、有恒，造詣雖殊，總之是孳孳爲善，大舜路上人。孟子以善利分舜、蹠，蓋自發端之初論也。孔子以聖人、君子、善人、有恒分造詣，蓋自孳孳爲善之後論也。旨豈二乎哉？雖然爲衆人易，爲聖人難，故學者儘學聖人，尚恐不能爲君子、爲善人、爲有恒，若姑曰我寧爲君子、我寧爲善人、我寧爲有恒，其勢不至於無恒不止，不至於如蹠不止也，何也？取法乎上，僅得乎中；取法乎中，民斯爲下，理固然也。究其初心，豈非錯認路徑，尚多之一念誤之哉？且爲善爲舜則爲人，爲利爲蹠則爲禽獸，所係匪細，故又曰：'人之所以異於禽獸者幾希。'玩'幾希'二字，可見人必至於如舜，如禹，如成湯，如文、武、周公、孔子，纔謂之君子，存之纔謂之人，不然庶民去之，則禽獸矣。善利之分，舜蹠之分；舜蹠之分，人與禽獸之分也。學者縱可諉之曰'我不爲聖人'，亦可諉之曰'我不爲人哉'！"

或曰："一念而善爲舜爲人，一念而利爲蹠爲禽獸，固矣！倘學者不幸分辨不蚤，誤置足於蹠利之途，將遂甘心已乎？"曰："不然。

不聞《孟子》山木之章乎？① 蓋人性皆善，雖當伐之，之後而萌蘗尚在，故曰：'平旦之氣，其好惡與人相近也者幾希。'又曰：'苟得其養，無物不長。'夫以斧斤伐之，之後而尚有此幾希之萌蘗。養此幾希之萌蘗，而尚可以爲堯舜，人奈何以一時之錯而遂甘心已乎？'幾希'二字，正是孟子提醒人心，死中求活處。"

或又曰："養此幾希，尚可爲舜，固矣！牿之反覆，夜氣不存者，獨無一綫生路乎？"曰："有。觀《孟子》，不曰'夜氣不足以存，即爲禽獸'，而猶曰'違禽獸不遠'。② 謂之'不遠'，尚猶有一綫生路在。若謂斯人也，縱不能每日有平旦之氣，而數日之中亦未必無一時之萌蘗，使從此一時之萌蘗，回心而向道，則牛羊猶及可止耳，[3]豈真不可救藥哉？惜乎人之諱疾忌醫，終身自伐自牧而不知悔也。悲夫！"

或又曰："幾希之說，蓋爲誤走蹠路者發也。若幸走舜路者，可遂以舜自命而不復求進乎。"曰："不然，一念而善，是平地而方覆一簣也。一念而自以爲善，是爲山而未成一簣也。夫未成一簣且不可，況半途而廢者乎？孔子列有恒、善人、君子、聖人之等，正使學者循序而進，毋半途而廢耳。非以君子、善人阻其進也。且謂之曰有恒，必由一簣而爲山，纔謂之有恒。若有善人、[4]君子中止而不至於聖人，總謂之半塗，總謂之無恒，此孔子所以惓惓致意於有恒也。道二之說、善利之說，欲人慎之於其始；半途之說、爲山之說，又欲人慎之於其終。聖賢憂世之心見乎辭矣。"

或又曰："世之聰明之士非乏也，功名文學之士又不少也，豈見不及此，而舜蹠云云不亦過乎？"曰："不然。舜蹠路頭容易差錯。此處不差，則聰明用於正路，愈聰明愈好，而文學功名益成其美；此處一差，則聰明用於邪路，愈聰明愈差，而文學功名益濟其惡。故此處不慎，而曰某也聰明，某也功名，某也文學，何益哉？何益哉？"

---

① 參見《孟子·告子上》。
② 參見《孟子·告子上》。

或者唯唯,余因作《舜蹠善利圖》,而爲述其説如此云。[5]

補　説

朱子《注》中:"楊氏曰:'舜蹠之相去遠矣,而其分乃在善利之間而已,是不可以不謹。[6]然講之不熟,見之不明,未有不以利爲義者,又學者所當深察也。'"①

寵按:"善、利"二字必先分辨明白,方好去爲善去利。《大學》所以格物致知,在誠意之先也。

馮先生云:"爲善只在人倫日用間,非高非遠,非楊非墨,非仙非佛。"②此言包括無餘。

寵按:善者,天理之公,凡無所爲而爲者皆是也。大而三綱五常,小而日用事物。天理所當爲者,斷然必爲。

蔡虛齋先生云:"利不止貨財,[7]但有私己之心,或有所爲而爲者,皆利也。"[8]此言精矣。

寵按:利者,人欲之私,大而出處進退,小而辭受取與,稍有一毫自私自利之心,皆是人欲,皆是利,務要絶去。

《注》云:"間者,相去不遠,[9]所爭毫末耳。"善與利,公私而已矣。纔出於善,便以利言也。

馮先生云:"出此入彼,間不容髮。"③言間者,危之也。嗚呼!盡之。"雞鳴而起",馮先生云:"人到旦晝時,[10]紛紛攪擾,千態萬狀,良心便易蒙蔽。不如雞鳴初起之時,[11]清爽明白,良心發見,趁此時爲之一點檢耳。"[12]

寵按:點檢是省察工夫,即《大學》所謂"慎獨"也。此處起脚不差旦晝所爲,方纔歸於正路,不然,則差毫厘而謬千里矣。

---

① 參見《四書章句集注·孟子集注》卷一三《盡心章句上》。楊氏指宋儒楊時。
② 參見《少墟集》卷八《語録》。
③ 參見《少墟集》卷八《語録》。

"孳孳爲善",《注》云:"勤勉之意。"①

寵按:勤勉即所謂吉人爲善,惟日不足;凶人爲不善,亦惟日不足也。爲善者,惟日不足,由有恒而善人、而君子,不至於聖人不止也;爲利者,亦惟日不足,由斧斤而牛羊、而牿之反覆,不流於盜蹠不止也。故曰"舜之徒、蹠之徒也。

《注》中又云:"若未接物,如何爲善?程子曰:'只主於敬,便是爲善。'"②

寵按:此補出前一層存養工夫,即《中庸》所謂"戒慎乎其所不睹,恐懼乎其所不聞也"。③ 人當思慮未萌、事物未至之時,正是此心寂然不動之體,而天命之性當體具焉,須要莊敬涵養之功,至而無人欲之私以亂之,則此心如鏡之明、如水之止,到得應事接物,自然見得善利分明。爲善必力,去利必勇,此《朱子集注》所以終取程子之説也。至於馮先生《説》中後兩段云,學者不幸,"誤置足於蹠利之途,雖當斧斤伐之,之後而尚有幾希之萌蘗,養此幾希之萌蘗,而尚可以爲堯舜。即牿之反覆者,亦未必無一時之萌蘗,使從此一時之萌蘗,回心而向道,則牛羊猶可及止",發明《孟子》之旨,殆無餘蘊,其誘世苦衷,引人入聖,超凡之心,百年後猶將見之。寵有志學聖克己十餘年,每苦妄念不斷,旋滅旋起,操持道心,終不能使之凝定。得先生《圖説》,如夢中大呼,不禁竦然興起,潛玩數晝夜,爰書所見附於《圖説》之後,先生有知,不識以寵爲知言否?

【校勘記】

[1] 姤:原作"垢",據卦名改。
[2]《叢書集成三編》本《善利圖説》之《序》後尚有《附束》《語録》,《馮少墟集》卷八有《語

---

① 參見《四書章句集注·孟子集注》卷一三《盡心章句上》。
② 參見《四書章句集注·孟子集注》卷一三《盡心章句上》。
③ 參見《四書章句集注·中庸章句》。

［3］猶及可止耳：《叢書集成三編》本《善利圖說》作"猶可及止耳"。
［4］有：《叢書集成三編》本《善利圖說》作"以"。
［5］《叢書集成三編》本《善利圖說》《少墟集》之《序》後尚有《附錄》，《反經錄》無。
［6］是不可以不謹：《四書章句集注·孟子集注》卷一三《盡心章句上》作"是豈可以不謹"。
［7］利不止貨財：《少墟集》卷八《語錄》作"利不止是貨財"。
［8］蔡虛齋先生：原作"馮先生"，據《少墟集》卷八《語錄》改。此言爲明儒蔡清所言。蔡清，別號虛齋。
［9］相去不遠：《四書章句集注·孟子集注》卷一三《盡心章句上》作"謂相去不遠"。
［10］人到旦晝時：原作"人到旦暮時"，據《少墟集》卷八《語錄》及文意改。
［11］不如雞鳴：《少墟集》卷八《語錄》作"不得如雞鳴"。
［12］良心發見趁此時爲之一點檢耳：《少墟集》卷八作"良心發見之時爲之一點檢耳"。

卷之十四　學要録

主　敬

主敬之功莫先於修九容：足容重，舉欲遲。手容恭，高且正。目容端，不邪視。口容止，不妄言。聲容敬，不噦咳。頭容直，不傾側。氣容肅，似不息。立容德，中正不倚。色容莊。端嚴也。

鄧潛谷曰："九容不修，是無身也。"①

思　誠

思誠之功莫切於慎九思：視思明，無所蔽。聽思聰，無所壅。色思溫，不暴戾。貌思恭，不惰慢。言思忠，心口如一。事思敬，主一無適。疑思問，不蓄疑。忿思難，忿必懲。見得思義。得不苟。

鄧潛谷曰："九思不慎，是無心也。"②

明　善

明善之要莫大於明五倫：父子有親，父慈而教，子孝而箴。君臣有義，君使臣以禮，臣事君以忠。夫婦有別，夫和而義，妻柔而正。長幼有序，兄愛而友，弟敬而順。朋友有信。內外如一，始終不渝。

孟子曰："三代之學，皆所以明人倫也。"[1]

---

① 參見《明儒學案》卷二四《江右王門學案九》之《徵君鄧潛谷先生元錫》。鄧潛谷，即明儒鄧元錫。鄧元錫，字汝極，號潛谷。
② 參見《明儒學案》卷二四《江右王門學案九》。

復　性

復性之實莫大於盡五常：仁，心之德，愛之理。義，心之制，事之宜。禮，心之恭敬,事之節文。智,心之明,事之通。信。心之誠,事之實。

朱子曰："仁義禮智，人性之綱。"① 又曰："信只是誠。"② 實此四者。

孔子曰："古之學者爲己。"③ 己有身,不可以不修;己有心,不可以不盡;己有倫常,不可以不全。主敬、思誠、明善、復性,皆所以爲己也。舍是而徒事文詞,抑末也。

【校勘記】

［１］三代之學：《孟子章句》卷五《滕文公章句上》作"學則三代共之"。

---

① 參見《四書大全·大學章句序》。
② 參見《四書大全·孟子集注大全》卷一一《告子章句上》,作"忠信只是誠"。
③ 出自《論語·憲問篇》。

卷之十五　治要録

治要録序①

　　《書》以道政事，凡五十餘篇，言治詳矣，而其要不出"人心惟危，道心惟微，惟精惟一，允執厥中"十六字。心法統於斯，治法亦統於斯。大《易》六十四卦，三百八十四爻，孔子學之而韋編三絕，乃約其旨於寡過。《詩》三百十一，而蔽之以"思無邪"之一言。經禮三百，曲禮三千，而"無不敬"三字可以該之。《春秋》大義數十，其要不外"尊君父""討亂賊""貴王賤霸"而已。《論語》二十篇，盡於"一貫忠恕"。《大學》"明德""新民""止至善"三言包括全書。《中庸》"性""道""教"爲綱領，"誠"之一字爲樞紐。《孟子》七篇，大指只在"性善""仁義"。讀者得其要，則執簡可以御煩，守約可以該博，治心治身治家，與治鄉國天下無以異也。不得其要，雖讀盡古今書，誇多而已爾，鬥靡而已爾。

治　心

遏人欲　存天理

　　人欲者，生於形氣之私，如聲色貨利之類，凡適己自便者，即虞廷所謂"人心"也。遏者，禁絕之，拔去病根，即孔子所謂"克己"也。天理者，原於性命之正，如仁義禮智之德，凡性分所有者，即虞廷所謂"道心"也。存者，操持之，察識擴充，即孔子所謂"復禮"也。然遏人欲正所以

---

① 此序原在"卷之十五"前，今依整理體例移至"卷之十五"下。

保全天理之本然，存天理正所以預防人欲之將萌，二者實互相資也。

治 身

正威儀　謹言行

劉子曰："民受天地之中以生，[1]是以有動作、禮義、威儀之則，以定命也。能者養之以福，不能者敗之以取禍。"正之者整齊嚴肅，有威可畏，有儀可象也。《易·大傳》曰："君子居其室，出其言善，則千里之外應之，況其邇者乎？居其室，出其言不善，則千里之外違之，況其邇者乎？言出乎身，加乎民；行發乎邇，見乎遠。言行，君子之樞機。樞機之發，榮辱之主也。言行，君子之所以動天地也，可不慎乎？"①謹之者，有物有恒，言爲世法，行爲世則也。威儀正，言行謹，而身修矣！

治 家

正倫理　篤恩義

正倫理謂父盡父道，子盡子道，兄盡兄道，弟盡弟道，夫盡夫道，婦盡婦道，肅然有禮，以相敬也。篤恩義謂父慈子孝，兄友弟恭，夫和妻柔，藹然有恩，以相愛也。倫理正則尊卑之分明，恩義篤則上下之情恰。然必以正倫理爲先，未有倫理不正而恩義能篤者也。《易》曰"父父，子子，兄兄，弟弟，夫夫，婦婦"，②而家道正，正家而天下定矣！

治 鄉

藍田《呂氏鄉約》曰：凡同約者，德業相勸。③

本注："德謂見善必行，聞過必改。能修其身，[2]能治其家，能事父兄，能教子弟，能御僮僕，[3]能事長上，能睦親故，能擇交游，能守廉介，能廣施惠，能受寄托，能救患難，能導人爲善，能規人過失，能爲人

---

① 參見《大學衍義》卷三五《脩身之要·謹言行》。劉子，即劉康公。
② 參見《周易注疏》卷六《下經》。
③ 參見《御定小學集注》卷六《外篇·善行第六》。

謀事,能爲衆集事,能解鬥爭,能决是非,能興利除害,能居官舉職。業謂居家則事父兄,教子弟,待妻妾;在外則事長上,接朋友,教後生,御僮僕。[4]至於讀書治田,營家濟物,如禮樂射御書數之類,皆可爲之,非此之類,皆爲無益。"

過失相規。

本注:"犯義之過六:一曰酗博鬥訟,二曰行止逾違,三曰行不恭遜,四曰言不忠信,五曰造道誣毁,[5]六曰營私太甚。不修之過五:一曰交非其人,二曰游戲怠惰,三曰動止無儀,四曰臨事不恪,五曰用度不節。"

禮俗相交。

本注謂:"婚姻、喪葬、祭祀之禮,有柱還、[6]書問、慶弔之節。"

患難相恤。

本注:"一曰水火,二曰盗賊,三曰疾病,四曰死喪,五曰孤弱,六曰誣枉,七曰貧乏。"

有善則書於籍,有過若違約者亦書之。三犯而行罰,不悛者絶之。

治　國

古靈陳先生爲僊居令,[①]教其民曰:"爲吾民者,父義,母慈,兄友,弟恭,子孝,夫婦有恩,男女有別,子弟有學,鄉閭有禮。貧窮患難,親戚相救;婚姻死喪,鄰保相助。無惰農業,[7]無作盗賊,無學賭博,無好爭訟,無以惡陵善,無以富吞貧。行者讓路,耕者讓畔。班白者不負戴於道路,[8]則爲禮義之俗矣。"

朱子曰:"古靈《諭俗》一文,平正簡易,許多事都説盡,可見他一個大胸襟,[9]包得許多也。"

治天下

明道程先生《請修學校尊師儒取士劄子》:"治天下以正風俗得、

---

① 古靈陳先生即陳襄。

賢才爲本。宜先禮命近侍賢儒及百執事，悉心推訪，有德業充備、足爲師表者，其次有篤志好學、材良行修者，延聘敦遣，萃於京師，朝夕相與講明正學。其道必本於人倫，明乎物理。其教自小學灑掃應對進退以往，修其孝弟忠信，周旋禮樂，其所以誘掖激勵，漸摩成就之道，[10]皆有節序。其要在於擇善修身，至於化成天下，自鄉人而可至於聖人之道。其學行皆中於是爲成德。[11]取材識明達，可進於善者，使日受其業。擇其學明德尊者，爲太學之師，次以分教天下之士。[12]擇士入學，縣升之州，州賓興於太學，太學聚而教之，歲論其賢者能者於朝。凡選士之法，皆以性行端潔，居家孝弟，有廉恥禮讓、通明學業、曉達治道者。"

朱子曰："明道論學制最爲有本，讀之未嘗不慨然發嘆也。"①

【校勘記】

［1］民受天地：原作"人受天地"，據《春秋左傳注疏》卷二七、《六臣注文選》卷二二《謝靈運·石壁精舍還湖中》改。
［2］能修其身：《御定小學集注》卷六《外篇·善行第六》作"能治其身"。
［3］能御僮僕：《御定小學集注》卷六《外篇·善行第六》作"能御童僕"。
［4］御僮僕：《御定小學集注》卷六《外篇·善行第六》作"御童僕"。
［5］造道誣毀：《御定小學集注》卷六《外篇·善行第六》作"造言誣毀"。
［6］枉還：《御定小學集注》卷六《外篇·善行第六》作"往還"。
［7］無惰：《御定小學集注》卷六《外篇·善行第六》作"無墮"。
［8］班白者：《御定小學集注》卷六《外篇·善行第六》作"斑白者"。
［9］大胸襟：《朱子語類》卷一二九《本朝三》作"胸襟"。
［10］漸摩成就之道：《御定小學集注》卷六《外篇·善行第六》作"漸磨成就之道"。
［11］中於是爲成德：《御定小學集注》卷六《外篇·善行第六》作"中於是者爲成德"。
［12］次以分教天下之士：《御定小學集注》卷六《外篇·善行第六》作"次以分教天下之學"。

---

① 參見《御定小學集注》卷六。

卷之十六　荒政録

荒政録序①

余何爲而有《荒政録》也？蓋亦體聖天子與民同患之心,而爲之者也。粤稽古昔,不無水旱之灾,而其所以修之者有道,救之者有方,法甚詳且悉也。余自壬辰歸里後,②邊地連年荒歉,重煩我皇上憂勞遣使檢踏,發金蠲賦,多方拯救,而民之流亡者,始漸次復業。昔宋儒曾鞏有言曰:"民病而後圖之,與夫先事而爲計者,則有間矣;不習而有爲,與夫素得之者,則有間矣。"③以是知荒政之不可不豫講也,録《荒政》。

備　荒

《周禮》:"遺人遺,饋也,掌委積之官。掌邦之委積,少曰委,多曰積。以待施惠;鄉里之委積,以恤民之艱阨,艱阨,謂五穀不熟。縣都之委積,以待凶荒。"④

丘濬曰:"遺人所掌是國家時常收諸委積,以待凶荒施惠之法也。"⑤

---

① 此序原在"卷之十六"前,今依整理體例移至"卷之十六"下。
② 壬辰:康熙五十一年(1712)。
③ 參見《御選唐宋文醇》卷五十六《越州趙公救菑記》。
④ 參見《大學衍義補》卷一六《治國平天下之要·固邦本·恤民之患》。語出《周禮·地官司徒第二》。
⑤ 參見《大學衍義補》卷一六《治國平天下之要·固邦本·恤民之患》。

"廩人主藏米之官長。掌九穀之數,以待王之匪讀爲分。頒、賙賜、稍食;謂錄廩。以歲之上下數邦用,上謂豐年,下謂歉歲。以知足否,量入爲出,知所用足與不足也。以詔穀用,以治年之凶豐。治之者豫爲之防也。令邦國移民就穀,詔王殺邦用。殺,減省也。"①

丘濬曰:"廩人所掌,是國家每歲計其豐凶,[1]以爲嗣歲移就之法也。""觀此,可見先王之時,所以爲生靈慮災防患之良法深意矣!蓋其未荒也,豫有以待之;將荒也,先有以計之;既荒也,大有以救之。此三代之民所以遇災而無患也歟!"②

《王制》:"國無九年之蓄曰'不足',無六年之蓄曰'急',無三年之蓄曰'國非其國也'。三年耕,必有一年之食;九年耕,必有三年之食。以三十年之通,雖有凶旱水溢,民無菜色。"③

馬希孟曰:"豫備不虞者,古之善政也;急者,迫而不緩也。無九年、六年之蓄,雖非完國,猶足以爲國也。至於無三年之蓄,非國也。[2]蓋國之所以爲國者,以其民也;民之所以爲民者,以有財也。苟無其財,則民散而之四方矣!故曰'無三年之蓄非其國也'。"④

寵按:耕三餘一,耕九餘三,必如程子言:"公私交爲儲粟之法,以爲之備。"⑤始善。在公,則均田里、勸農桑、興水利、薄稅斂、禁奢侈、立倉場,視年豐歉,隨時糴糶,推陳入新,務期便民;在私,則重農事、勤力作、崇節儉、謹蓋藏,常須存贏餘,以備不虞。

漢耿壽昌請令邊郡築倉,以穀賤時增賈而糴,穀貴時減賈而糶,名曰常平,民便之。⑥

---

① 參見《大學衍義補》卷一六《治國平天下之要·固邦本·恤民之患》。
② 參見《大學衍義補》卷一六《治國平天下之要·固邦本·恤民之患》。
③ 參見《御定孝經衍義》卷三六《天子之孝·備凶荒》。語出《禮記·王制》。
④ 參見《御定孝經衍義》卷三六《天子之孝·備凶荒》。
⑤ 參見《二程文集》卷二《論十事劄子》。程顥所言。
⑥ 參見《大學衍義補》卷一六《治國平天下之要·固邦本·恤民之患》。

寵按：常平者，常得其平也。增賈而糴，賤者使貴；減賈而糶，貴者使賤。意在利民，非故於民間之物高之、抑之也。

唐陸贄請以稅茶錢置義倉，以備水旱。[1]

寵按：此以公錢爲百姓豫備凶饑，毫不擾民，況茶稅，特賦末之一耳。在朝廷出之甚易，在百姓受惠無窮，允爲善政。

魏李悝平糴法：中饑則發中熟之所斂，大饑則發大熟之所斂而糶之，故雖遇饑饉，糴不貴而民不散。[2]

丘濬曰："立倉用壽昌之名，斂散行李悝之法。"[3]

寵按：粟本宜用陸贄之法。

宋朱子社倉法：初建之崇安縣開耀鄉，[2] 有社倉一所。"熹請於府，得常平米六百石，賑貸。夏受粟於倉，冬則加息計米以償。自後隨年斂散。小歉，[3] 蠲其息之半；大饑，則盡蠲之。凡十有四年，……以元數六百石還府，見儲米三千一百石，以爲社倉，不復收息，每石止收耗米三升。以故一鄉四五十里，雖遇歉年，民不缺食。詔下其法於諸路。其法以十家爲甲，甲推一人爲首，五十家則推一人通曉者爲社首。其逃軍及無行之士，與有稅糧衣食不缺者，并不得入甲。其應入甲者，又問其願與不願。願者，開具一家大小口若干，大口一石，小口五斗。五歲以下者不預，[4] 置籍以貸之。其以濕、惡、不實還者有罰。"[4]

寵按：朱子社倉之法，其給之也以穀不以金，其處之也以鄉不以縣，其職之也以鄉之士君子而不以官吏，其行之也以忠厚慘怛之心而

---

[1] 參見《御定孝經衍義》卷三六《天子之孝·備凶荒》。
[2] 參見《大學衍義補》卷一六《治國平天下之要·固邦本·恤民之患》。
[3] 參見《大學衍義補》卷一六《治國平天下之要·固邦本·恤民之患》。
[4] 參見《御定孝經衍義》卷三七《天子之孝·備凶荒》。

不以聚斂亟疾之意。中有富民，情願出米作本者，亦從其便，一款并不科配，貧富務令必然，此其所以必可推行萬世無爽者也。

寵按：郡縣立常平，鄉遂立社倉，得人任事，相濟爲用，雖有水旱凶荒，不能爲災。

以上備荒。

救　荒

《周禮·大司徒》："以荒政救荒之政。十有二聚萬民：聚之，不使轉徙四方。一曰散利，是發財之已藏者。二曰薄徵，是減民租之未輸者。三曰緩刑，民迫於饑寒，不幸犯罰，宜哀矜之。四曰弛役，息繇役，以寬民力。五曰舍禁，山虞、林衡皆舍去其禁，恣民取之。六曰去幾，關市不徵稅，但察異言異服者。七曰眚禮，凡有禮節，皆從減省。八曰殺哀，喪禮儀文，宜從降殺一味哀痛。九曰蕃樂，閉藏樂器，凶荒民饑，當憂民之憂。十曰多昏，不備禮而昏娶，使男女得以相保。十一曰索鬼神，謂靡神不舉，祈禱雨澤，然亦是載在祀典者。十二曰除盜賊。前說緩刑，又說除盜賊，是經權皆舉處。民不幸有過，固可哀矜，至於姦民，亦有伺變竊發者。凶荒之歲，民心易動，一夫叫呼，萬民皆集。故以除盜賊終之，以止亂之萌。"①

丘濬曰："十二荒政，是國家遇凶荒之時救濟之法也。"②

呂氏曰："《周禮》六官雖分職，然其關節脈理皆相應耳。如散利，須考大府、天府、内府，凡掌財賦之官；如薄徵，須考九職、九賦、九貢；如緩刑，須考司寇、士師所掌之刑。他莫不然，參觀遍考，然後可知。"③

《周禮》："鄉師之職，以歲時巡及國野，而賙民之囏囏與艱同。阨，

---

① 參見《大學衍義補》卷一六《治國平天下之要·固邦本·恤民之患》。
② 參見《大學衍義補》卷一六《治國平天下之要·固邦本·恤民之患》。
③ 參見《大學衍義補》卷一六。呂氏指呂祖謙。

以王命施惠。"①

寵按：歲時巡國野。凡有凶歉，豫爲報聞，先事賙恤，不必待民饑也。

"大荒、大扎，則令邦國移民、人口往就賤處。通財。財是米穀，其有不得去者，則賤處運米與之。"②

寵按：豫備有法，公私交爲儲積，自然不用移民移粟。若爲之不豫，至於艱食，則移民、通財之法亦不可廢。

代宗時，③劉晏言："理財，以愛民爲先。諸道各置知院官，每旬、月，具州縣豐歉之狀白使司。豐則貴糴，歉則賤糶。或以穀易雜貨，供官用，及於豐處賣之。知院始見不稔之端，先申至某月須如干蠲免，某月須如干救助。及期，晏不待州縣申請，[5]即奏行之，應民之急，未嘗失時，不待其困敝、流亡、餓殍，然後賑之也。由是，民得安其居業。"④

寵按：若待困敝、流亡、餓殍而後賑之，則難爲力矣。

慶曆八年⑤，河朔大水，民流就食京東者不可勝數。知青州富弼勸所部民出粟，益以官廩，擇公私廬舍十萬區，散處其人，以便薪水。官吏自前資、待缺、寄居者，皆賦以祿，使即民所聚，[6]選老弱病瘠者廩之，仍書其勞，約他日爲奏請受賞。率五日，輒遣人持酒肉飯糗慰藉，出於至誠，人人爲盡力。山林陂澤之利可資以生者，聽流民擅取。死者爲大冢葬之。明年，麥大熟，民各以遠近受糧歸，凡活五十餘萬

---

① 語出《周禮·地官司徒第二》。
② 語出《周禮·地官司徒第二》。
③ 代宗：唐代宗。
④ 參見《大學衍義補》卷一六《治國平天下之要·固邦本·恤民之患》。
⑤ 慶曆八年：1048年。

人,募爲兵者萬計。①

丘濬曰:"富弼以一青州之守,而活河朔五十萬之人者,豈一手一足之勞哉?"②良以其推誠任人故也。

熙寧八年夏,③吳越大旱。趙抃知越州,前民之未饑,爲書問屬縣:菑所被者幾鄉,民能自食者有幾,當廩於官者幾人,溝防構築可僦民治之者幾所,庫錢倉粟可發者幾何,富人可募出粟者幾家,使各書以對,而謹其備。④

丘濬曰:"先事訪問,一一知其所以然之故,而委曲周盡,纖悉無遺,[7]必得其實,當其宜,無其弊,而後可。"⑤

寵按:民有能自食者,有不能自食者。能自食者只用平糶之法,不能自食者官廩給之。

曾鞏《救菑議》曰:"有司建言,請發倉廩與之粟。壯者人日二升,幼者人日一升。今百姓暴露乏食,已廢其業矣。使之相率日待二升之廩於上,則其勢必不暇乎他爲,一切棄百事,而專意於待升合之食,是直以餓殍之養養之而已,非深思遠慮爲百姓長久計也。以中戶計之,戶爲十人,壯者六人,月當受粟三石六斗,[8]幼者四人,月當受粟一石二斗,[9]率一月,戶當受粟五石。自今至於麥熟,凡十月,一戶當受粟五十石。今被災州郡民戶不下二十萬,內除有不被災及不仰食於官者去其半,猶有十萬戶。計十萬戶,十閱月之食,當用粟五百萬石而足,何以辦此?況給受之際,有淹速,有均否,有真僞,有會集之擾,有辨察之勞,[10]措置一差,皆足致弊。又群而處之,氣久蒸薄,必

---

① 參見《大學衍義補》卷一六《治國平天下之要·固邦本·恤民之患》,《宋史》卷三一三《富弼傳》。
② 參見《大學衍義補》卷一六《治國平天下之要·固邦本·恤民之患》。
③ 熙寧八年:1075年。
④ 參見《大學衍義補》卷一六《治國平天下之要·固邦本·恤民之患》。
⑤ 參見《大學衍義補》卷一六《治國平天下之要·固邦本·恤民之患》。

生疾癘,且此不過使人得旦暮之食耳,其於屋廬構築之費將安取哉?爲今之策,下方紙之詔,賜之以錢五十萬貫,貸之以粟一百萬石,而事足矣。何則?今被災州郡爲十萬戶,如一户得粟十石,[11]得錢五千,下户常產之貲,平日未有及此者也。彼得錢以完其居,得粟以給其食,則農得修其畎畝,商得治其貨賄,一切得復其業,而不失其常生之計。與專意以待二升之廩於上,而勢不暇乎他爲者,相去豈不遠哉?由有司之說,則用十月之費爲粟五百萬石;由今之說,則用兩月之費,爲粟一百萬石。況貸之於今而收之於後,足以振其艱乏,而無損於儲蓄之實也。"①

丘濬曰:"曾鞏所謂賜之錢、貸之粟,比之有司日逐給粟之說,其爲利病,相去甚遠。所謂深思遠慮,爲百姓計長久者,真誠有之。但饑民一户貸之米十石,一旦責其如數償之,難矣!不若因時量力,稍有力者償其半,無力者并與之,或立爲次第之限可也。"②又曰:"賑貸之後,[12]豐年取償,可分民爲三等:上户償如其數,中户取其半,下户盡與之。"[13]

浙東命朱子提舉常平、茶鹽。始拜命,即移書他郡,募米商,蠲其徵。及至,客舟已輻輳。日與僚屬,鈎訪民隱,至廢寢食。分畫既定,案行所部。窮山長谷,靡所不到,拊問存恤,所活不可勝計。每出,乘單車,屏徒從,一身所需皆自齎以行,毫不及州縣。以故所歷雖廣,而人不知。郡縣官吏憚其風采,倉皇驚懼,常若使者壓其境,由是所部肅然,而尤以戢盗、捕蝗、興水利爲急。③

熹《奏劄》云:"救荒之務,檢放爲先。行之及早,則民知有所恃賴,未便逃移;放之稍寬,則民間留得禾米,未便闕乏。然而州縣多是吝惜財計,不以愛民爲念,故所差官承望風旨,[14]已是不敢從實檢定

---

① 參見《曾鞏集》卷九《論議》、《大學衍義補》卷一六《治國平天下之要·固邦本·恤民之患》。
② 參見《大學衍義補》卷一六《治國平天下之要·固邦本·恤民之患》。
③ 參見《朱熹年譜·附錄一·通議大夫謚文朱先生行狀》。

分數。及至申到帳狀，州縣又加裁減，不肯依數分明除放。就中下户所放不多，尤被其害。"①朱子嘗言："救荒自有兩説。第一是感召天和，[15]以致豐穰，其次則有儲蓄之計。若待臨時理會，更有何策？又言蠲除賑貸，固當汲汲於其始，而撫存休養，尤在謹之於其終。"②

寵按：朱子之説盡之矣。

林希元《荒政叢言》言："救荒有二難，曰：得人難，得公正之人。審户難。審户之上中下，口之大小。有三便，曰：極貧民便賑米，次貧民便賑錢，稍貧民便賑貸。有六急，曰：垂死貧民急饘粥，疾病貧民急醫藥，病起貧民急湯米，[16]既死貧民急墓瘞，遺棄小兒急收養，輕重繫囚急寬恤。有三權，曰：借官錢以糴糶，興工作以助賑，貸牛種以通變。有六禁，曰：禁侵漁，禁攘奪，禁遏糴，禁抑價，禁宰牛，禁度僧。有三戒，曰：戒遲緩，救荒如救焚溺，無可需望。戒拘文，文移自下而上，又自上而下，動經數月，豈可拘此？戒遣使。遣使貴得人，不然則反爲害矣。"③

以上救荒。

【校勘記】

［１］計：原作"治"，據《大學衍義補》卷一六《治國平天下之要・固邦本・恤民之患》改。
［２］開耀鄉：原作"開耀鄉"，據《大學衍義補》卷一六《治國平天下之要・固邦本・恤民之患》、《御纂朱子全書》卷六四《治道二・賑恤・社倉救命》改。
［３］小歉：原作"歉"，據《御定孝經衍義》卷三六《天子之孝・備凶荒》及文意改。
［４］不預：原作"不與"，據《宋史紀事本末》卷二〇《孝宗朝廷議》、《御定孝經衍義》卷三七《天子之孝・備凶荒》改。
［５］不待：《大學衍義補》卷一六《治國平天下之要・固邦本・恤民之患》作"不俟"。

① 參見《晦庵集》卷一三《延和奏劄三》。
② 參見《御定孝經衍義》卷三七《天子之孝・備凶荒》。
③ 參見《希賢録》卷六《致治門・牧守・嘉言》。

[6] 即民所聚：原作"即民所居"，據《大學衍義補》卷一六《治國平天下之要·固邦本·恤民之患》、《宋史》卷三一三《富弼傳》改。
[7] 纖悉無遺：《大學衍義補》卷一六《治國平天下之要·固邦本·恤民之患》作"纖息無遺"。
[8] 月當受粟：原作"月當受米"，據《曾鞏集》卷九《論議》、《大學衍義補》卷一六《治國平天下之要·固邦本·恤民之患》及文意改。
[9] 月當受粟：原作"月當受米"，據《曾鞏集》卷九《論議》、《大學衍義補》卷一六《治國平天下之要·固邦本·恤民之患》及文意改。
[10] 辨察之勞：《曾鞏集》卷九《論議》、《大學衍義補》卷一六《治國平天下之要·固邦本·恤民之患》均作"辨察之煩"。
[11] 得粟十石：原作"得米十石"，據《曾鞏集》卷九《論議》、《大學衍義補》卷一六《治國平天下之要·固邦本·恤民之患》及文意改。
[12] 賑貸之後：《大學衍義補》卷一六《治國平天下之要·固邦本·恤民之患》作"賑饑之後"。
[13] 下户盡與之：《大學衍義補》卷一六《治國平天下之要·固邦本·恤民之患》作"下户盡予之"。
[14] 旨：《晦庵集》卷一三《延和奏劄三》作"指"。
[15] 感召天和：《性理大全書》卷六九《治道四·賑恤》作"感召和氣"。
[16] 急湯米：原作"急湯水"，據《希賢錄》卷六《致治門·牧守·嘉言》、《農政全書》卷四四《荒政·備荒考中》改。

附録：《愚齋反經録》提要

《愚齋反經録》十六卷　陝西巡撫採進本[①]

國朝謝王寵撰。[1]寵字愚齋，陝西人。是書卷一至卷四爲《論語尊注解意》，卷五爲《小學大學中庸兩孟指要》四種，卷六爲《孝經述朱》，卷七爲《忠經擇要》，卷八爲《明倫録》，卷九爲《理學入門》，卷十爲《知性録》，卷十一爲《尋孔顏樂處》，卷十二爲《易學指要》，卷十三爲《善利圖説補》，卷十四爲《學要》，卷十五爲《治要》，卷十六爲《荒政録》，總名爲《反經録》，皆陳因之説，無所發明。

【校勘記】

［1］謝王寵撰：原作"王寵撰"，誤。

[①] 録自《四庫全書總目》卷九八《子部八·儒家類存目》。此提要中科院本列入，哈佛本無。

參 考 文 獻

一、經部

《十三經注疏(附校勘記)》：(清)阮元校刻,中華書局 1980 年版。

《四書章句集注》：(宋)朱熹撰,中華書局 1983 年版。

《伊川易傳》：(宋)程頤撰,影印文淵閣《四庫全書》本,臺灣商務印書館 1986 年版。

《四書或問》：(宋)朱熹撰,影印文淵閣《四庫全書》本,臺灣商務印書館 1986 年版。

《四書大全》：(明)胡廣等撰,影印文淵閣《四庫全書》本,臺灣商務印書館 1986 年版。

《四書蒙引 附別錄》：(明)蔡清撰,(明)莊煦撰(別錄),影印文淵閣《四庫全書》本,臺灣商務印書館 1986 年版。

《連理堂重訂四書存疑》：(明)林希元撰,日本內閣文庫本。

《四書講義尊聞錄》：(清)戴鈜輯,《四庫全書存目叢書》影印清雍正六年至七年懷新堂刻本,齊魯書社 1997 年版。

《三魚堂四書集注大全》：(清)陸隴其撰,《四庫全書存目叢書》影印清康熙嘉會堂刻本,齊魯書社 1997 年版。

《五華纂訂四書大全》：(清)孫見龍纂輯,《四庫全書存目叢書》影印清乾隆十三年五華書院刻本,齊魯書社 1997 年版。

《四書反身錄 續補》：(清)李顒撰,《四庫全書存目叢書》影印清康熙二十五年刻本,齊魯書社 1997 年版。

《或問小注》：不著撰者,《四庫全書存目叢書》影印清康熙六十一年刻本,齊魯書社 1997 年版。

《御纂孝經集注》：（清）世宗胤禎撰，影印文淵閣《四庫全書》本，臺灣商務印書館 1986 年版。

《孝經刊誤》：（宋）朱熹撰，影印文淵閣《四庫全書》本，臺灣商務印書館 1986 年版。

《豐川易說》：（清）王心敬撰，影印文淵閣《四庫全書》本，臺灣商務印書館 1986 年版。

二、史部

《宋史》：（元）脫脫等撰，中華書局 1985 年版。

《清儒學案》：徐世昌撰，中華書局，1938 年版。

《國語》：（三國）韋昭注，影印文淵閣《四庫全書》本，臺灣商務印書館 1986 年版。

《漢書》：（漢）班固撰，中華書局，1962 年版。

《明儒學案》：（清）黃宗羲撰，影印文淵閣《四庫全書》本，臺灣商務印書館 1986 年版。

三、子部

《朱子語類》：（宋）朱熹撰，（宋）黎靖德輯，影印文淵閣《四庫全書》本，臺灣商務印書館 1986 年版。

《讀書錄 讀書續錄》：（明）薛瑄撰，影印文淵閣《四庫全書》本，臺灣商務印書館 1986 年版。

《希賢錄》：（清）魏裔介著，《四庫全書存目叢書》影印清康熙雲間胡元成等刻本，齊魯書社 1997 年版。

《張子全書 附錄》：（宋）張載撰，影印文淵閣《四庫全書》本，臺灣商務印書館 1986 年版。

《西山讀書記》：（宋）真德秀撰，影印文淵閣《四庫全書》本，臺灣商務印書館 1986 年版。

《大學衍義》：（宋）真德秀撰，影印文淵閣《四庫全書》本，臺灣商務印書館

1986 年版。

《性理大全書》：（明）胡廣等撰，影印文淵閣《四庫全書》本，臺灣商務印書館 1986 年版。

《御定小學集注》：（宋）朱熹撰，（明）陳選集注，影印文淵閣《四庫全書》本，臺灣商務印書館 1986 年版。

《御定孝經衍義》：（清）葉方藹、張英監修，韓菼編纂，影印文淵閣《四庫全書》本，臺灣商務印書館 1986 年版。

《大學衍義補》：（明）丘濬撰，影印文淵閣《四庫全書》本，臺灣商務印書館 1986 年版。

《忠經》：（漢）馬融撰，（漢）鄭玄注，《四庫全書存目叢書》影印明嘉靖四十五年刻本，齊魯書社 1997 年版。

《寶顏堂訂正真西山政訓》：（宋）真德秀著，《四庫全書存目叢書》影印明萬曆寶顏堂秘笈本，齊魯書社 1997 年版。

《呻吟語》：（明）呂坤撰，《四庫全書存目叢書》影印明萬曆二十一年刻本，齊魯書社 1997 年版。

《白鹿洞規條目》：（清）王澍撰，《四庫全書存目叢書》影印清乾隆金壇王氏刻積書巖六種本，齊魯書社 1997 年版。

《北溪字義》：（宋）陳淳撰，（宋）王雋錄，影印文淵閣《四庫全書》本，臺灣商務印書館 1986 年版。

四、集部

《二程文集 附別錄》：（宋）程顥、程頤撰，影印文淵閣《四庫全書》本，臺灣商務印書館 1986 年版。

《魯齋遺書》：（元）許衡撰，影印文淵閣《四庫全書》本補配文津閣本，臺灣商務印書館 1986 年版。

《晦庵集》：（宋）朱熹撰，影印文淵閣《四庫全書》本補配文津閣本，臺灣商務印書館 1986 年版。

《少墟集》：（明）馮從吾撰，影印文淵閣《四庫全書》本，臺灣商務印書館 1986 年版。

《勉齋集》：（宋）黃榦撰，影印文淵閣《四庫全書》本補配文津閣本，臺灣商務印書館 1986 年版。

《北溪大全集》：（宋）陳淳撰，（宋）陳榘編，影印文淵閣《四庫全書》本補配文津閣本，臺灣商務印書館 1986 年版。

《西山文集》：（宋）真德秀撰，影印文淵閣《四庫全書》本，臺灣商務印書館 1986 年版。

《二曲集》：（清）李顒撰，《四庫全書存目叢書》影印清康熙三十三年高爾公刻後印本，齊魯書社 1997 年版。

《善利圖説》：（明）馮從吾撰，《叢書集成三編》，新文豐出版公司 1997 年版。

五、補編

《永樂大典》：（明）姚廣孝、解縉等敕撰，《四庫全書存目叢書補編》，齊魯書社 2001 年版。

六、現當代著作

《論語譯注》：楊伯峻撰，中華書局，1980 年版。

《中國孝經學史》：舒大剛撰，福建人民出版社 2013 年版。